숲으로 간 여성들

숲으로 간 여성들

그들이 써 내려간 세계 환경운동의 역사

ⓒ 오애리·구정은 2023

초판 1쇄	2023년 1월 27일	
개정신판 1쇄	2024년 9월 13일	

지은이 오애리·구정은

출판책임	박성규	**펴낸이**	이정원
편집주간	선우미정	**펴낸곳**	도서출판 들녘
기획이사	이지윤	**등록일자**	1987년 12월 12일
편집진행	김혜민	**등록번호**	10-156
디자인진행	하민우	**주소**	경기도 파주시 회동길 198
편집	이동하·이수연	**전화**	031-955-7374 (대표)
디자인	고유단		031-955-7381 (편집)
마케팅	전병우	**팩스**	031-955-7393
경영지원	김은주·나수정	**이메일**	dulnyouk@dulnyouk.co.kr
제작관리	구법모		
물류관리	엄철용		

ISBN   979-11-5925-897-8 (03330)

숲으로 간 여성들

그들이
써 내려간
세계 환경운동의
역사

오애리·구정은
지음

저자의 말

오래전, 여름 한 철을 영국에서 보낸 적이 있다. 런던탑과 옥스퍼드대학의 캠퍼스 등 고색창연한 건물들, 제인 오스틴 소설 속 주인공들이 걸어 다녔을 법한 바스의 골목길과 초원 등 아름답고 인상적인 곳들이 많았지만, 정작 지금까지도 강렬한 기억과 감각으로 남아 있는 것은 추위다. 영국을 여러 번 방문했거나 장기간 살아본 것이 아니어서 그해 여름의 기온이 예년 수준이었는지, 아니면 이상 저온이었는지는 알 수 없다. 다만 영국에서 보낸 그 여름은 내 생애 가장 추운 여름이었다. 햇볕이 작열하는 서울에서 막 도착한 여행자에게 영국의 여름은 선선한 수준을 넘어 오들오들 떨 정도로 추웠다. 트렁크에 가져온 옷이라곤 반팔 티셔츠와 블라우스, 얄팍한 겉옷 등 한여름용뿐이었다. 급하게 두터운 스웨터를 사 입어야 했고, 하루에도 수없이 내렸다 그쳤다는 반복하는 차가운 빗줄기를 맞으면서 버버리 코트가 영국에선 가을·겨울용이 아니라 사계절용 외투란 사실을 실감했다.

해외여행을 떠나기 전 인터넷으로 현지 날씨를 확인해보고 짐을 싸는 요즘과는 거리가 멀어도 한참 먼 시절의 추억을 새삼 떠올린 이유는, 해마다 여름이면 더욱 절실하게 다가오는 기후변화 때문이다. 내게는 여름에도 추운 나라로 늘 기억되고 있는 영국도 예외는 아닌 모양이다. 2022년 7월 영국 기온이 40도를 넘으면서 관측 이래 최고를 기록했다. 공항 활주로가 녹고 철로가 휘는 등 큰 피해가 발생했다. 극심한 고온에 비도 내리지 않아 가뭄까지 나타났다고 하니 '안개와 비의 나라' 영국이 맞나 싶다. 평생 에어컨 켤 일 없이 살아온 영국인들은 물론 영국의 여름을 경험해본 나 같은 여행자들로서는 상상할 수도 없던 일이다. 영국 기상청은 지금과 같은 추세로 지구온난화가 진행될 경우 2050년에나 폭염 현상이 나타날 것으로 예측해왔었는데, 무려 삼십 년이나 앞서 폭염 시나리오가 현실이 된 것이다.

2024년에도 지구 곳곳은 극단적인 이상 기후로 몸살을 앓았다. 사우디아라비아와 이라크, 시리아 등 중동, 인도와 태국을 포함한 남아시아와 동남아, 그리스와 튀르키예 등 지중해 연안 국가들, 그리고 미국까지 전 세계가 지역을 가리지 않고 펄펄 끓는 여름을 맞았다. 특히 사우디아라비아에서는 낮 최고기온 50도를 넘나드는 폭염 속에서 이슬람 성지순례인 하지 기간에만 1,300여 명이 사망했다. 이는 한 해 전 사망자 200여 명의 약 6배가 넘는 규모다. 인도에서도 50도 안팎의 폭염이 예년보다 일찍 찾아와 장기간 이어지면서 많은 사람이 목숨을 잃었다. 중국 남부 지역에서는 역대급 폭우가 내리면서 많은 이재민과 재산 피해가 발생했다. 우리나라도 예외는 아니다. 6월 중순부터 기온이 36도까지 치솟으며 역대 가장 빠른 열대야가 나타났고, 6월 서울 평균기온은 177년 관측 사상 처음으로 30도를 넘었다. 지구 평균 기온은 2023년 6월 이후 13개월 연속으로 역대 최고 기록 행진을 이어 나갔으며, 산업화 전인 1805〜1900년보다 1.64도나 높은 수치를 기록했다. 지구 표면뿐만 아니라 해수면 온도도 연속 최고로 나타났다.

이처럼 지구온난화와 기후변화는 먼 미래 남의 나라 일이 아니라, 내 일상에 즉각적으로 영향을 미치고 있다. 물론 여전히 무관심한 사람이 대다수인 것도 사실이다. 그럼에도 일회용 종이컵 대신 텀블러를 사용하고, 플라스틱 페트병에 든 생수를 소비하는 대신 수돗물을 받아 보리차를 끓여 마시거나 필터가 든 정수 용기로 걸러 마시는 사람들을 주변에서 점점 더 자주 만나게 된다. 가게에서 아보카도를 사려다가도 '수자원 약탈자'라는 악명을 떠올리며 손을 거두고, 한 계절 입고 버려도 좋다는 가벼운 마음으로 예쁜 티셔츠를 구매하려다 '패션의 환경 파괴'를 생각하면서 죄책감을 느끼는 세상이 됐다.

이 책에는 자연과 인간의 공존을 위해 헌신한 여성들의 이야기가 담겨 있다. 삼백여 년 전, 군주의 성을 짓기 위해 잘려 나갈 위험에 처한 나무들을 껴안아 지키다가 도끼에 찍혀 목숨을 잃은 인도 여성들, 채석장 대리석 바위 위에 앉아 전통 옷감을 짜는 시위를 이끈 서티모르의 '마마 알레타', 천여 년 전 독학으로 생태학을 정립한 독일의 수녀이자 종교학자 힐데가르트 폰 빙엔, 브라질 아마존 열대우림 보호에 생명을 바친 도로시 스탱 수녀, 녹색 투사에서 민주화운동가와 정치인으로 변신한 과테말라의 리고베르타 멘추와 케냐의 왕가리 마타이, 독일 녹색당의 리더 페트라 켈리에 이르기까지 많은 여성의 이야기가 담겨 있다. 그들의 치열했던 삶과 투쟁 과정은 들여다보면 볼수록 경이롭고 존경스럽다. '재활용의 여왕'으로 불리는 감비아의 이사투 시세이를 통해 지구를 뒤덮은 쓰레기 문제를 살펴보고, 러시아 생태학자 마리나 리흐바노바를 통해서는 바이칼 호수 지역의 생태 파괴 실태를 들여다봤다. 또한 스웨덴의 그레타 툰베리를 비롯해 세계 곳곳에서 뛰고 있는 청년 환경운동가들의 절박한 심정을 전하고자 했다. 책의 앞부분은 선구적으로 문제를 제기했던 서구 엘리트 여성들이 주를 이루지만, 중반부부터는 20세기 후반 목소리를 내기 시작한 소수집단 여성들을 집중적으로 살펴봤고, 마지막 부분에선 미래세대의 생각과 목소리를 다뤘다.

누군가 "왜 굳이 여성 환경운동가냐?"라고 묻는다면, 《뉴욕타임스》에 실렸던 기사 한 줄로 답을 대신하고 싶다.

"세계가 얼마나 뜨거워질지 결정권을 지닌 이는 대부분 늙었고, 남성이다. 기후 대응 속도에 가장 분노한 이들은 대부분 젊고, 여성이다."

2021년 11월 영국 글래스고에서 열린 제26차 유엔기후변화협약 당사국 총회(COP26)를 취재한 기자는 현장의 분위기를 위 문장 하나로 정리했다. 기후변화 회의장의 세계 지도자들은 대부분 남성인데, 글래스고 시내를 메운 채 시위를 벌이는 환경운동가는 상당수가 젊은 여성으로 극명한 대조를 이룬다는 것이다. 기자는 회의장 안팎의 분위기를 지적하는 동시에 기후변화 대응의 문제점과 한계를 정확하게 꼬집었다. 2022년 10월 이집트 샤름 엘 셰이크에서 열린 제27차 총회(COP27), 2023년 12월 산유국인 아랍에미리트 두바이에서 열린 제28차 총회(COP28)에서도 상황은 크게 다르지 않았다.

환경이 파괴되면 가장 먼저 피해와 고통을 겪는 이는 빈곤한 사람들, 원주민, 그리고 여성들이다. 하지만 이들의 목소리는 제대로 반영되지 않고 있으며, 무자비한 폭력에 짓밟히고 마는 것이 여전한 현실이다. 환경 파괴 문제는 결국 원주민 문제, 인종차별과 성차별, 불평등, 개발 독재와 탐욕 등과 연결되어 있으며, 이 문제를 정면으로 마주하여 해결하지 않고서는 갈수록 격화되고 있는 기후변화에 대응할 수 없다는 사실을 이 책을 쓰면 새삼 절감했다.

우리는 언론사에서 오랫동안 국제뉴스를 다뤄오면서, 세상의 모든 일은 서로 영향을 주고받으면 연결되어 있다는 사실을 실감하곤 했다. 극심한 가뭄 피해로 인한 식량난이 '아랍의 봄'과 십여 년에 걸친 시리아 내전, 난민 사태 등으로 이어졌던 것처럼, 지금 우리의 행동 하나하나가 앞으로 기후변화에 어떻게 영향을 미칠지 알 수 없다.

　부디 이 책이 '지구에서 자연과 함께 살아가는 것'에 대해 고민하는 계기가 되길 바란다. 부족한 글을 엮어주신 도서출판 들녘에 감사드린다.

오애리·구정은

차례

01 구두공의 딸, 수족관을 세우다

잔 빌프뢰-파워, 힐데가르트 폰 빙엔, 마리아 지빌라 메리안

바다는 인간에게 늘 경이로우면서도 두려운 존재다. 한없이 아름답고 평온하다가도, 일순간에 세상 전부를 집어삼킬 듯 험악한 모습으로 바뀐다. 우리가 알고 있는 바닷속 생물들도 전체의 극히 일부에 지나지 않는다고 과학자들은 말한다. 인간은 구석기 시대부터 통나무 속을 파내 배를 만들었다. 이를 이동 수단으로 삼거나 물고기를 잡는 도구로 사용했다고 한다. 기나긴 항해의 역사에 비해 해저 탐험의 역사는 짧다. 약 이천삼백 년 전 철학자이자 과학자였던 아리스토텔레스가 물속에서 숨을 쉴 수 있는 잠수 기구의 원리를 언급한 바 있고, 그의 제자인 알렉산드로스 대왕이 유리로 만든 통 안에 들어가 바닷속을 구경했다는 기록이 있기는 하지만, 인간이 비로소 개인용 장비를 이용해 잠수할 수 있게 된 것은 19세기 초반의 일이다. 영국의 발명가 찰스 딘(Charles Anthony Deane)과 존 딘(John Deane) 형제가 공기를 주입할 수 있는 고무관이 달린 헬멧을 세계 최초로 내놓은 것이다. 하지만 이 장비는 너무 무거운 데다가 장시간 이용할 수 없다는 치명적인 단점이 있었다. 바다 생태계를 더욱 잘 관찰하고 이해하기

잔 빌프뢰-파워(1861)

위해서는 새로운 발상과 방법이 필요했다. 그 해답은 바로 아쿠아리움, 즉 수족관이었다.

수족관의 어머니

유리로 만든 통 안에 물과 수중생물들을 넣어 감상 또는 관찰하는 방식은 19세기 중반 유럽에서 처음 등장했다. 이전에는 연못이나 도자기로 만든 그릇 안에 물고기를 풀어놓고 위에서 내려다보는 방식이 대부분이었다. 유리로 만든 작은 어항이나 컵에 물고기를 넣어 키우는 경우도 있었다. 하지만 1832년 프랑스의 여성 해양생물학자 잔 빌프뢰-파워(Jeanne Villepreux-Power, 1794~1871)가 바다에서 건져 올린 생물들을 유리 상자 안에 넣고 관찰하면서 비로소 최초의 수족관이 시작되었다. 후대 학자들은 그에게 '수족관의 어머니'라는 호칭을 붙여줬다.

빌프뢰-파워는 1794년 9월 24일 프랑스 남서부 리무쟁 지역의 작은 마을 쥐약Juillac에서 태어났다. 구두공 아버지와 재봉사 어머니 사이에서 태어난 그의 어린 시절에 대해서는 알려진 것이 거의 없는데, 가정 형편이 어려웠지만 기초 교육을 받아 읽고 쓰기를 배웠던 것으로 전해진다. 그의 인생에서 첫 번째 큰 변화는 18세 때인 1812년에 찾아온다. 어머니로부터 배운 재봉 기술로 직업을 얻기 위해 수도 파리로 간 것이다. 쥐약부터 파리까지 사백 킬로미터가 넘는 거리를 걸어가는 동안 동행자인 사촌으로부터 폭행을 당해 경찰서로 피신하는 등 우여곡절을 겪었다. 파리에 도착한 빌프뢰-파워는 사교계 여성들을 위해 드레스를 만드는 양장점에서 재봉사 보조로 일하기 시작했다. 그곳에서 그는 남다른 자수 솜씨로 인정받고 사 년 뒤인 1816년 이탈리아 시칠리아의 국왕 프란체스코 1세의 맏딸 마리 카롤리네의 웨딩드레스 제작을 맡게 된다. 마리 카롤리네의 남편은 훗날 왕정복고기에 프랑스 국왕으로 즉위하는 샤를 10세의 둘째 아들 샤를 페르디낭 다르투아 왕자. 빌프뢰-파워는 왕실 결혼식의 웨딩드레스 제작이라는 중책을 성공적으로 해냄으로써 파리 사교계와 의상업계의 관심을 한 몸에 받는 인물이 된다.

이 일은 그의 인생에 두 번째 중요한 변화를 가져다주었다. 웨딩드레스를 만드는 동안 알게 된 영국 상인 제임스 파워와 사랑에 빠져 1818년 결혼한 것이다. 이때부터 그의 미혼 시절 성 빌프뢰에 파워가 붙게 된다. 두 사람은 파리를 떠나 시칠리아의 메시나에 정착했다. 빌프뢰-파워는 이곳에서 이십년 이상 거주하는 동안 바다와 바닷속 생물의 아름다움에 푹 빠져, 책을 읽으며 자연사와 자연과학을 독학했다. 해안가에서 채집한 조개 등 각종 해양생물과 해초는 물론 화석과 암석, 동식물, 곤충 등 시칠리아 자연의 모든 것이 빌프뢰-파워를 매료시켰다. 그는 특히 시칠리아에서 흔히 볼 수 있는 조개낙지$^{Argonauta\ argo}$의 생태에 호기심을 갖고 유리 수족관을 직접 고안해냈다. 해양 생태계를 이해하기 위해서는 바닷속으로 직접 들어가는 것이 가장 좋은 방법이었지만, 당시만 해도 잠수 기술이 발전하지 못해 쉽지 않은 일이었다. 그래서 빌프뢰-파워는 유리로 만든 수족관 안에 작은 해양생물을 넣어 관찰하기 시작했다. 수심이 얕은 바닷속에 사는 연체동물들을 관찰하기 위한 잠수용 유리 수족관도 만들었고, 좀 더 깊은 바다에서 사용할 수 있는 잠수용 대형 나무 수족관도 제작했다. 특히 우리처럼 생긴 나무 수족관의 네 귀퉁이에 닻을 매달아 메시나 항구의 바닷속에 넣어놓고 안에 들어오는 생물들을 채집, 관찰했다고 한다.[1]

유리 수족관을 이용해 조개낙지의 생태를 연구하던 빌프뢰-파워는 놀라운 사실을 발견했다. 조개낙지는 일반 낙지와 달리 머리에 조개 같은 껍데기가 있는 게 특징인데, 이 껍질이 어떻게 생기는가는 학자들이 오랫동안 풀지 못한 숙제였다. 그런데 빌프뢰-파워는 수족관 안에서 조개낙지가 다리에서 나오는 분비물로 껍데기를 만드는 과정을 관찰해냈다. 집게가 소라나 고둥의 껍데기 속에 들어가 몸을 보호하는 것과는 완전히 다른 방식이었다. 빌프뢰-파워는 조개낙지의 수컷은 암컷보다 훨씬 작으며, 암컷의 껍데기 안으로 들어가 교미한다는 것도 알아냈다.

1835년 빌프뢰-파워는 위와 같은 사실을 동료 학자들에게 알렸다. 그중 해군 장교 출신으로 연체동물과 패류 전문가였던 상데르 랑은 빌프뢰-파워의 연구 결과를 마치 자신의 것인양 무단으로 발표하려 했는데, 다행히 성공하지 못했다. 그럼에도 불구하고 일부 학자들은 빌프뢰-파워를 아마추어 취급하면서 그의 연구를 불신했다. 앙리 드 블렝비유 같은 학자는 1837년 파리 학술원에서 조개낙지가 스스로 껍데기를 만들어낸다는 빌프뢰-파워의 주장은 오류라고 주장했다. 일 년 뒤 그는 자신의 잘못을 공개 시인하고 빌프뢰-파워의 연구 결과를 인정했다. 1839년 빌프뢰-파워는 『다양한 해양 및 육상동물에 관한 관찰과 실험^{Observations et expériences physiques surplusieurs animaux marins et terrestres}』이라는 연구서를 발표했고, 1842년에는 시칠리아의 자연환경과 해양 생태계를 다룬 『시칠리아 가이드^{Guida per la Sicilia}』를 출간하는 등 학자로서 인정을 받아 영국의 런던동물학회를 비롯해 유럽 여러 국가의 많은 과학단체 회원으로 왕성하게 활동했다.

빌프뢰-파워는 1842년까지 시칠리아에 살다가 이듬해 파리로 이주했다. 같은 해 그는 다시 런던으로 거처를 옮기기 위해 배에 짐을 실었다가 원고와 직접 그린 그림 등 수십 년 동안 모아온 소중한 자료를 모두 잃어버리고 만다. 따로 보관하고 있던 자료들을 토대로 조개낙지에 관한 논문을 집필해 발표할 수 있었지만, 이후 새로운 연구는 하지 않았다. 후대 학자들은 빌프뢰-파워가 탁월한 연구 성과에도 불구하고 훗날 학술적·대중적으로 사실상 잊히게 된 데는 선박 침몰로 인해 연구 자료들이 사라진 것이 큰 원인이 되었다고 보고 있다.[2] 해양생물 및 자연과학에 대한 대중의 이해와 관심을 돕기 위해 강연 활동을 계속해오던 그는 1871년 고향에서 77세의 나이로 눈을 감았다. 국제천문연맹(IAU)은 빌프뢰-파워의 업적을 기리기 위해 1997년 금성의 분화구 중 하나에 그의 이름을 붙였다. IAU는 영어로 '비너스'란 이름을 가진 금성의 구백여 개 분화구에 세계 곳곳의 여성들의 이름을 붙이고 있다. 1993년에는 분화구 두 곳을 황진이와 신사임당으로 명명했다.

빌프뢰-파워가 발명한 수족관이 좀 더 현대적인 모습을 갖추게 된 것은 영국의 박물학자 필립 고스(Philip Gosse)에 의해서다. 그는 영국 화학자 로버트 워링턴(Robert Warington)과의 공동 연구를 통해 바다에서 채집해 온 생물을 좀 더 오래 살아있게 하기 위해서는 정기적으로 물을 갈아주는 것 외에도 물속의 산소를 적절히 유지하는 게 중요하며, 수족관 안에 해초들을 심어놓으면 필요한 산소를 얻을 수 있다는 사실을 발견했다. 고스는 1853년 영국 런던 리젠트 파크에 들어선 세계 최초의 공공수족관에 자신의 기술을 제공했는데, 여러 개의 커다란 수족관 안에 무려 이백여 종의 어류와 수초 등을 담아 대중에게 선보였다. 이듬해에는 저서 『아쿠아리움』을 통해 수족관에 관한 연구 및 해양생물 관찰 성과 등을 공개했다. 바로 이 책을 통해서 수족관을 뜻하는 '아쿠아리움'이란 단어가 탄생하게 되었다. 그는 '물'이란 뜻의 라틴어 '아쿠아aqua'에 '장소'를 뜻하는 '리움rium'을 합쳐 이 단어를 만들어냈다. 이 책은 학계뿐만 아니라 대중으로부터도 엄청난 인기를 끌어, 말 그대로 들불이 번지듯 판매됐다고 한다. 이를 계기로 1867년 프랑스 파리, 1869년 독일 베를린 시내 중심가에 공공수족관이 잇달아 문을 열었다.

세계에서 가장 큰 수족관은 어디일까. 답은 중국 광둥성 주하이(珠海)에 있는 창룽오션킹덤(长隆海洋王国, Chimelong Ocean Kingdom)이다. 기네스 기록을 다섯 개나 보유하고 있다. 머리 위로 물고기들이 헤엄치는 모습을 관람할 수 있는 수중 관람 돔, 2,270만 리터 용량을 자랑하는 수조 혹은 물탱크와 창문, 아크릴 패널 등이 모두 세계 최대 크기다. 고래상어와 벨루가를 비롯해 흑범고래, 중국분홍돌고래(남방혹등돌고래), 남방큰돌고래 등 수많은 해양생물이 거대한 수족관에서 헤엄치는 모습은 입이 떡 벌어질 정도로 장관이다. 매년 천만 명 이상이 이곳을 찾는다. 싱가포르 센토사섬의 S.E.A. 아쿠아리움은 규모로는 2위지만, 세계에서 가장 많은 해양생물종을 보유하고 있다. 쥐가오리, 망치상어 등 팔백여 종에 이른다.

'아쿠아리움 경제효과'란 말이 있다. 아쿠아리움의 인기가 워낙 높다 보니 지역 경제에 미치는 긍정적인 효과가 크다는 의미다. 중국고래류보호연맹(中國鯨類保護聯盟)이 2019년 내놓은 보고서에 따르면 중국에만 백여 개의 아쿠아리움이 영업 또는 건설 중이다. 이처럼 아쿠아리움은 무엇보다도 돈이 되는 오락 산업이다. 그러다 보니 고래 등 대형 해양생물들을 좁은 수족관 안에 가둬놓는 것에 대한 논란과 비판이 이어지고 있다. 2020년 발표된 〈국내 수족관의 돌고래 보유 현황〉 자료에 따르면, 지난 십 년간 돌고래를 보유한 국내 수족관 여덟 곳에서 전체 61마리 중 29마리가 폐사했다. 사인은 패혈증이 11마리로 가장 많았고, 폐렴이

7마리로 뒤를 이었다.[3] 아쿠아리움이 단순히 해양생물을 전시하는 차원을 넘어서 종 보전, 생태계 보호 및 생물 다양성 교육, 연구에 좀 더 적극적인 역할을 해야 한다는 목소리가 갈수록 높아지고 있는 이유다.

자연과학과 생태학을 창시한 여성

11~12세기 독일의 수녀이자 종교학자, 작곡가, 철학자, 문학가, 과학자였던 힐데가르트 폰 빙엔(Hildegard von Bingen, 1098~1179)은 자연과학사 또는 생태학의 창시자로도 평가받는다. 빌프뢰-파워처럼 독학으로 자연과학을 포함해 다양한 분야의 전문가가 된 그는 '라인강의 예언자'로 불리며 유럽 문화에 엄청난 영향을 미쳤다. 특히 그가 작곡한 곡들은 천 년이 훌쩍 지난 지금까지도 자주 연주되고 있다.

폰 빙엔은 독일 베르머스하임의 한 귀족 가문에서 태어났다. 여덟 살 때 수도원으로 보내져 수녀가 됐고, 그곳에서 신학은 물론 음악과 시, 약초학 등 다양한 분야에 관한 지식을 터득했다. 그는 1136년 수녀원장이 된 후 신학서를 본격적으로 쓰기 시작하여 자연과학과 의학 백과사전도 집필했다. 1150년과 1165년에는 남성 중심의 교회 위계질서로부터 독립된 수녀원들을 건립해, 교회 내에서 여성의 역할을 새롭게 규정하는 데 결정적인 공헌을 했다.[4]

힐데가르트 폰 빙엔의 초상화(1688)

폰 빙엔은 『자연학Physica』과 『원인과 치료Causae et Curae』라는 두 권의 자연과학책을 저술했다. 『자연학』은 총 아홉 권으로 이뤄져 있는데 동식물, 어류, 파충류, 암석 등에 관한 관

찰 및 치료 효과 등을 담고 있다. 맥주의 보존제로서 홉의 역할을 지적한 유럽 최초의 저술로도 알려져 있다. 삼백여 개의 챕터로 구성된 『원인과 치료』는 남녀노소의 다양한 질병을 열거하고 그 치료법을 설명해놓았다. 육체적 질병뿐만 아니라 정신질환, 남녀의 성에 대해서도 언급한 이 책은 오랫동안 유럽 의사들의 교과서로 사용됐다. 폰 빙엔 사상의 특징은 자연을 대우주, 인간을 소우주로 규정하고 자연과의 조화를 통해 인간을 해석했다는 점이다. 그는 자연이 변화하면 인간의 몸과 영혼도 변한다고 생각했다. 자연과 인간의 상호 유기적 관계를 강조하는 생태론적 우주론을 제시한 것이다. 또 몸과 영혼의 조화로운 일치를 추구하는 전인적 인간관을 강조했다.[5]

폰 빙엔은 2012년 5월 10일 교황 베네딕토 16세로부터 '교회의 박사(Doctor Ecclesiae Universalis)'란 호칭을 받음으로써 성인의 반열에 올랐다.[6] 그가 탄생한 지 914년 만이며, 사망한 지 833년 만이었다.

곤충을 찾아 정글로 떠난 여성 과학자

마리아 지빌라 메리안(Maria Sibylla Merian, 1647~1717)도 독학으로 생태학을 새롭게 정립한 여성 학자다. 특히 그는 동식물과 곤충 등에 대한 새로운 정보를 얻기 위해 멀리 남아메리카 수리남까지 찾아가 정글 속을 헤매고 다녔던 '현장형' 학자다. 메리안은 독일 프랑크푸르트암마인에서 스위스인 판화가의 딸로 태어났다. 세 살 때 아버지를 여의고 새아버지인 네덜란드 출신 정물화가 야코프 마렐 슬하에서 자라난 그는 열세 살 때부터 정원에서 직접 채집한 벌레와 식물을 그리며 놀았다. 마렐은 딸이 그린 그림을 보고 깜짝 놀라서 직접 그림을 가르쳤다고 한다. 메리안은 훗날 자신의 어린 시절에 대해 "곤충들을 조사하면서 시간을 보내곤 했다. 처음엔 프랑크푸르트에서 누에들을 관찰했고, 애벌레들이 아름다운 나비나 나방으로 변한다는 사실을 깨달았다. 누에도 그랬다. 이후 애벌레들이 어떻게 변하는지 보기 위해 모든 종류의 애벌레를 모았다."고 썼다.

1665년 아버지의 문하생인 요한 안드레아스 그라프와 결혼한 메리안은 뉘른베르크에 정착해 자식을 낳아 키우면서도 벌레와 식물을 소재로 한 다양한 수채화들을 그려 좋은 평가를 받았다. 특히 애벌레가 번데기를 거쳐 나비가 되는 과정과 나비의 먹이인 식물들을 상세히 기록하고 그렸다. 1675년에는 첫 삽화집 『새로운 꽃에 관한 책』을 출간했고, 1679년에는 곤충 삽화집 『애벌레의 이상한 변태와 개화』를 발표했다.

마리아 지빌라 메리안의 초상화(1717)

메리안은 1681년 아버지가 세상을 떠나자 혼자 남은 어머니를 돌보기 위해 남편 및 자식들과 함께 프랑크푸르트로 돌아왔다. 사 년 뒤인 1685년 그라프 혼자 뉘른베르크로 떠나고, 메리안은 어머니, 자식들과 함께 네덜란드 프리슬란트에 있는 한 종교 공동체에 들어가 생활했다. 1690년 어머니가 돌아가신 후에는 딸들과 네덜란드 암스테르담으로 이주했는데, 이때 남편과 법적으로 이혼했다.

생태학자로서 메리안의 활동이 본격화된 것은 1699년 네덜란드의 식민지인 남아메리카 수리남 탐험이었다. 당시만 해도 여성은 물론 남성 학자들 중에서도 생태 연구를 위해 배를 타고 멀리 남아메리카까지 간 경우는 없었다. 찰스 다윈이 비글호를 타고 남아메리카를 여행한 게 130여 년 후이니 메리안이 얼마나 앞섰는지 쉽게 상상할 수 있다. 당시 메리안은 52세였다. 그는 스물한 살 딸 도로테아 마리아와 함께 수리남 파라마리보에 정착해서 정글의 동식물과 곤충 들을 수집, 관찰하고 세밀화로 그려냈다. 이 과정에서 네덜란드인 농장주들이 아메리카 원주민과 흑인 노예를 박해하는 모습을 목격했다. 그는 "네덜란드 주인들로부터 학대당하는 (여자) 원주민들이 임신하면 아이를 지우기 위해 씨앗들을 이용한다. 아이들이 자신처럼 노예가 되는 것을 막기 위해서다. 기니와 앙골라에서 온 흑인 노예들은 잘 대우해주지 않으면 임신하지 않겠다고 위협했다. 너무 학대받으면 스스로 목숨을 끊는 이들도 있다. 다음 생에는 고향에서 자유롭게 살 수 있다고 믿기 때문이다. 내게 그렇게 말했다."[7]고 썼다. 메리안은 백인들이 농장을 건설하기 위해 정글을 마구 밀어버리는 광경도 지켜봤다. 그는 현지 백인 사회의 사교 생활에는 아무 관심이 없었다. 오직 매일 정글을 헤집고 다니며 관찰했고, 모르는 동식물이나 곤충의 정보를 얻기 위해 원주민들과 거리낌 없이 교류했다.

메리안은 1701년 말라리아에 감염돼 건강이 악화하자 네덜란드로 돌아왔다. 당초 계획했던 오 년을 못 채우고 이 년만에 귀국한 것이다. 그는 생활을 위해 수집한 표본들을 팔았고 수리남에 서식하는 동식물을 그린 그림들을 모아 책으로 펴냈다. 1705년에 출간한 삽화집『수리남 곤충들의 변태Metamorphosis Insectorum Surinamensium』는 그의 저작물들 중 학술적 가치가 가장 높은 것으로 평가받는다. 이 책에 소개된 곤충들 중 일부는 당시 유럽에 전혀 알려지지 않았던 것들이었다. 육십 장의 대형 도판은 남아메리카의 신기한 곤충과 식물 들을 상세하고 생생하게 눈앞에 펼쳐 보여 당시 유럽 과학자와 화가 사이에서 큰 관심과 화제를 불러일으켰다.

메리안은 1715년 뇌졸중으로 쓰러져 이 년 뒤인 1717년 1월 13일 암스테르담에서 사망했다. 이후 사실상 잊혔던 그의 이름이 재조명되기 시작한 것은 2016년『수리남 곤충들의 변태』가 재출간되면서다. 2017년에는 네덜란드 암스테르담에서 곤충학자 및 식물학자로서 메리안의 업적을 되돌아보는 국제 심포지엄이 열렸다. 미국 펜실베이니아주 게티스버그대학의 생물학자 케이 이

『수리남 곤충들의 변태』(1705)에 실린 삽화

더리지는 메리안을 "다윈처럼 생물학을 바꿔놓지는 않았지만 중요한 과학자"[8]라고 평가했다.

독학으로 이룬 '세계에서 가장 위대한 화석학자'

영국 여성 메리 애닝(Mary Anning, 1799~1847) 역시 독학한 화석학자이자 고생물학자다. 가난한 집안 사정 때문에 제대로 교육받지 못했던 그는 잉글랜드 남부 도싯주 라임 리지스의 해변가에서 성장기를 보내며 일찍부터 해양생물 화석에 관심을 가졌다. 영국해협을 마주한 절벽에서 쥐라기 해양생물의 화석들을 발견했으며, 독일에서도 익룡 화석과 중요한 어류 화석 들을 발견했다. 하지만 여성이라는 이유로 런던 지질학회에 가입할 수 없었다. 그럼에도 불구하고 화석 연구를 계속했으나 47세에 유방암으로 사망했다.

그의 사후 150여 년만인 1995년, 영국 과학사협회는 애닝을 "세계에서 가장 위대한 화석학자"로 공식 평가했다.[9] 2019년에는 영국 왕립학회가 애닝을 '역사상 가장 영향력 있는 여성 과학자 중 한 사람'으로 꼽았다. 그가 사망한 지 163년 만이었다. 비슷한 시기에 영국 자연사박물관은 멋지게 리노베이션한 전시관에 '애닝 룸'이란 이름을 붙여 그의 업적을 기렸다. 애닝의 기념상을 건립하기 위한 모금 운동이 일어났고, 오십 파운드 지폐에 들어갈 인물 후보 중 한 명으로 거론되기도 했다.

매리 에닝의 초상화(1842)

2020년에는 애닝의 삶을 소재로 한 영화 〈암모나이트〉가 개봉했는데, 케이트 윈슬렛이 연기한 애닝이 동성애자로 묘사되는 것을 두고 먼 조카뻘인 바버라 애닝은 '헐리우드식 헛소리'라고 강하게 반발했다. 그러면서 "애닝이 가난하고 제대로 교육받지 못한 여자라는 이유로 (학술적·사회적으로) 학대당했다고 확신한다."[10]고 말했다.

02 집은 개인의 것이지만, 공원은 모두의 것

옥타비아 힐

"집은 개인의 소유지만, 사람들이 이웃과 공유하는 공원이
나 장소 들은 대를 이어 전해져 오는 공동의 유산이다. 앉아
서 노는 장소, 거닐며 하루를 보내는 곳 들이다. 노동자가
(휴식하기 위해) 자연을 찾아 멀리 교외로 나가게 되면 하루
치 일당이 날아가버린다. 우리는 긴 여름날 저녁이나 토요일
오후에 큰 노력이나 돈을 들이지 않고도 즐길 수 있는 장소
를 원한다. 그러려면 가난한 사람들이 사는 집과 가까운 곳
에 작게나마 예쁘고 밝은 장소가 있어야 한다. 런던은 사람
이 너무 많고, 지나치게 과열, 과부하되어 있다. 모든 계층이
다 그렇다. 우리 모두는 생각을 새롭게 가다듬을 수 있는 조
용하고 아름다운 곳을 원한다. 때론 이런 곳들이 사치로 여
겨지기도 한다. 하지만 신은 이 세상을 매우 아름답게 창조
하셨으며, 우리가 그 아름다움 속에서 평화롭게 살아갈 것을
의도하셨다." [11]

과도한 부동산 개발로 녹지가 사라져가는 21세기 영국 런던

에 대한 비판이 아니다. 위에 인용한 글은 지금으로부터 160여 년 전인 1875년에 사회운동가 옥타비아 힐(Octavia Hill, 1838~1912)이 쓴 것이다. 도시 빈민들을 위한 사회 개혁 활동으로 이미 많은 파장을 일으키고 있던 그는 산업혁명의 거센 바람에 밀려 사라져가는 녹지를 보존해야 한다고 주장해 영국 사회에 큰 파문을 던졌다. 쏟아져 들어오는 노동자들이 살 집조차 턱없이 부족한 상황에 녹지를 보존하자는 그의 주장은 많은 이에게 한가하기 짝이 없는 소리로 들렸다. 하지만 힐은 인간이 인간답게 살기 위해서는 자연이 반드시 필요하다는 주장을 굽히지 않았다. 교회를 향해 망자들이 잠들어 있는 묘지를 공원으로 내놓으라고 요구하는가 하면, 정부가 녹지를 보존하지 않는다면 기부금을 모아 해당 지역을 직접 사들여 보호하자는 아이디어도 내놓았다. 이런 움직임은 사라져버릴 위기에 처한 자연환경과 문화유산을 시민들의 기부금과 증여를 통해 확보, 보존하는 '내셔널 트러스트National Trust' 운동으로 이어졌다. 영국으로부터 전 세계로 퍼져 나간 이 운동을 시작하고 '그린벨트'란 단어를 처음으로 사용한 사람이 바로 힐이다.

사회운동과 함께한 어린 시절

힐은 사회 개혁 운동을 소명으로 타고난 사람이라 해도 과언이 아니다. 그는 영국 케임브리지셔주 위스베치에서 태어났다. 아버

옥타비아 힐의 초상화(1877)

지 제임스 힐은 부유한 전직 은행가이자 상인이었다. 그럼에도 불구하고 로버트 오웬의 사회주의 사상을 전파하기 위해 지역 최초 신문인《동쪽의 별The Star in the East》을 직접 발간할 정도로 사회 문제에 관심과 열정이 많았다. 오웬은 생 시몽, 샤를 푸리에와 함께 유토피아적 사회주의의 창시자로 평가받는 인물이다. 어머니 캐럴라인은 교육운동가였다. 두 사람은 유아 학교를 설립해 운영했는데, 스위스의 빈민교육운동가이자 철학자인 요한 하인리히 페스탈로치의 교육 이론을 받아들인 영국 최초의 학교였다. 이밖에 성인 교육 시설과 생필품을 저렴하게 파는 생활협동조합 가게도 운영했다.[12]

1840년 파산의 충격으로 아버지의 건강이 급격히 나빠지자, 힐은 가족과 함께 위스베치를 떠나 런던 북쪽의 핀트리로 이주했다. 이곳에서 어린 시절을 보내면서 자연에 대한 평생의 사랑을 배웠다고 한다. 힐은 외할아버지 토머스 사우스우드 스미스로부터도 영향을 많이 받았다. 형편이 어려워진 딸의 가족을 재정적으로 도왔던 스미스는 저명한 의사이자 공중보건개혁가였다. 광산에서 벌어지는 아동에 대한 노동 착취나 도시 빈민의 주거 문제에 깊은 관심을 보였다고 한다. 공리주의자 제러미 벤담의 절친한 친구로도 잘 알려져 있다. 벤담은 공리를 사회의 제1원리로 여겼으며, 1832년 84세의 나이로 죽을 때에도 자신의 시신을 유용하게 쓰라며 친구 스미스를 통해 런던대학에 해부용으로 기증했다. 벤담의 시신은 해부 후 미라로 만들어져 오늘날까지도 대학에 전시돼 있다. 제도 교육을 받지 않은 힐이 사회개혁가로 활동할 수 있었던 데에는 이러한 집안 분위기가 큰 역할을 했을 것으로 보인다.

힐은 열세 살 때인 1852년 런던 시내로 다시 이사한다. 어린 나이였지만 어머니가 설립한 여성 생활협동조합 '레이디스 길드'의 운영을 도왔고, 빈민 여성들을 위한 수업을 이끌었다. 가난한 어린이들을 위해 인형 만드는 일을 하다가 장난감 공장의 한 작업실 운영을 책임지기도 했다. 당시 힐은 언론인 헨리 메이휴(Henry Mayhew)가 쓴 『런던 노동자와 런던 빈민London Labour and the London Poor』으로부터 큰 영향을 받았다.

메이휴는 런던의 빈민가 속으로 들어가, 그곳에서 살아가는 사람들의 끔찍하게 열악한 일상생활을 세세하게 기록했다. 이 책은 힐에게 엄청난 충격을 줬다. 19세기 중반, 세계에서 가장 큰 도시 중 하나였던 런던에서는 굶주린 채 홀로 길거리를 떠돌며 살아가는 고아가 삼만 명이 넘을 정도로 빈곤 문제가 매우 심각했다.

힐은 부모의 친구인 기독교 사회주의자 프레드릭 모리스(John Frederick Denison Maurice)와 급진사상가이자 화가인 존 러스킨(John Ruskin)으로부터도 큰 영향을 받았다. 1854년 노동자 대학에서 러스킨을 처음 만난 힐은 이후 약 십 년 동안 그를 위해 내셔널 갤러리 등에 걸려 있는 그림들을 복제하는 일을 하면서 개혁사상을 배웠다. 그리고 1865년 힐의 삶에 중요한 전환점이 찾아왔다. 러스킨이 런던의 악명 높은 빈민가 메릴본에 있는 낡은 집 세 채를 사들이고, 그 집을 가난한 노동자들을 위한 거처로 운영하는 역할을 힐에게 맡긴 것이다. 연간 5퍼센트 수익률만 내면 된다는 것이 운영 조건이었다. 힐은 이곳을 '파라다이스 플레이스'라 이름 붙이고 잘 운영해 연 5퍼센트 이상의 수익률을 기록한 것은 물론, 리노베이션에 재투자하기까지 했다. 그에게 이곳은 단순한 임대 사업장이 아니라 노동자들에게 더욱 좋은 집을 더 싸게 제공하기 위한 실험장이었다. 삶을 고귀하게 하고, 가정을 행복하게 하며, 가족의 삶을 올바르게 이끄는 것이 그의 목표였다. 이를 위해 입주민 회의, 문화 활동 등을 적극적으로 도입했다. 건물이 열다섯 채로 늘고 세입자가 약 삼천 명에 이르렀을 정도로 그의 임대사업은 성공했다. 이 사업은 여성들을 위한 일자리도 만들어냈다. 많은 여성을 임대료 징수원으로 고용한 것이다. 힐과 징수원들은 임대료를 거둘 뿐 아니라, 일주일에 몇 차례씩 세입자들을 만나 잘 지내고 있는지, 필요한 것은 없는지 등을 묻고 운영에 반영했다. 일종의 사회복지사 역할을 했던 셈이다. 임대료 징수원들 중에는 훗날 저명한 사회개혁가가 되는 비어트리스 웹(Beatrice Webb)도 있었다. 그는 사회학자이자 철학자, 정치가인 시드니 웹과 결혼하기 전인 1880년대 중반에 런던 동부 지역 임대주택의 징수원이자 관리자로 일하며 힐의 주택 개선 사업을 직접 경험했다. 그는 힐을 "가난한 이들이 겪는 빈곤의 의미를 최초로 깨달은 사람"[13]이라고 평했다.

1875년 힐은 서두에 인용한 글을 포함해 여러 편을 모아 펴낸 『런던 빈민을 위한 집Homes for the London Poor』에서 "사람과 집을 분리해서 다룰 수 없다."고 주장했다. 같은 해 그는 〈직공 및 노동자 주거개선법〉이 추진될 때 막후에서 활동했고, 1884년 왕립노동자주택위원회에서 주택 문제의 심각성을 알리고 해법을 제시하는 증언을 하기도 했다. 런던의 극빈 및 범죄예방협회 출범에도 관여했는데, 이 기구는 훗날 자선조직협회로 발전한다. 비어트리스 웹과 함께 왕립빈민법위원회 위원으로도 활동했다. 힐은 생활환경을 개선하고 싶어 하는 노동자들에게는 지원을 아끼지 않았지만, 매일 술에 취해 사는 무책임한 사람들에게는 강경한 태도를 보였다. "주택이 불량한 것은 날림 공사와 잘못된 설비에도 원인이 있으나, 세입자들의 생활 습관 때문이기도 하다. 그로 인해 열 배는 더 나빠졌다. 이 세입자들을 위생적이고 넓은 집으로 이주시켜보라. 그러면 그들은 그 집을 더럽히고 부술 것"[14]이라고 비판한 것이 대표적인 예다. 생활환경을 개선하기 위해서는 제도적인 뒷받침과 함께 사람의 태도를 바꾸는 게 매우 중요하다는 것이 힐의 철학이었다.

가난한 노동자들을 위해 열린 공간

힐은 열정적인 연설가였다. 체구는 작았지만, 빈민들의 삶을 개선할 수 있는 방안을 주장할 때에는 거침이 없었다. 부유한 사람

레이크 디스트릭트, 해리엇 마르티노 삽화(1876)

들에게 관심과 기부를 요청하는 데도 주저함이 없었다. 당시 그의 연설을 약 삼십 분 동안 경청했던 런던의 한 주교가 "내 인생에서 그때처럼 가슴이 뛰었던 적은 결코 없었다."[15]고 회상했을 정도였다. 힐은 일에 너무 몰두하는 바람에 만성 과로로 쓰러져 몇 달간 쉬기도 했다.

　힐의 관심은 '집'에서 '열린 공간open space'으로 확대됐다. 사정이 넉넉지 않아 자신과 가족을 위해 충분한 공간을 갖기 힘든 가난한 노동자일수록 푸른 잔디와 깨끗한 공기, 따스한 햇빛이 쏟아지는 열린 공간, 즉 자연을 누릴 권리를 보장받아야 한다고 믿었기 때문이었다. 하지만 1875년에 그는 쓰디쓴 실패를 맛보게 된다. 자신이 어린 시절 뛰어놀았던 런던의 녹지 '스위스 코티지 필즈Swiss Cottage Fields'를 지켜내지 못한 것이다. 녹지를 사들이기 위해 모금 캠페인까지 벌였지만 개발을 막지는 못했다. 하지만 실망하지 않고 이듬해 큰언니 미란다가 세운 카일 소사이어티Kyrle Society에 회계로 참여해 노동자들에게 예술, 책, 음악 등 문화는 물론이고 편히 쉴 수 있는 공원 등을 제공하기 위한 일에 더욱 박차를 가했다. 이 활동은 이십여 년 후 내셔널 트러스트 설립으로 이어지게 된다.

　1883년 힐은 잉글랜드 북서부 지역에 있는 레이크 디스트릭트Lake District의 철도 건설 계획을 저지하기 위해 캠페인을 시작했다. 그는 철도가 이곳을 지나가면 호수들이 펼쳐진 아름다운 풍광을 파괴하게 된다고 주장했다. '레이크 디스트릭트 보호 협회'

라는 조직까지 결성했는데 러스킨뿐만 아니라 시인 앨프리드 테니슨과 로버트 브라우닝, 웨스트민스터 공작 등 유명 인사들이 회원으로 참여했다. 이 운동은 훗날 왕족인 루이스 공주의 지원에 힘입어 1902년 호숫가에 공원이 들어서는 성과로 이어지게 된다. 1884년엔 정치인이자 대지주였던 윌리엄 존 에벌린(William John Evelyn)으로부터 런던 뎁트포드 지역에 있는 대저택을 기증하겠다는 제안을 받는다. 그는 힐을 찾아와 저택을 박물관으로 바꾸고 정원은 공원으로 만들고 싶다는 뜻을 전했다. 그러나 이곳을 대중을 위한 '열린 공간'으로 영구히 유지, 관리하기 위해서는 법적 권리를 가진 조직이 필요했다. 힐은 레이크 디스트릭트 보호 운동을 하면서 알게 된 변호사 로버트 헌터와 상의했다. 그는 열린공간을 전문적으로 다루는 새로운 기구를 설립하자는 아이디어를 냈다. 이 기구의 이름으로 힐은 '서민들과 공원 신탁(The Commons and Gardens Trust)'을, 헌터는 '역사적으로 흥미롭거나 자연의 아름다움을 지닌 장소들을 위한 내셔널 트러스트(The National Trust for Places of Historic Interest or Natural Beauty)'를 제안했다.

내셔널 트러스트의 탄생

내셔널 트러스트가 세상에 모습을 드러낸 것은 그로부터 십여 년 후인 1895년이다. 직접적인 계기는 또다시 레이크 디스트릭트였다. 힐의 옛 동료이자 열렬한 자연보호운동가인 성공회 목사 하드윅 론슬리가 1893년에 힐과 헌터를 찾아왔다. 그는 런던을 떠나 레이크 디스트릭트로 이사해 교구 목사로 일하고 있었다. 부모와 함께 이곳으로 놀러 온 십 대 소녀 베아트릭스 포터가 토끼 그림을 그리고 있는 것을 본 론슬리가 그에게 동화를 써보라고 권했고, 포터가 이에 용기를 얻어 훗날 『피터 래빗 이야기』^{The Tale of Peter Rabbit}를 탄생시켰다는 것은 유명한 일화다. 포터는 출판 수익금으로 산 호숫가의 땅과 농가들 대부분을 내셔널 트러스트에 기증하고 세상을 떠났다. 레이크 디스트릭트의 자연에 남다른 애정을 가지고 있던 론슬리는 이곳에 휴양 시설을 건설하려는 개발업자 및 투기꾼들과 맞서 싸우면서 제도적인 장치가 필요하다는 것을 절실히 깨달았다. 론슬리와 힐, 헌터는 십여 년 전 논의했던 전문 기구를 만들 때가 됐다는 데 뜻을 모았고 이 년 뒤 내셔널 트러스트를 결성했다. 헌터는 초대 회장, 론슬리는 명예비서를 맡았다.

　내셔널 트러스트의 목적은 사라질 위험에 처한 자연과 역사적 건물들을 보호하는 것이었다. 웨일즈 지방의 디나스 올레우 해안가에 있는 절벽이 내셔널 트러스트의 첫 자연 자산이 됐고, 이스트 서섹스 알프리스턴에 있는 육백 년 된 클러지 하우스는 내셔널 트러스트가 인수한 첫 건물이 됐다. 레이크 디스트릭트와 뎁트포드 대저택은 물론 햄프스테드 히스와 팔러먼트 힐 등 런던 시내에 있는 많은 녹지도 내셔널 트러스트의 보호와 관리를 받게 됐다. 이 과정에서 힐은 '그린벨트'라는 개념을 처음으로 제시했다. 1907년에는 내셔널 트러스트의 자산을 양도할 수 없도록 규정한 법을 의회에서 통과시켜 법적 토대까지 마련했다.

　오늘날 영국 내셔널 트러스트[16]는 전 국토의 1.5퍼센트를 소유하고 430만 명이 회원으로 활동하는 영국 최대의 사적 토지 소유자이자 시민단체다. 정부 정책을 감시하는 역할뿐 아니라 정부를 능가하는 자연·문화유산 보전 담당자의 역할을 하고 있다. 재원은 회비와 기부금 등으로 마련한다. 2007년에는 세계 내셔널 트러스트 기구(INTO, International National Trusts Organisation)가 발족됐으며, 전 세계 육십여 개 국가 및 지역 단체들이 가입해 있다. 한국 내셔널 트러스트[17]는 2000년에 창립돼 강화도에 있는 매화마름군락지를 시작으로 동강 제장마을, 원흥이방죽 두꺼비 서식지, 함평 군유산 임야, 연천 두루미 서식지, 성북동 최순우 옛집 등을 시민 재산으로 보전하고 있다.

　힐은 1912년에 암으로 사망했다. 그는 주택과 환경 문제뿐만 아니라 국민보험, 왕립구빈법위원회 등을 위해 활동하는 등 다방면에서 두각을 나타내 19세기 영국 사회는 물론 전 세계 복지 정책에 막대한 영향을 미쳤다. 누구보다 진보적이고 개혁적이었지만, 20세기의 일부 변화들은 받아들이지 않아 논란이 되기도 했다. 힐은 노령연금 등에 대해서 비판적이었다. 섣부른 복지는 오히려 인간의 자립심을 해칠 수 있다는 이유에서였다.[18] 또 여성 참정권을 강하게 반대하며 여성은 정치가 아니라 어려운 사람들을 돕고 사회의 소중한 가치들을 보존하는 일을 해야 한다고 주장했다. 여성에게 정치적 능력이 없어서라기보다는 앞에서 언급한 일들이 매우 중요하며, 인내심과 섬세함을 가진 여성이 그 일을 더 잘할 수 있다고 본 것이었다. 그는 1910년 《타임스》에 기고한 글에서 "여성들의 정치 참여는 국가에 심각한 손실이 될 것"이라고 주장하기까지했다. 그럼에도 불구하고 힐은 공공 영역에서 여성의 역할을 스스로 제시했다는 점에서 여성의 사회 활동에 크게 기여했다는 평가를 받고 있다.

03 더 이상 침묵할 수 없습니다

레이첼 카슨

1963년 6월 4일, 미국 수도 워싱턴 D.C.의 국회의사당에서 열린 청문회에 오십 대 중반 여성이 증인으로 출석했다. 자그마한 몸집에 안경을 쓴 여성의 이름은 레이첼 카슨(Rachel Carson, 1907~1964). 청문회 위원장 에이브러햄 리비코프 상원의원이 증인석에 앉아 있는 카슨을 향해 말했다. "이곳에 오신 것을 환영합니다. 이 모든 것을 시작한 분이 바로 당신이군요." 남북전쟁이 한창이던 1862년 에이브러햄 링컨 대통령이 『톰 아저씨의 오두막』을 쓴 해리엇 비처 스토를 처음 만났을 때 한 말과 같은 말이었다. 당시 링컨은 스토에게 말했다. "이렇게 큰 전쟁을 일으킨 책을 쓴 자그마한 부인이 당신이군요."

리비코프는 청문회를 어떤 말로 시작할지 고민하면서, 백여 년 전 흑인 노예해방을 가능케 했던 두 주인공의 역사적인 만남을 떠올린 모양이다. 카슨은 "살충제로 인한 환경 피해 문제와 규제에 대해 여러분과 논의할 수 있는 기회를 주셔서 감사하다."는 말로 증언을 시작했다. 이어 "유해 물질들로 인한 환경오염은 현대사회가 직면한 문제들 중 하나다. 공기와 토양은 수많은 동식

레이첼 카슨의 초상, 스미소니언 박물관 소장

물뿐 아니라 인간도 지탱한다. 우리는 경솔하고 파괴적인 행동들이 지구의 광대한 사이클과 우리 자신에게 해악을 끼치고 있다는 사실을 절실히 깨닫고 있다. 살충제의 화학물질들이 몸속에 축적돼 우리가 복용한 약들과 어떻게 상호작용할지는 아무도 모른다."[19]고 말했다.

청문회가 열리기 약 이 년 전 세상에 나온 카슨의 저서 『침묵의 봄Silent Spring』은 『톰 아저씨의 오두막』에 필적할 만큼 엄청난 충격을 일으켰다. 화학 살충제 DDT(Dichloro-Diphenyl-Trichloroethane) 오남용으로 자연이 파괴되고 인간이 독극물에 서서히 중독돼가고 있다는 카슨의 주장에 미국인들은 충격을 받았다. 두 책이 미국 사회에 일으킨 파문은 비슷하면서도 달랐다. 『톰 아저씨의 오두막』은 많은 미국인이 직접 목격하고 어느 정도는 이미 알고 있던 흑인 노예제도의 처참함과 부당함을 새롭게 일깨우는 역할을 했다. 『침묵의 봄』은 극소수 전문가와 직접적인 피해자들을 제외하고는 아무도 모르고, 눈에 보이지도 않는 문제를 고발한 책이었다. 카슨의 책이 구체적이고 실질적인 변화로 이어지는 일은 어쩌면 『톰 아저씨의 오두막』의 경우보다 더 힘들 수도 있었다. 그럼에도 불구하고 『침묵의 봄』은 〈국가환경정책법〉 제정, 환경보호기금(EDF, Environmental Defense Fund)과 환경보호청(EPA, Environmental Protection Agency) 설립 등으로 이어졌다. DDT 금지라는 큰 성과도 얻었다. 무엇보다 카슨은 환경 문제를 사회운동의 핵심 이슈로 만들었다는 점에서 21세기인 지금까지도 엄청난 영향을 미치고 있다. 1999년 시사 주간지 《타임》은 카슨을 '20세기를 변화시킨 100인' 중 한 명으로 뽑았다. 『침묵의 봄』은 20세기 100대 도서 중 하나로 선정했다.

침묵의 봄, 미국 사회를 강타하다

카슨은 펜실베이니아주 스프링데일에서 태어나, 앨러게니 강둑에서 야생 동식물을 관찰하며 성장기를 보냈다. 독서를 좋아하고 글솜씨도 있던 그는 작가의 꿈을 안고 펜실베이니아 여자대학(현재 채텀대학) 영문과에 진학했다가 전공을 생물학으로 바꿔 1929년에 졸업했다. 존스홉킨스대학교 대학원에 진학해 해양생물학 석사 학위를 받은 뒤 학교에서 학생들을 가르치며 일간지에 자연에 관한 글을 발표했다. 이후 박사과정에 들어갔지만 부모와 언니, 조카들을 부양하기 위해 학업을 중단하고 1937년 정부 기관인 어류·야생 동물국(FWS, Fish and Wildlife Service)에 들어갔다. 이곳에서 1952년까지 해양생물학자로 일하면서 틈틈이 저술 활동도 했다. 1941년 첫 저서 『해풍 아래서^{Under the Sea Wind}』를 펴낸 카슨은 1945년 DDT와 제초제가 환경에 미치는 영향을 지적한 글을 《리더스 다이제스트》에 기고해 관심을 모았다. 1951년 『우리 주변의 바다^{The Sea Around Us}』로 미국 출판 업계 최고 권위의 내셔널 북 어워드 논픽션 부문 상을 받았고, 1955년에는 『바다의 가장자리^{The Edge of Sea}』를 발표해 베스트셀러를 기록했다. 1962년 6월,

권위 있는 잡지 《뉴요커》는 『침묵의 봄』이 출간되기 앞서 책 내용을 요약한 기사를 이 주에 걸쳐 게재했다. 기적의 살충제로 인식돼 있던 DDT 등 화학약품들의 해악을 실제 피해 사례를 들어가며 과학적으로 규명한 기사는 엄청난 반향을 불러일으켰다. 3개월 뒤 책이 나왔을 때 카슨은 미국에서 가장 논쟁적인 인물이 됐다.

DDT는 오스트리아 화학자 오트마 자이들러(Othmar Zeidler)가 1874년에 처음으로 만들어낸 화학물질이다. 육십여 년 뒤 스위스 화학자 파울 헤르만 뮐러(Paul Hermann Muller)는 DDT에 벌레의 신경을 마비시켜 죽게 만드는 성질이 있다는 것을 발견했다. 뮐러는 이 연구로 1948년 노벨 생리의학상을 수상했다. DDT는 제2차 세계대전 중 열악한 위생 상태에서 지내야 했던 피난민과 군인들의 몸에서 이를 박멸해주는 고맙기 짝이 없는 존재였다. 전쟁이 끝난 후 경제 회복을 위해 농작물 생산량을 늘려야 했던 농부에게도 DDT는 꿈의 살충제였다. 하지만 카슨은 『침묵의 봄』에서 "새로운 합성 살충제는 단지 독성을 지닐 뿐 아니라, 생물의 몸속에 침투해 가장 사악하고 치명적인 방식으로 대상을 변화시킨다. 유해 물질로부터 신체를 보호해주는 효소를 파괴하고, 에너지를 얻는 산화 과정을 방해하며 각종 기관의 정상적인 기능을 억제해 불치병을 일으키는 등 점진적이고 돌이킬 수 없는 변화를 유도한다."고 주장했다. 이런 화학물질은 살충제가 아니라 '살생제'라는 것이다. 카슨은 프랑스의 저명한 생물학자이자 철학자인 장 로스탕의 말을 인용해 "참아야 하는 것이 우리의 의무라면, 알아야 하는 것은 우리의 권리"[20]라고 강조했다.

이 책에 감동한 사람 중에는 훗날 미국 부통령이자 환경운동가가 되는 앨 고어(Al Gore)도 있었다. 그는 『침묵의 봄』 1994년판 서문에 "나와 누이는 『침묵의 봄』을 읽은 후 저녁 식사를 하면서 부모님과 토론하곤 했다. 레이첼 카슨은 내가 환경에 관심을 갖고 환경에 관한 일들을 하게 된 이유 중 하나다. 내 사무실 벽에는 역대 대통령과 정치 지도자 들의 사진과 함께 카슨의 사진이 걸려 있다. 카슨은 그들 중 누구보다, 아마도 그들을 전부 합친 것보다도 큰 영향을 내게 미쳤다."[21]고 썼다.

카슨의 경고에 귀 기울인 존 F. 케네디 대통령은 1962년 과학자문위원이었던 제롬 와이즈너에게 살충제 사용 실태에 관한 대통령 과학자문위원회 특별 패널을 구성하라고 지시했다. 위원회는 이듬해 대통령에게 제출한 보고서에서 카슨의 주장에 동의하면서, 살충제를 계속 무분별하게 사용할 경우 방사성 물질보다 더 위험할 수 있다고 경고했다. 또 더욱 깊이 있는 연구와 규제 방안이 필요하다고 정부에 권고했다.

레이첼 카슨을 죽여라

카슨을 향한 화학 업계의 공격은 끈질기고도 잔혹했다. 고어 전 부통령에 따르면 『침묵의 봄』에 대한 공격은 찰스 다윈의 『종의 기원』에 가해졌던 공격보다 더하면 더했지 결코 덜하지 않았다. 게다가 카슨은 여성이었다. 자기 주장을 가진 여성을 히스테릭하다고 폄하해오던 행태가 카슨에게도 그대로 적용됐다. 『레이첼 카슨 평전』을 쓴 린다 리어에 따르면 당시 수백만 달러를 움직이는 화학 업계는 박사 학위도 없는 여성 과학자, 바다에 관한 아름다운 책을 쓴 여성이 화학제품의 신뢰성에 의문을 던지도록 그냥 내버려두지 않았다. 그들의 눈에 카슨은 별것도 아닌 문제를 크게 키우는 히스테릭한 여성, 새와 토끼를 좋아하고 고양이를 키우며 사는 낭만적 성향의 독신녀에 불과했다. 한마디로 통제 불능의 여성, 본분을 망각한 존재에 지나지 않았던 것이다.

화학 업계는 카슨을 이상한 사람으로 몰아가기 위해 25만 달러를 들여 공작을 벌였다.[22] 종자와 살충제, 제초제를 파는 회사 몬산토Monsanto가 그중 하나였다. 『음식혁명』의 저자이며 1994년도 레이첼 카슨 상 수상자인 존 로빈스에 따르면 몬산토는 카슨을 파괴하기 위해 총력을 기울였다. 『침묵의 봄』을 패러디한 '황량한 해Delate Year'란 제목의 기사를 자사 잡지에 게재해 카슨을 조롱했고, 《뉴요커》를 향해서는 고소하겠다고 협박하기도 했다.[23]

이 같은 공격에도 불구하고 CBS 텔레비전은 1963년 4월 3일 황금시간대에 한 시간짜리 특별 프로그램 〈레이첼 카슨의 침묵의 봄〉을 방송했다. 이 프로그램에는 카슨 외에 업계와 정부 관계자도 출연했다. 화학 업계 대변인으로 나온 사람은 아메리칸 시아나미드의 로버트 화이트-스티븐스였다. 실험실용 흰 가운을 입고 카메라 앞에 선 그는 "『침묵의 봄』은 사실을 완전히 왜곡하고 있으며 과학적 실험 결과로 입증되지 않았고, 업계에 대한 실질적 경험이 결여되어 있다."고 공격했다. 그러면서 "카슨은 자연의 균형이 인간의 생존에 가장 중요한 것이라고 주장하는데, 현대의 화학자, 생물학자, 과학자는 인간이 자연을 견실하게 통제하고 있다고 믿고 있다."고 강조했다. 이에 카슨은 조용하면서도 단호한 목소리로 "당신은 중력 법칙도 폐기해버릴 수 있다고 확신하는 모양"이라고 맞받아쳤다.[24] 두 달 후 카슨은 청문회에 다시 모습을 드러내, DDT 등 화학물질 남용이 자연과 인간에 미치

밥 하인스와 함께 대서양에서 해양 생물학 연구를 진행하는 레이첼 카슨(1952)
출처: 미국 어류 및 야생 동물 관리국

는 악영향을 토로했다.

당시 그는 화학 업계뿐만 아니라 또 다른 적과 전쟁을 치르고 있었다. 소수의 측근을 제외한 나머지 사람들은 카슨이 유방암과 싸우고 있다는 사실을 몰랐다. 1960년에 유방 절제 수술을 받았지만 약 일 년 만에 재발해 암세포가 척추로 전이됐고, 방사선 치료로 머리칼이 빠져 방송과 청문회에 가발을 쓰고 나가야 했다. 《뉴요커》에 따르면, 방송 녹화 당시 그의 건강 상태가 매우 나쁘다는 것을 알게 된 제작진이 경영진에게 방송 일자를 가능한 빨리 잡아야 한다고 요구했을 정도였다. 카슨이 방송 전에 죽을 수도 있다고 생각한 것이다. 그럼에도 불구하고 그는 사람들이 자신의 병에 대해 알기를 원치 않았다. 이유는 하나였다. 카슨이 자신의 병 때문에 화학물질과 화학 회사들을 적대시한다는 말이 나올 게 뻔했기 때문이다. 최후의 순간까지 인간과 자연을 위해 투쟁했던 카슨은 1964년 4월 14일 세상을 떠났다.

그로부터 8년이 지난 1972년, 환경보호청은 해충 박멸 용도 외의 DDT 사용을 전면 금지한다고 발표했다. 2004년에는 DDT 등 독성이 강한 잔류성 살충제와 다이옥신 등 12종을 국제적으로 규제하는 스톡홀름협약(Stockholm Convention on Persistent Organic Pollutants)이 체결됐다. 하지만 이 년 뒤 세계보건기구(WHO)는 DDT 사용을 다시 허용했다. 아프리카의 말라리아 피해를 줄이려면 말라리아모기를 없앨 수 있는 DDT가 필요하다는 이유에서였다. 당시 세계적인 환경단체인 시에라클럽Sierra Club은 세계보

건기구의 이런 결정을 "어쩔 수 없이 지지한다. 말라리아로 수백
만 명이 죽는데 DDT 외에 다른 대안이 없다. 하지만 잘 감시하고
통제해야 한다."고 밝혔다. 이 같은 예외를 제외하면 DDT는 현
재 전 세계적으로 사실상 사용이 금지된 상태다. 그럼에도 불구
하고 화학물질의 종류와 사용량은 카슨이 살아 있을 때보다 크게
늘었다. 그래서 카슨의 경고는 지금 더욱더 유효하다. 그는 『침묵
의 봄』에서 말했다. "선택은 우리에게 달려 있다. 지금까지 충분
히 인내해온 우리가 마지막으로 알 권리를 주장하고자 한다면,
그때는 독극물로 세상을 가득 채우려는 사람들의 충고를 더 이상
받아들이지 않게 될 것이다. 우리는 주위를 둘러보며 어떤 또 다
른 길이 열려 있는지를 확인해야 한다."[25]

카슨의 딸들, 일어나다

카슨이 세상을 떠난 지 육십여 년이 지난 지금, 세계 곳곳에서는
'카슨의 딸들'이 유독성 화학물질과의 전쟁을 이어나가고 있다.
대표적인 예가 세계 3대 콩 수출국 중 하나인 아르헨티나의 '이
투사잉고의 어머니들(Madres de Ituzaingo)'이다. 이 단체는 딸을 출
산한 지 사흘 만에 잃는 고통을 겪은 소피아 가티카(Sofia Gatica,
1967~)로부터 시작됐다. 가티카는 딸이 죽은 이유를 찾기 위해 주
민들과 이야기를 나누기 시작했다. 그는 공중 살포되는 엄청난
양의 농약과 살충제를 지켜보며 자신과 마찬가지로 불안감을 느

껐던 주민 열다섯 명과 함께 집집마다 돌아다니며 역학조사를 했다. 결과는 충격적이었다. 약 오천 명의 주민 중 암에 걸린 사람이 이백 명이 넘는 것으로 나타났다. 전국 평균보다 41배나 높은 수치였다. 신경 및 호흡기 질환 발병률, 선천성 기형 발생률, 유아 사망률 등도 높았다. 카슨이『침묵의 봄』에서 경고한 대로였다.

이투사잉고의 어머니들은 다른 지역 환경단체들과 힘을 모아 국민들에게 살충제의 위험성을 알리고, 몬산토와 듀폰 등 대기업들을 찾아가 항의했다. 그러나 몬산토는 자신들이 만든 제초

소피아 가티카
출처: 골드만 환경상 웹사이트

제 '라운드업'의 핵심 성분인 글리포세이트(아그로톡신)가 사람에게 유해하지 않다고 주장했다. 가티카와 회원들은 온갖 비난과 협박을 받았으며, 2007년에는 가티카의 집에 괴한이 총을 들고 들어와 위협하는 일까지 있었다.

2008년 크리스티나 페르난데스 데 키르치네르 대통령은 보건부 장관에게 이투사잉고 마을의 살충제 사용 관련 영향을 조사하라는 지시를 내렸다. 같은 해 글리포세이트가 저농도에서도 인간 배아와 태반 및 탯줄 세포를 죽인다는 연구 결과가 나왔다. 이를 토대로 거주지로부터 이천오백 미터 이내에 농약을 공중 살포하는 것을 금지하는 조례가 제정됐다. 2010년 대법원은 사람들이 사는 곳 주변에서의 농약 사용을 금지할 뿐 아니라, 농약 사용 피해 진상을 주민이 아닌 정부 및 콩 생산 업체가 규명해야 한다는 판결을 내렸다. 2011년에는 유기염소계 살충제 엔도설판의 강한 독성이 확인돼 유엔의 금지 목록에 포함됐다.

2012년 가티카와 '이투사잉고의 어머니들'은 농약을 공중 살포한 농장주와 비행기 조종사를 상대로 제소해 법원으로부터 유죄 판결을 받아내는 성과도 얻었다. 같은 해 가티카는 환경 분야의 노벨상으로 불리는 골드만 환경상을 수상했다.[26] 이 상은 미국 금융가이자 자선사업가인 리처드 골드먼이 환경운동을 펼치다 먼저 세상을 떠난 부인 로다의 뜻을 기려 1990년 제정했다. 해마다 북미, 중남미, 유럽, 아시아, 아프리카와 섬나라 등 지역별로 한 명씩 여섯 명의 환경운동가를 선정해 시상한다. 우리나라에서는 1995년 환경운동연합의 최열 씨가 수상했다.

가티카는 수상 연설에서 말했다. "이투사잉고에서 일어난 일은 숨겨진 집단 학살^{genocide}이다. 왜냐면 (유독성 화학물질 제조·판매사들이) 천천히 조용하게 우리를 독살하고 있기 때문이다."[27]

04 바다 없이는 생명도 없다

실비아 얼, 티어니 타이스, 아샤 데 보스

2019년 11월 영국 스코틀랜드 헤브리디스 제도 해변에 몸길이 14미터, 몸무게 22톤의 거대한 향유고래가 죽은 채 떠밀려왔다. 현지 해양보호단체 '스코틀랜드 해양동물 대응 계획(SMASS)' 관계자들이 사인을 조사하기 위해 고래의 위를 가르자 온갖 쓰레기들이 쏟아져 나왔다. 어망과 밧줄 뭉치는 물론이고 비닐봉지, 플라스틱 컵, 끈, 가방 등 모두 인간이 버린 물건들이었다. 쓰레기의 무게는 무려 백 킬로그램. 죽은 고래와 돌고래, 거북이 등의 위에서 플라스틱 쓰레기가 종종 발견되곤 했지만 이렇게 많은 양이 나온 것은 처음이었다. 같은 해 3월 필리핀에서 발견된 고래 사체에서는 사십 킬로그램, 비슷한 시기에 이탈리아 사르데냐 해변에 죽어 있던 고래의 위 안에서는 22킬로그램의 쓰레기가 나왔다.

2018년 중국 하이난(海南) 해양과학연구소는 지구에서 가장 깊은 바다인 북태평양 마리아나 해구에서도 가장 깊은 챌린저 해연Challenger Deep을 조사한 결과 심각한 수준의 미세플라스틱을 발견했다고 발표해 세계를 놀라게 했다. 일만 이천 미터 깊이의 심층수에서 리터 당 이천이백 개의 미세 플라스틱이 발견되었다.

연구 팀은 "바다가 지구에서 가장 큰 플라스틱 개수대(sink)가 되고 있다. 이것이 취약한 생태계에 어떤 영향을 미칠지는 미지수"라고 우려를 나타냈다.[28]

지구 표면의 약 70퍼센트를 차지하는 바다는 수많은 해양생물을 품고 있을 뿐만 아니라, 대기 중의 이산화탄소를 흡수하고 저장하여 지구의 온도가 덜 올라가게 하는 데 중요한 역할을 한다. 또한 지구에서 생산되는 산소량의 70퍼센트를 만들어낸다. 아마존 열대우림이 생산하는 산소량이 전체의 20퍼센트인 것을 생각하면 엄청난 양이다. 그러나 '지구의 푸른 심장'으로 불리는 바다는 쓰레기 배출, 지구온난화 등으로 인해 갈수록 파괴되고 있다. 해양생물 남획 문제도 심각하다.

미국의 해양학자 실비아 앨리스 얼(Sylvia Alice Earle, 1935~)은 넷플릭스 다큐멘터리 〈시스피러시Seaspiracy〉에 바다와 같이 푸른색 재킷을 입고 출연해서 미국 해양 생태계 파괴의 원인 중 하나로 남획을 지적했다. 그는 이 다큐멘터리에서 "지금처럼 야생 물고기를 잡아대면 21세기 중반에는 어업이 사라질 것이다. 잡을 물고기가 얼마 안 남을 것이기 때문"이라고 경고했다. 그러면서 "물고기도 신경계가 있다. 물고기는 고통을 느끼지 못한다는 말은 (동물에) 무슨 짓이든 해도 된다는 생각을 정당화하는 야만적인 소리"라고 말했다. 알리 타브리지 감독이 "물고기를 먹느냐"고 묻자 그는 단호하게 "나는 어떤 동물도 먹지 않는다."고 답했다.

얼은 세계에서 가장 유명한 해양학자이자 탐험가 중 한 명으

해양 쓰레기 사이에 둥지를 튼
알바트로스를 살펴보는 실비아 얼 박사(2012)
출처: NOAA 국립 해양 보호 구역 사무소

로, 90세에 가까운 나이에도 저술과 강연 활동을 왕성하게 이어나가고 있다. 영화 〈타이타닉〉의 감독 제임스 캐머런은 다큐멘터리 〈미션 블루Mission Blue〉에서 얼에 대해 "바다의 잔 다르크 같은 존재다. 바다를 구하기 위한 싸움에서 선두에 나서는 인물"이라고 존경을 표했다.

심해로 떠난 여성들

1935년 미국 뉴저지주 깁스타운에서 태어난 얼은 어렸을 때부터 인형 놀이보다는 자연 속에서 뛰어노는 것을 더 좋아했다. 뒷마당의 연못가에 앉아 물고기들을 들여다보고 공책에 적으며 시간을 보내곤 했다고 한다. 열두 살 때 가족과 함께 플로리다 해안으로 이사한 후에는 바다의 매력에 푹 빠졌다. 부모로부터 물안경을 선물받고 너무나 기뻐서 며칠 동안 잠을 설칠 정도였다고 한다. 해저탐험가 윌리엄 비브의 소설 『해저 반 마일까지 잠수』를 읽은 후에는 해저 탐험을 꿈꾸기 시작했다. 우등생이었던 얼은 16세에 고등학교를, 19세에 플로리다대를 조기졸업하고, 20세에 듀크대 대학원에서 식물학 석사 학위를 받았다.

　　해조류를 연구하기 위해 박사과정에 들어간 그는 1964년 국제인도양탐사대의 유일한 여성 멤버로 육 주간 탐사선을 타고 해양 동식물을 관찰하는 프로젝트에 참여한 것을 시작으로 갈라파고스 탐험, 파나마 해협 탐험에도 나섰다. 그는 다큐멘터리 〈미션 블루〉에서 국제인도양탐사대 활동은 "우리가 바다에 대해 너무나도 모르고 있다는 사실을 깨닫게 했다."고 회상했다. 얼은 1966년 스쿠버다이빙으로 직접 채취한 이만여 개의 해조류 샘플을 분석한 연구로 박사 학위를 받았다. 박사 학위 논문 「동부 멕시코만의 갈색조류」는 멕시코만 수역에 사는 동식물들의 중대한 변화를 분석한 것으로, 국제적 권위를 자랑하는 학술지에 실려 크게 주목받았다.

얼의 각종 탐사와 연구 업적 등은 프랑스의 저명한 해양학자 자크 쿠스토(Jacque Cousteau, 1910~1997)에 필적한다. 1968년 여성으로서는 처음으로 잠수정 딥 다이버를 타고 해저 사십 미터 지점까지 내려가 한 시간 삼십 분 동안 머무는 기록을 세웠고, 1970년에는 미국령 버진 아일랜드의 심해에 약 이 주 동안 머무르며 해양 생태를 관찰하는 텍타이트 2$^{\text{Tektite II}}$ 프로젝트를 성공

텍타이트 2 프로젝트 당시 수중에서 샘플을 보여주는 실비아 얼(1970)

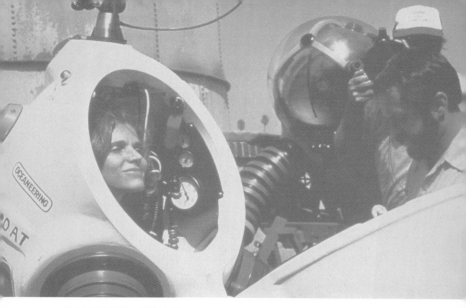

잠수를 준비하는 실비아 얼

적으로 이끌었다. 남성과 여성이 장기간 함께 생활하는 것을 받아들이지 못했던 당시 사회 분위기 때문에 얼을 포함한 참가자 다섯 명은 모두 여성이었다. 얼은 다큐멘터리에서 당시 상황에 대해 "하루 10~12시간씩 물속에서 보냈는데 마치 사탕 가게에 들어간 어린아이가 된 기분이었다."고 말했다. 해저 탐험을 마친 후 거리에서 축하 카퍼레이드가 열렸을 정도로 이들은 사회적으로 엄청난 관심을 받았으며, 특히 얼은 미국에서 가장 유명한 여성 과학자가 됐다.

　　텍타이트 2 프로젝트의 성공은 미국의 우주 탐사에 영향을 미쳤으며, 특히 여성 우주비행사의 가능성을 여는 계기가 된 것으로 평가받는다. 그는 1979년 하와이 오아후 근해에서 사백 킬로그램이 넘는 짐JIM이란 이름의 잠수복을 입고 해저 381미터 지점까지 내려가 두 시간 반 동안 바다의 밑바닥을 걸어 다니는 신기록을 세웠다. 이 기록은 지금까지도 깨지지 않고 있다. 전 세계 신문들이 얼의 잠수를 보도했고, 탐험 과정을 담은 사진과 영상이 책과 영화로 제작됐다.

"나는 이들의 일부가 되고 싶습니다."

얼은 엔지니어 그레이엄 혹스와 함께 1984년 딥 로버Deep Rover라는 1인용 잠수정을 개발해 해저 천 미터 지점을 탐험하는 등 약 반세기에 걸쳐 칠천 시간이 넘는 기간을 깊은 바닷속에서 보냈다. 1990년에는 여성 최초로 국립해양대기국(NOAA, National Oceanic and Atmospheric Administration)의 수석 과학자로 임명돼 이 년간 재직했다.

　유엔과 빌 클린턴 대통령이 1998년을 '대양의 해'로 지정하자,《내셔널 지오그래픽》의 주재 과학자로서 해양생물 보호를 위해 다양한 활동을 벌이기도 했다. 같은 해《타임》은 눈부신 연구 및 탐험 활동을 펼쳐온 그녀를 최초의 '지구의 영웅'으로 선정했다. 얼은 2009년 활발한 강연 활동을 인정받아 TED 상을 수상하고 상금 백만 달러를 종잣돈으로 해양생물 보호구역을 만들기 위한 '미션 블루Mission Blue 프로젝트'를 시작했다. 2020년 현재 122개 지역을 '호프 스팟Hope Spot'으로 지정하는 성과를 올렸다.

2022년 3월 현재 호프 스팟은 총 140곳으로, 5,757만 7,267제곱킬로미터 규모에 이른다.[29] 그는 〈미션 블루〉에서 "지난 몇 년간 연중 삼백 일 가까이를 (탐사와 강연을 위해) 떠돌아다녔다."면서 "더 많은 탐사를 통해 (바다에 대해) 더 많이 알게 되는 것이 목표다. 과학자들뿐만 아니라 대중들과 최대한 폭넓게 견해를 공유할 수 있는 기술이 필요하다. 사람들이 실천하도록 영감을 줄 필요도 있다."고 말했다. 이 다큐멘터리에서 거대한 고래를 촬영하기 위해 푸른 바다에 뛰어드는 얼의 모습은 감동적이다. 그는 "나는 이들(고래들) 세상의 일부가 되는 게 좋다. 다이빙 말고 하고 싶은 건 생각할 수도 없다."고 말했다.

얼은 2009년 TED 상 수상 기념 강연에서 해양학자로서의 삶을 되돌아보면서 "모든 일이 1953년 처음 스쿠버다이빙을 했던 때로부터 시작됐다. 레몬 조각이나 버터에 놓인 생선이 아닌 물에서 헤엄치고 있는 물고기를 만나게 된 것"이라고 회상했다. 그러면서 "우리는 자연 생태계가 스스로를 재생하는 시간보다 훨씬 빠른 속도로 자원을 갈취하고 있다. 인간은 지구가 어마어마하게 크고 강해서 쉽게 망가지지 않기 때문에 무슨 짓을 해도 상관없다고 생각한다. 만 년 전, 아마 천 년 전에는 그랬을지도 모르지만 지난 백 년간, 특히 오십 년간 우리는 우리의 삶을 가능케 하는 자원들을 끊임없이 고갈시켜왔다."고 말했다. 〈시스피러시〉에서는 "인류 문명에 긍정적이든 부정적이든, 대부분의 것은 하나로부터 시작됐다. 그 하나(인간)가 모든 것을 할 수는 없다. 하지만 모두 함께라면 할 수 있다."고 호소했다. 바다를 지키고, 인간을 포함한 생명을 보호하기 위해서 "지금 당장 행동에 나서야 한다."는 것이다.

바다의 잔 다르크들

얼의 뒤를 이어 많은 여성 해양학자와 탐험가가 해양 생태계를 연구하고 지키기 위해 차가운 바닷물 속으로 뛰어들고 있다. 티어니 타이스(Tierney Thys, 1966~)는 쟁반을 닮은 대형어종 개복치 연구로 주목받고 있는 학자이자 세계적인 해양보호운동가다.

강연 중인 티어니 타이스(2014)

타이스는 미국 캘리포니아주 북부 해안 지역에서 태어나 바다와 함께 자랐다. 한번 바다에 들어가면 좀처럼 나오려 하지 않는 바람에, 부모가 물속에서 추위를 덜 탈 수 있는 소재로 직접 수영복을 만들어 입혔을 정도라고 한다. 열다섯 살 때에는 호수 탐험을 위해 스쿠버다이빙을 배웠고, 브라운대학에서 생물학을 전공한 후 한때 실비아 얼이 세운 회사 딥 오션 엔지니어링에 취업해 잠수정 개발 프로젝트에 참여하기도 했다. 1998년 듀크대에서 물고기의 근육 메커니즘에 관한 연구로 박사 학위를 받은 후 2000년에는 세계 곳곳을 돌아다니며 자신이 사랑해 마지않는 개복치를 좀 더 본격적으로 관찰하기 시작했다. 그 결과 타이스는 개복치의 특이한 생태에 관한 소중한 정보들을 세상에 알릴 수 있게 됐다. 특히 그녀가 개복치와 함께 수영하는 모습을 담은 영상들은 많은 사람의 관심을 끌었다.

개복치는 거대하고 넓은 몸의 끝 쪽 위아래로 뾰족한 지느러미가 돋아나 있는 재미난 생김새의 물고기다. 영어로는 오션 선피쉬$^{ocean\ sunfish}$ 또는 헤드피쉬^{headfish}라 하는데, 생선의 머리 부분만 잘라놓은 것 같다고 붙은 이름이다. 학명은 몰라 몰라$^{Mola\ Mola}$, 라틴어로 맷돌을 의미한다. 다 자라면 몸길이 4미터, 무게 2톤짜리 대형 어류가 된다. 타이스는 대학 시절 지도 교수의 벽에 붙어 있던 개복치 사진을 보고 그 특이한 생김새에 호기심과 매력을 느껴 본격적으로 연구하기 시작했다고 밝혔다. 타이스는 얼과 마찬가지로 해양 생태에 관한 대중의 보다 많은 관심과 이해, 보호를 위한 노력을 이끌어내기 위해 힘쓰고 있다. 캘리포니아 소재의 비영리 재단 시 스튜디오 파운데이션(SSF, Sea Studios Foundation)을 이끄는 한편, 해양에 관한 다양한 다큐멘터리 제작에 참여하고 있다. 특히 TED 강연 시리즈 〈바다에서 온 이야기들Stories from the Sea〉로 큰 인기를 모았다. 《내셔널 지오그래픽》의 연구 책임자로도 왕성하게 활동하고 있다.[30]

아샤 데 보스(Asha de Vos, 1979~)는 스리랑카의 해양생물학자이자 대왕고래 연구의 개척자다. 스리랑카 해역의 대왕고래가 다른 곳으로 이주하지 않고 한곳에 머물러 서식한다는 사실을 처음으로 밝혀내 큰 주목을 받았다. 데 보스는 《오셔노그래픽》과의 인터뷰에서 "여섯 살 때 부모님이 낡은 내셔널 지오그래픽 한 권을 가져다주셨는데, 그 잡지를 그야말로 들이파며 읽었다. 한 장 한 장 넘겨보면서 아무도 가본 적 없는 곳에 가서 아무도 본 적 없는 것들을 보는 내 모습을 상상해보곤 했다."[31]고 회상했다. 이를 계기로 바다와 사랑에 빠졌고, 자연스럽게 좋아하는 탐험과 바다, 과학을 한 번에 경험할 수 있는 해양생물학자가 되었다는 것이다.

데 보스는 스리랑카 최초로 해양 포유류 연구를 통해 박사 학위를 받았다. 대왕고래 연구 및 보호를 위한 '스리랑카 블루 웨일 프로젝트'를 설립했으며, 차세대 해양 전문가들을 육성하고 해양 보호에 관한 대중의 관심과 논의를 불러일으키기 위해 '오션스웰Oceanswell'을 만들어 운영해오고 있다. 영국 BBC는 데 보스의 이런 노력들을 높이 평가해 2018년 세계를 이끄는 100대 여성 중 한 명으로 뽑았다. 2020년에는 혁신적인 연구자와 교육자, 예술가들에게 수여하는 맥스웰-핸러핸 상의 생물학 부문 수상자로 선정됐다.

데 보스는 2014년 TED 강연에서 "바다의 회복력에서 두 가지 중요한 요소를 꼽자면, 바로 고래의 배설물과 시신이다. 고래들은 먹이를 먹기 위해 바닷속으로 들어가고 숨 쉬기 위해 수면으로 나오면서 굉장한 양의 분뇨 가스를 배출한다. 이것은 모든 바다 먹이사슬의 기초를 형성하는 식물성 플랑크톤의 성장을 촉진한다. 또 고래가 이동하면서 그 배설물은 바다 깊은 곳에서부

아샤 데 보스
출처: 아샤 데 보스 페이스북 프로필

터 수면까지 필수 영양분을 순환시키는 양수기 역할을 한다. 고래는 놀랍게도 죽은 뒤에도 중요한 역할을 한다. 고래 시체는 가라앉으면서 많은 생물에게 먹이가 되어준다."고 설명했다. 그러면서 "고래를 위하는 것이 우리 자신을 위한 것"[32]이란 말로 고래 보호의 중요성을 강조했다.

"저인망 어업을 중단하라"

클레르 누비앙(Claire Nouvian, 1974~)은 언론인으로 활동하다가 해양보호운동가로 변신한 여성이다. 프랑스 보르도에서 태어나 파

클레르 누비앙
출처: 골드만 환경상 웹사이트

리, 알제리, 홍콩 등에서 성장기를 보냈다. 낚시를 사랑하는 아버지를 따라 바다에서 많은 시간을 보내왔던 그는 자연과 환경을 전문적으로 다루는 저널리스트 및 다큐멘터리 제작자가 됐다. 해양보호운동가로 변신하게 된 계기는 프랑스의 한 TV 방송국을 위해 제작한 흡혈오징어vampire squid에 관한 다큐멘터리였다. 흡혈귀 같은 생김새 때문에 흡혈오징어란 이름이 붙은 이 생명체는 중생대의 두족류 벨렘나이트처럼 다리에 가시가 나 있다는 이유로 '살아 있는 화석'으로도 불린다. 누비앙은 미국 캘리포니아 몬터레이만의 바닷속 사천 미터 심해에 살고 있는 흡혈오징어의 생태를 촬영하면서 다채로운 해양생물에 매료됐고, 과다한 어로 활동으로 바다가 얼마나 빨리 파괴되고 있는가를 절감했다.

누비앙은 해양 보호 운동에 전념하기로 결심하고 2005년 비정부기구 블룸 어소시에이션Bloom Association을 창설해 심해 저인망 어선과 심해 광물 채집 등을 규제하기 위해 노력했다. 그리하여 2016년 유럽연합(EU)으로부터 팔백 미터 이하 심해에서의 저인망 어업을 금지하는 법을 이끌어내는 성과를 올렸다. 골드만 환경상은 2018년 누비앙을 수상자로 선정했다.[33] 그는 당시 영국 《가디언》과의 인터뷰에서 "심해 저인망 어선은 가장 취약한 (해양)생태계를 가장 많이 파괴하는 어업이다. 마치 도시처럼 오랜 세월에 걸쳐 복잡하게 만들어진 바다 밑바닥을 싹 쓸어버리고 있다."고 비판했다.[34]

누비앙과 블룸 어소시에이션은 같은 해 유럽의회에서 전기 충격 낚시 금지 법안을 통과시키는 데에도 성공했다. 현재는 세계무역기구(WTO)와 각국 정부들을 상대로 해양을 파괴하는 어업에 보조금을 지급하는 관행을 중단하라고 압박하고 있다. 정부뿐만 아니라 대형 슈퍼마켓과 호텔 등을 향해서도 파괴적인 어업을 지속하는 수산물 회사의 제품은 물론 상어 지느러미와 같은 특정 상품을 보이콧할 것을 요구하고 있다.

05 착취와 차별 속에서 내 의식은 탄생했다

리고베르타 멘추와 라틴아메리카의 여성들

1992년 12월 10일 노르웨이 오슬로 시청에서 열린 노벨평화상 시상식 무대 위에 알록달록한 색깔과 화려한 무늬의 원피스를 입은 자그마한 여성이 올랐다. 그의 이름은 리고베르타 멘추(Rigoberta Menchu, 1959~). 멘추는 수상 소감에서 "노벨평화상은 존중받고 이해받으려 했다는 이유로 희생당하고 사라져간 원주민들, 과테말라뿐만 아니라 전 아메리카 대륙에서 변화의 희망을 지켜내려다가 목숨을 잃은 사람들에 대한 헌사"라고 말했다. 또한 "땅은 우리 문화의 뿌리이자 원천이다. 그래서 땅은 우리로부터 존중받고 보답받기를 원한다. 땅을 보살펴야 우리의 자식과 손자 들이 땅으로부터 계속 혜택을 받을 수 있다. 자연을 존중하는 법을 배우지 않는다면 다가올 새 세대들의 미래가 어떻게 되겠는가"라고 호소했다. 그는 백인 정복자들의 도래 이후 오백여 년에 걸쳐 계속돼온 원주민 탄압과 차별을 끝내고, 고국 과테말라의 민주화를 위해 전 세계가 힘을 합쳐달라고 요청했다.[35]

멘추는 과테말라의 민주화와 마야 원주민 인권을 위한 투쟁의 상징이다. 십 대 때부터 정부군의 탄압에 맞서 싸워왔던 그

리고베르타 멘추(2024)

는 1980년대 초 멕시코로 망명해 『내 이름은 리고베르타 멘추, 내 의식은 이렇게 탄생했다』라는 책으로 세계의 관심을 모았다. 일 각에서는 과장됐다는 비판을 제기하기도 했지만, 수 세기에 걸 쳐 탄압받아온 원주민들의 삶과 과테말라의 암울한 현실을 세상 에 용기 있게 알림으로써 변화를 이끌어내는 데 중요한 역할을 했다.

멘추가 노벨상을 받은 지 이 년 후인 1994년 과테말라 정부 와 좌익반군 '과테말라 민족혁명연합(URNG)' 간에 평화협정이 체결되면서 36년에 걸친 내전이 끝났다. 협정의 일환으로 내전 기간 동안 벌어진 반인륜적인 범죄들을 규명하기 위해 역사진실 규명위원회가 설립됐고, 1999년 2월 〈침묵의 기억〉이라는 제목 의 보고서가 나왔다. 이에 따르면 내전 기간에 군은 마을 440곳을 불태웠다. 오십만 명이 집을 잃었고 십오만 명은 난민이 됐다. 또한 626개 마을에서 약 이십만 명 이상이 학살당했는데, 이 중 83퍼센트 이상이 마야 원주민이었다.[36] 평화협정이 체결되고 원주민 인권 탄압에 관한 보고서가 세상에 나오게 된 데는 멘추의 역할이 컸다. 그는 유엔이 '원주민의 날(매년 9월 8일)'과 유엔 원주민권리선언을 제정하는 데도 크게 기여했다.

살충제로 얼룩진 유년 시절

멘추는 과테말라 북서부 산악 지대 엘 키체의 마야-키체족 가정에서 태어났다. 마야-키체족의 인구는 약 칠십만 명으로, 스페인에 의해 정복되기 전 수준 높은 정치·사회 구조와 문명을 가지고 있었던 것으로 알려졌다. 키체어는 과테말라에서 스페인어 다음으로 많이 쓰이는 언어다. 멘추가 구술한 『내 이름은 리고베르타 멘추, 내 의식은 이렇게 탄생했다』에 따르면 그는 여덟 살 때부터 커피 농장에서 일하기 시작했다. 작은 손가락으로 하루 평균 십 킬로그램의 커피를 땄지만 받는 임금은 푼돈에 불과했다. 집에 돌아와서는 부모를 도와 텃밭을 가꿔야 했다.

　그 시기에 두 살 된 남동생 니콜라스가 영양실조로 사망했다. 멘추의 가족을 포함하여 원주민들은 모두 너무나도 가난했기에 먹을 음식이 늘 부족했다. 종이 상자에 담은 동생의 시신을 땅에 묻느라 그날은 가족 모두 농장 일을 하지 못했는데, 감독은 게

으름을 피웠다는 이유로 해고를 통보했다. 멘추는 동생의 죽음과 농장 감독의 비인간적인 태도에 "분노랄까, 두려움 같은 것을 가슴에 품게 됐다."고 회상했다. 그 몇 년 전에는 농장에서 일하던 오빠 펠리페가 비행기에서 뿌린 살충제에 중독돼 목숨을 잃었다. 슬픔은 여기서 끝나지 않았다. 목화 농장에서 함께 일하던 친구 마리아가 목화 솜에 붙은 벌레들을 죽이기 위해 뿌리는 훈증소독제 때문에 사망한 것이다.

멘추는 친구의 죽음에 대해 이렇게 말했다. "아마 그때부터 내 인생이 불행하다고 느꼈던 것 같다. 어린 시절과 지나온 시간을 돌이켜보니 항상 엄마가 우는 모습만 떠올랐다. 그래서 산다는 것이 두려웠다. 어른이 되면 나는 어떻게 될까, 하고 혼자 중얼거린 적도 많다."[37]

위와 같은 경험을 통해 멘추는 가난에서 벗어나려면 스페인어를 배워야 한다고 생각하게 됐다. 가사도우미로 일해 돈을 벌면서 스페인어도 배우기 위해 아버지의 반대에도 불구하고 고향을 떠나 수도 과테말라시티로 갔지만, 부잣집에서의 생활은 열세 살도 채 안 된 어린 소녀가 상상했던 것과는 거리가 멀었다. 개밥보다 못한 음식을 먹으면서 새벽 세 시부터 하루 종일 일했지만 주인으로부터 인간다운 취급조차 받지 못했기 때문이다. 멘추는 여덟 달을 일하고 집으로 돌아왔다. 아버지 비센테가 경찰에 끌려간 후였다. 비센테는 대지주에게 땅을 넘긴 후 속았다는 사실을 알고 농민조합에 도움을 요청했다가 체포돼 18년 형을 선고받았다. 1년 2개월 후 석방된 비센테는 농민운동에 본격적으로 뛰어들었다. 멘추도 아버지와 함께 운동에 참여하기 시작했다. 당시 그의 나이는 열여덟이었다.

이 년 뒤인 1979년 멘추의 가족에게 또다시 비극이 닥쳤다. 남동생 파트리치니오가 군인들에게 끌려가 끔찍한 고문을 당하고 공개 처형된 것이다. 이듬해 1월에는 아버지가 과테말라시티 주재 스페인대사관 점거 농성에 참여했다가 불에 타 숨지고 말았다. 키체주 우스판탄에서 군인들이 반정부 성향의 농부들을 잡아다가 고문하고 죽이는 만행을 저지른 일이 농성의 계기가 됐다. 마야-키체족 등 원주민 농민들은 수도로 몰려가 항의 시위를 벌이다가 스페인 대사관을 점거했다. 시위 참가자들은 스페인 정부에게 원주민 문제에 대해 과테말라 정부에 압력을 넣어줄 것을 요구했다. 농민단결위원회(Comite de Unidad Campesina)는 물론 학생운동 조직 로빈 가르시아 학생혁명 전선(Robin Garcia Revolutionary Student Front), 빈자의 게릴라군(Ejercito Guerrillero de los Pobres) 등 급진적인 성향의 단체 회원들도 동참했다. 페르난도 로메오 루카스 가르시아 대통령이 이끄는 과테말라 정부는 시위대와 협상하라는 스페인 대사의 호소를 무시하고 군대와 경찰을 투입해 진압 작전을 강행했다. 이 과정에서 폭발이 일어나고 화재가 발생했다. 어느 쪽이 먼저 불을 질렀는지는 아직도 불분명하다. 군인들이 백린탄을 터트렸다는 주장이 있고, 시위대가 저항하면서 던진 화염병이 큰불로 이어졌다는 주장도 있다.

이 화재로 멘추의 아버지를 포함해 서른여섯 명이 목숨을 잃었다. 이 중에는 시위대가 대사관을 점거했을 당시 현장에 있다가 인질 신세가 됐던 에두아르도 카세레스 전 부통령, 아돌포 몰리나 오란테스 전 외무장관, 하이메 루이스 델 아르볼 스페인 영사도 포함됐다. 생존자는 단 두 명이었다. 카할이 로페스 대사는 창문을 깨고 나와 목숨을 건졌고, 시위자 중 한 명이었던 그레고리오 유하 소나는 3도 화상을 입었지만 살아남았다. 그러나 병원으로 후송돼 치료를 받던 중 정체 모를 괴한들에게 끌려가 실종됐으며, 며칠 후 산 카를로스 대학 캠퍼스 내에서 시신으로 발견됐다. 목에는 "테러리스트에게 정의를" "다음은 대사 차례"라고 적은 손팻말이 걸려 있었다. 대사는 충격을 받고 결국 본국으로 돌아갔다.

"내 의식은 이렇게 탄생했다."

비극은 이것으로 끝나지 않았다. 남편과 아들들을 잃은 후 농민 운동가들을 자식처럼 챙겼던 멘추의 어머니 후아나가 1980년 4월 군인들에게 끌려간 것이다. 후아나는 마을에서 산파로 일하면서 마야-키체족 사이에서 오래전부터 내려오던 전통적인 치료법으로 환자들을 보살폈다. 후아나의 죽음은 말 그대로 끔찍했다. 고문과 성폭행을 당한 후 제정신이 아닌 상태로 공공장소에 버려졌는데, 주민들은 겁에 질려 감히 다가가거나 도와줄 생각을 하지 못했다. 죽은 후에도 군인들이 시신을 건드리지 못하게 해, 썩어들어갈 때까지 며칠 동안 방치되었다고 한다.

경찰의 다음 타깃은 멘추였다. 멘추는 수녀들의 도움을 받아 멕시코로 망명했다. 독재 정권의 바람과 달리 그는 침묵하지 않고 과테말라 정부의 폭정을 고발하는 세계적인 인권운동가가 됐다. 가방 하나만 들고 유럽 등 세계 각국을 찾아다니며 과테말라 원주민은 물론 소외된 농민과 노동자들을 위한 정의를 촉구했다. 한 연설에서 그는 "(과테말라에 있는) 나의 민중은 가난, 그리고 내가 직접 느꼈던 착취와 차별에 의해 급진화됐다."고 말했다.[38]

1982년 1월, 멘추는 자신의 인생을 다시 한 번 바꿔놓을 사람과 만나게 된다. 프랑스 파리에서 열린 국제회의에 참석했다가 베네수엘라 출신 인류학자 엘리자베스 부르고스를 만나 인터뷰를 하게 된 것이다. '억압자의 언어' 스페인어로 진행된 인터뷰 내용은 강렬하고도 진실했다. 부르고스는 멘추가 털어놓은 말들이 라틴아메리카의 과거와 현실을 있는 그대로 드러낸 '증언'이라고 생각했다. 인터뷰는 책으로 만들어져 1983년 세상에 나왔다. 그것이 바로 『내 이름은 리고베르타 멘추, 내 의식은 이렇게 탄생했다』이다. 이 책으로 멘추는 국제적인 명사가 됐지만 1984년 또 다른 오빠 빅토르가 군인 이 쏜 총알에 맞아 숨지는 슬픔을 겪어야 했다.

멘추는 1988년 귀국했다가 체포돼 갖은 고초를 겪었다. 겨우 풀려난 이후에도 과테말라 독재 정권의 만행을 고발하는 일을 멈추지 않았다. 노벨상 수상 이 년 후에는 완전히 귀국해 상금으로 아버지의 이름을 딴 재단을 만들었다. 또 원주민들의 지혜가 담긴 전통 의술을 현대에 맞게 보급하기 위해 '모두를 위한 치료(Salud para Todos)'를 설립했으며, 유네스코 친선대사로 활동하는 등 문화적 다양성과 환경, 교육과 보건 증진 등을 위한 일들을 하고 있다. 과테말라 최초의 원주민 정당인 위나크(Winaq)를 창당해 2007년과 2011년 대선에 도전하기도 했으나 실패했다.

라틴아메리카의 녹색 전사들

라틴아메리카에는 멘추 외에도 원주민 인권과 자연, 전통문화를 지키기 위해 헌신하는 여성 전사가 많다. 그중에는 총탄에 목숨을 잃은 사람도 있다. 온두라스의 저명한 환경운동가 베르타 카세레스(Berta Caceres, 1971~2016)가 대표적인 예다. 그는 2016년 3월 자택 문을 부수고 들어온 괴한들의 총에 맞아 살해당했다. 한 해 전 '환경계의 노벨상'으로 불리는 골드만 환경상을 수상한 세계적인 '녹색 전사'의 갑작스러운 죽음에 세계는 경악했다.

카세레스는 온두라스의 원주민 부족 중 하나인 렌카족 혈통으로서, 렌카족이 신성시하는 괄카크강에 댐이 건설되는 것을 막기 위해 저항운동을 이끌어 유명해졌다. 2006년 그는 중국의 시노하이드로(中国水电), 개발도상국의 민간 부문 투자를 전문적으로 다루는 세계은행의 국제금융공사(IFC, International Finance Cor-

베르타 카세레스
출처: 골드만 환경상 웹사이트

poration), 온두라스 기업인 데사로요스 에너제티코스(Desarrollos Energéticos S.A.)가 괄카크강의 네 지점에 수력발전소 건설을 비밀리에 계획하고 있다는 사실을 알아냈다. 이는 대형 개발 프로젝트를 추진할 경우 지역 주민들에게 충분한 정보를 제공하고 협의해야 한다고 규정한 국제법을 위반하는 행위였다. 렌카족은 괄카크강에 댐이 건설되면 농사지을 물이 부족해지고 전통적인 생활방식이 위협받을 수 있다는 이유로 공사를 강하게 반대했다. 카세레스는 주민들, 환경단체들과 손잡고 댐 건설 현장에서 장기간 시위하며 공사를 저지했다. 이 과정에서 군인들이 쏜 총에 시위 참가자 한 명이 사망하고 세 명이 중상을 입었다. 카세레스는 댐 건설이 원주민의 생존권을 위협한다면서 미주인권위원회에 제소하기도 했다. 논란이 격화하자 중국 시노하이드로와 세계은행 국제금융공사는 프로젝트 탈퇴를 선언했다. 하지만 온두라스 회사와 정부는 공사 강행 의지를 재확인했으며, 정부는 카세레스와 원주민 지도자 두 명을 소요죄 등으로 기소했다. 이 과정에서 카세레스는 협박과 살해 위협을 수없이 받았다. 그는 댐뿐만 아니라 광산 프로젝트 등에 대한 반대 운동을 이끌고 수십여 건의 벌목 계획을 무효화, 중단시키는 등 평생을 원주민 인권과 자연보호에 헌신했다. 골드만 환경상 수상 연설에서는 "온두라스의 상황은 점점 더 나빠지고 있다. 댐과 광산, 우리 모두의 것인 천연자원을 사유화하려는 맹공격에 맞서 싸우기 위해서 국제적으로 연대해야 한다."[39]고 촉구했다.

온두라스 정부는 2016년 카세레스 피살 사건의 범인으로 여덟 명을 체포한 데 이어 2018년 3월 데사로요스 에너제티코스의 대표 다비드 카스티요를 체포했다. 군 정보기관 출신인 그가 카세레스 암살 계획을 짰다는 것이다. 2019년 12월 재판부는 여덟 명에게 16~30년 형을 각각 언도했고, 2021년 7월 대법원은 카스티요에게 만장일치로 유죄판결을 내렸다. 이듬해 카스티요는 22년 6개월 형을 선고받았다.

아우라 롤리타 차베스 익사퀵(Aura Lolita Chavez Ixcaquic, 1972~)은 멘추와 같은 과테말라 엘 키체 출신의 환경운동가다. '생명, 자연, 땅, 영토를 수호하기 위한 키체인 위원회(CPK, Consejo de Pueblos K'iche's)'를 이끌고 있는 그는 2017년 사하로프인권상 후보에

"베르타는 죽지 않았다. 더 많은 베르타가 일어났기 때문이다."
베르타 카세레스 추모 벽화

2017년 유럽의회에서 시위하고 있는 아우라 롤리타 차베스
사진: 파울라 로페스 레이그

올라 국제적인 관심을 받았다. 2021년에는 엘살바도르 군부독재
에 저항하다가 암살당한 오스카 로메로(Oscar Romero) 대주교를
기리는 로메로 인권상을 수상했다. 차베스는 원주민들의 동의를
받지 않은 채 이뤄지는 수력발전소, 광산, 원유 채굴, 벌목, 대규
모 농업 등을 반대한다. 땅을 개발하면 원주민들에게도 경제적인
혜택이 돌아간다는 주장에 대해 그는 "우리는 돈이 아니라 어머
니인 대지, 생명을 지키고 있다. 우리는 생명을 사랑하며 대지, 우
주와 조화로운 공존을 추구한다. 또한 우리의 할아버지와 할머니
로부터 세대를 거쳐 내려온 것들을 지켜내는 사람들"[40]이라고 말
했다. 그런데 다국적 기업들은 원주민을 인격을 가진 개인이 아

니라 장애물로만 본다는 것이다. 다국적 기업들 편에 서 있는 정부도 마찬가지다.

차베스와 동료들은 2017년 6월 불법 벌목한 나무들을 싣고 가는 트럭을 세워 조사하는 과정에서 총으로 무장한 사람들에게 살해당할 뻔한 적이 있다. 겨우 목숨을 구했으나 이후 현지에서는 괴한들이 차베스를 죽이기 위해 찾아다니고 있다는 소문이 돌았다. 같은 해 그는 스페인으로 사실상 망명해 바스크 지방에 살면서 라틴아메리카 자연보호를 위한 각종 활동을 계속하고 있다.

개발이란 이름으로 자행되는 폭력들

과달루페 바스케스 루나(Guadalupe Vazquez Luna, 1987~)는 라틴아메리카 원주민 인권운동의 새로운 리더다. 멕시코 치아파스주 초칠족Tzotzil 출신인 그는 악명 높은 '악테알Acteal 대학살'의 생존자다. 1997년 12월 22일 치아파스주의 악테알 마을에서 우익 민병대가 한 기도 모임을 덮쳐 원주민 마흔다섯 명을 살해한 사건을 말한다. 참석자들은 라스 아베하스(Las Abejas, 꿀벌이라는 뜻)라는 평화주의 단체 회원들로, 반정부 게릴라 조직인 사파티스타 민족해방군(EZLN)에 호의적이었다. 민병대원들은 그들의 모임 장소에 들이닥쳐 수 시간 동안 난동을 부리며 살육을 저질렀다. 근처에 있던 군인들은 아무런 저지도 하지 않음으로써 학살을 사실상 도왔다. 바스케스는 이 사건으로 부모와 형제 다섯 명, 할머니와 삼촌을 잃었다. 당시그는 열 살이었다. 그는 한 인터뷰에서 "그 사건 전에는 자연에 둘러싸여 비교적 행복한 어린 시절을 보냈다. 하지만 내 삶은 변해버렸다. 더 이상 어린 소녀일 수 없었고, 여동생을 돌보는 여자가 돼야 했다."[41]고 회상했다.

바스케스는 카세레스와 차베스처럼 원주민들이 동의하지 않은 대형 개발 프로젝트들을 저지하고 자연과 원주민 공동체를 지켜내는 활동에주력하고 있다. 정치폭력 근절, 원주민 인권 보호, 교육운동, 여권운동 등에도 열성적이다.

로살리나 얌피스(Rosalia Yampis)는 페루의 환경운동가다. 2017년 독일 본에서 열린 유엔 기후변화협약 당사국총회(COP23)에서 기후변화를 막기 위해서는 원주민들의 지혜를 배워야 한다고 호소해 눈길을 끌었다. 아마존 원주민 혈통을 가진 그는 기자회견에서 "원주민 여성들이 기후 문제에서 매우 중요한 역할을

국제 여성의 날, 군인에게 맞서는 과달루페 바스케스 루나(2018)
사진: 코만 일렐

과달루페 바스케스 루나(2018)
사진: 코만 일렐

할 수 있다."[42]고 강조했다. 얌피스는 페루 열대우림 개발을 위한 범민족위원회(AIDESEP), 안데스와 아마존여성기구(ONAMIAP) 등을 이끌면서 원주민의 삶과 교육 수준을 높이고 사라져가는 숲을 지키기 위해 다양한 활동을 펼치고 있다.

06 아프리카에 심은 일억 그루의 나무

왕가리 마타이

케냐의 수도 나이로비는 약 사백만 명이 살아가는 동아프리카 최대 도시이자 금융 허브다. 고층 건물들이 빽빽하게 들어선 도심 풍경은 아프리카의 삭막한 도시에 대한 고정관념을 단번에 무너뜨린다. 도심으로부터 서쪽으로 약 육 킬로미터 떨어진 곳에는 드넓은 숲이 펼쳐져 있다. 숲 이름은 '은공 포레스트(Ngong Road Forest)'. 약 1,224헥타르에 달하는 숲속에는 수많은 식물뿐만 아니라 표범과 하이에나, 영양의 일종인 부시벅 등이 살고 있다. 나무

나이로비에 서식하는 암컷 부시벅

들 사이로 난 붉은 흙길을 따라 걷다 보면 과연 이곳이 현대적인 대도시 속에 있는 숲이 맞나 싶다.

은공 포레스트는 나이로비 3대 자연림 중 하나란 점 외에도 중요한 의미가 있다. 케냐는 물론 아프리카 전체 그린벨트 운동의 산실이자 중심지다. 1977년에 설립된 그린벨트 운동재단(GMF)은 이곳 종묘장에서 토종 나무 종자들을 키워 은공 포레스트를 포함해 케냐 곳곳에 나무를 심고 있다. 대부분 국유지인 430여 개 숲은 산림청 관할이지만 묘목 관리와 후원자 접수, 식수 작업은 산림청과 제휴를 맺은 GMF가 도맡아 한다. 국립공원 관리소와 같은 역할을 하는 셈이다.[43] 재단의 설립자는 '나무의 어머니'로 불리는 왕가리 마타이(Wangarĩ Muta Maathai, 1940~2011). 그는 재단을 통해 약 일억 그루의 나무를 심었다. 마타이가 세상을 떠난 후에도 재단은 나무 심기와 관리를 계속하고 있다.

세계은행에 따르면, 국토의 약 64.5퍼센트(2020년 기준)가 산림으로 덮여 있는 한국과 달리 케냐의 숲 면적은 6퍼센트 남짓에 불과하다. 2022년까지 10퍼센트로 늘리겠다는 정부의 목표에 한참 모자라는 것은 물론이고 이십 년 전보다도 줄어들었다.[44] 그럼에도 불구하고 케냐에서 나무 심기 운동이 꾸준히 계속되며 정치권에서 녹지 보호 관련 규제를 완화하려는 움직임이 보일 때마다 범국민적인 저항이 일어나는 것은 마타이의 영향력이 지금도 얼마나 강력한가를 잘 보여준다.

마타이는 나무 심기를 통해 아프리카 대륙에 희망과 변화를

2004년 노벨평화상을 받고 메달을 들어 보이는 왕가리 마타이

만들어낸 공헌으로 2004년 노벨평화상을 받았다. 그는 자신이 수상자로 선정됐다는 소식을 듣고 집 밖으로 나가 나무 한 그루를 심었다. 고향에서 자라나던 난디불꽃나무(화염목) 묘목이었다. 땅 위에 무릎을 꿇고 앉아 나무를 심고 두 손으로 흙을 다독인 뒤 마타이는 주변에 서 있는 기자와 이웃 들을 향해 환하게 웃으며 말했다. "이보다 더 좋은 축하 방법은 없다."[45]

한국 언론과의 인터뷰에서는 이렇게 말했다. "숲과 공기를 비롯한 자연 자원은 공공재다. 정부가 잘못 관리하거나 사유화하면 시민들이 이의를 제기해야 한다. 결코 포기하면 안 된다. 내 좌우명은 '투쟁하라'다. 과격하게 들릴지도 모른다. 그린벨트 운동을 하며 수없이 생명의 위협을 받았는데, 그때 갖게 된 좌우명이다. 권위주의적인 정권이 대부분인 아프리카에서도 하고 있는 일을 다른 대륙에서 못할 리 없다."[46]

학자에서 나무 심기 운동가로

마타이는 케냐가 영국으로부터 독립하기 전인 1940년 중부 니에리Nyeri 지역의 이히테라는 마을에서 가난한 소작농의 딸로 태어났다. 삼 년 뒤 백인의 농장에서 일하게 된 아버지를 따라 이사 갔다가 1947년 고향으로 돌아와 학교에 입학했다. 당시 케냐의 시골 마을에서 여자아이가 학교를 다니는 것은 매우 드문 일이었다. 여자는 남자의 소유물에 불과하고, 집안일이나 잘하면 된다고 생각했기 때문이었다. 하지만 교육에 열정이 많았던 아버지 덕분에 마타이는 남자 형제들과 마찬가지로 학교에 다닐 수 있었다. 그는 공부를 잘했고, 케냐의 유일한 여자고등학교인 로레토 고등학교로 진학했다. 1960년에는 존 F. 케네디 미국 대통령이 아프리카 지원 사업으로 도입한 이른바 '케네디 에어리프트(Kennedy Airlift 또는 Airlift Africa)' 프로그램 덕분에 미국 유학 기회를 잡았다. 당시 미국행 비행기를 탄 케냐 학생 삼백 명 중에는 버락 오바마 미국 대통령의 아버지도 있었다. 마타이는 미국 캔사스주 애치슨에 있는 마운트 세인트 스콜라스티카 칼리지에서 생물학을 전공한 후 피츠버그주립대에서 석사 학위를 받았다. 1966년 나이로비대 연구 조교 일자리를 얻어 귀국한 그는 독일에서 이 년간 수학한 뒤 1971년 케냐 여성으로는 처음으로 나이로비대학에서 수의학 박사 학위를 받았다. 1976년에는 이 대학의 첫 여성 교수가 됐다.

교수로서 보장된 사회적 지위와 존경을 누리면서 살아갈 수도 있었지만 마타이는 편한 길을 택하지 않았다. 대학에서 남녀 임금 차별을 없애기 위해 노조를 만들려 하는가 하면, 케냐적십자사 사무총장, 케냐전국여성위원회 위원 등을 잇달아 맡으며 사회 활동에 적극 나섰다. 특히 나이로비에 본부를 둔 유엔환경계획(UNEP)을 위해 일하면서 케냐의 환경 파괴 실태를 직접 살펴보는 기회를 얻었다. 그는 이때부터 환경을 보호하는 동시에 일자리도 만들어낼 수 있는 방법을 깊이 고민하기 시작했다.

이 땅을 푸른 숲으로, 케냐 그린벨트 운동의 탄생

1977년 6월 5일 세계 환경의 날을 맞아 마타이가 활동하고 있던 케냐전국여성위원회의 회원들은 정부에 환경보호 정책을 수립하라고 촉구하면서 나이로비 중심가에 있는 케냐타 국제 컨퍼런스 센터부터 카무쿤지 공원까지 행진을 벌였다. 이들은 공원에서 케냐의 저명한 공동체 지도자들을 기리는 나무 일곱 그루를 심는 것으로 시위를 마무리했다. 이것이 마타이가 이끈 '그린벨트 운동'의 첫 행사였다. 마타이는 케냐 여성들에게 전국 곳곳에 종묘장을 만들어 근처 숲에 나무를 심자고 호소했다. 나무 심는 작업에 참여하는 사람들에게 임금을 지급하겠다고 약속하기도 했다. 나무를 심어 환경을 되살리고, 일자리를 제공해 경제를 살리는 것이 그의 계획이었다.

마타이는 자서전 『위대한 희망Unbowed: A Memoir』에서 "내가 태어날 무렵 이히테 주변의 땅은 나무가 울창하고 녹지가 많았으며 토양이 비옥했다. 우리는 미둔두, 미쿠, 미구모 같은 관목과 덩굴식물, 양치식물이 풍부한 땅에 살았다. 딸기와 견과류를 수확할 수 있었던 이곳은 비가 어김없이, 정기적으로 내리는 덕에 어디를 가든 깨끗한 식수가 넘쳐났다. 신선한 물이 흐르는 드넓은 평야에 옥수수와 콩, 밀 등 채소가 자랐다. 사람들은 살면서 굶주림이라고는 겪어보지 않았다. 땅은 유기물이 풍부한 짙은 적갈색으로, 습기를 머금어 촉촉했다."[47]고 회상했다. 그런데 삼십여 년 후 고향은 시냇물이 바싹 말라 흙먼지가 풀풀 일고 농작물을 키우기 힘든 곳으로 변해버렸다는 것이다. 이히테뿐만 아니라 케냐 곳곳에서 사람들이 가난과 물 부족에 시달렸으며, 여자들은 땔감과 식수를 얻기 위해매일 수십 킬로미터를 걸어야 했다.

마타이는 그린벨트 운동을 시작할 때부터 "나무를 심어 당장의 필요를 해소하는 것에 머물지 않고 지구의 상처를 치료하는 일로 나아갔다."고 설명한다. 그에게 나무 심기는 환경을 망치고 시민들을 위험에 빠뜨린 권력자들에 맞서 협치와 권리를 지키기 위한 도전이었다.

"공동선을 위한 일은 때론 고생스럽고 위험하기까지 하지만 그 근원과 핵심 가치들은 우리를 끊임없이 앞으로 나아가게 하는 강력한 힘이었다. 나 혼자 나무를 심은 것이 아니라 많은 여성이 함께 나무를 심었고, 물질적 보상과 개인의 벌이보다 훨씬 소중한 것을 위해 구슬땀을 엄청나게 흘렸다."[48]

마타이가 씨앗을 뿌린 그린벨트 운동은 1981년 유엔 여성개발기금(UNIFEM)으로부터 지원금을 받으면서 비로소 안정적인 프로그램으로 자리 잡았다. 수천 명의 여성에게 나무를 심게 하고 임금을 지불할 수 있게 된 것이다. 오 년 뒤에는 유엔환경계획의 지원으로 범아프리카 그린벨트 네트워크를 만들어 에티오피아, 탄자니아, 우간다, 르완다 등 주변 국가들과의 협력도 이끌어냈다.

혐오와 위협에도 굴하지 않고

그러나 고난도 뒤따랐다. 1978년부터 장기 집권해온 다니엘 아랍 모이(Daniel arap Moi) 대통령은 마타이가 그린벨트 운동을 빌미로 사람들을 선동해 반정부활동을 하고 있다며 적개심을 드러냈다. 정부 허가 없이 아홉 명 이상 모이는 것을 금지했던 식민지 시절의 법을 되살려 나무 심기 행사 자체를 저지하기도 했다. 지나친 개발을 막고 자연을 지키자는 그린벨트 운동의 성격상 정부 및 대기업들과의 마찰은 피할 수 없는 일이었다.

1989년 정부가 나이로비 우후루 공원Uhuru Park에 60층짜리 초대형 건물을 세우는 프로젝트를 추진하자 마타이는 이에 반대하는 시민운동을 주도했다. 문제의 건물에는 무역센터, 케냐타임스, 쇼핑몰 등을 비롯해 자동차 이천 대를 세울 수 있는 주차장 등이 들어설 예정이었다. 심지어 모이 대통령의 대형 동상까지 세워질 계획이었다. 마타이는 대통령은 물론 케냐타임스, 나이로비 시청, 의회 등에 수차례 편지를 보내 왜 우후루 공원을 지켜야 하는지 설명하고, 유엔환경계획과 유네스코UNESCO 사무총장 등 국제기구 책임자들에게도 지원을 요청했다. 영국 등 각국 정부에도 편지를 보내 런던 하이드 파크와 뉴욕 센트럴 파크 안에 초고층 건물이 세워지는 것을 상상할 수 있겠느냐며 우후루 공원을 파괴하려는 케냐 정부를 저지해달라고 호소했다. 모이 정부는 마타이를 '미친 여자'로 몰아세웠다. 일당독재 체제의 의회는 마타이가 국제기구와 유럽 정부 들을 끌어들인 행동은 반역과 다름없다고 비난을 퍼부었다. 그가 이혼한 것을 꼬투리 삼아 그린벨트 운동을 '이혼녀들의 집단'으로 폄하하고, 케냐를 떠나 유럽에 가서 살라는 막말도 퍼부었다.

마타이와 그린벨트 운동, 시민 들의 반대에도 불구하고 1989년 11월 공사는 강행됐다. 모이 대통령은 독립기념식 연설에서 "우후루 공원 건설 프로젝트를 반대하는 사람들 머릿속에는 벌레가 들어 있는 모양"이라고 비아냥댔고, 마타이를 향해서는 아프리카의 가부장적인 전통문화와 남성을 존중하는 여성이 되라고 훈계했다. 정부는 기습적인 세무조사 등 갖가지 방법으로 마타이와 그린벨트 운동을 파괴하려 했다. 그러나 마타이는 굴복하지 않았고, 일부 언론들이 정부의 부당한 압력에 대해 대대적으로 보도하기 시작하면서 상황이 달라지기 시작했다. 해외 투자자들이 부담감을 느끼고 투자 의사를 철회하면서 건설 프로젝트가 결국 무산된 것이다. 우후루 공원은 훼손되지 않고 지켜져 현재까지 나이로비의 센트럴 파크로서 많은 사랑을 받고 있다.

모이 정부와의 갈등이 깊어지면서 마타이는 암살 위협도 받았다. 민주화운동 단체 '민주주의 회복을 위한 포럼'이 정부의 반정부 성향 인사 암살 리스트 문건을 폭로했는데, 여기에 마타이가 올라 있었던 것이다. 정부는 이 단체 관계자들은 물론 마타이와 반정부 성향 인사들을 허위사실 유포와 반역죄로 체포했다. 그러자 국제기구들과 미국의 앨 고어 상원의원, 에드워드 M. 케네디 상원의원 등은 케냐 정부를 강력히 비난하면서 체포한 사람들을 즉각 석방하라고 압박했다. 마타이는 풀려났지만 곧바로 우후루 공원으로 발길을 옮겨 정치범들을 풀어주라며 단식투쟁에 돌입했다. '프리덤 코너Freedom Corner'로 명명된 이 시위는 경찰의 폭력 진압으로 나흘 만에 강제해산됐다. 마타이와 동료들은 그 과정에서 크게 다쳐 병원으로 실려 가 치료를 받아야 했다. 그는 퇴원한 이후에도 동료들과 시위를 계속했고, 결국 정부는 1993년 초 교도소에 갇혀 있던 반정부 활동가들을 석방했다. 마타이는 국제사회에서 케냐의 환경운동과 민주화운동을 상징하는 인물로 떠올랐다.

1991년 골드만 환경상을 수상했고, 1992년에는 브라질 리우데자네이루에서 열린 '환경 및 개발을 위한 유엔 회의(일명 지구정상회의)'의 대변인으로 발탁됐다. 이 회의에서 각국 정상들은 악화되어가는 지구 환경을 지키기 위해 지속 가능한 개발 및 지구 동반자 관계를 형성하기로 약속한 '리우 선언'을 채택했다.

마타이는 1998년 나이로비 카루라 숲^{Karura Forest} 개발계획을 둘러싸고 정부와 또다시 정면충돌했다. 정부가 정권 실세 및 지

지자들에게 공원 땅을 마음대로 나눠주고 민간 개발업자들에게 할당하려 한다는 사실을 알게 된 것이다. 마타이는 그린벨트 운동 동료들과 함께 카루라 공원에서 나무를 심는 시위를 하려다 곤봉과 칼을 든 용역 깡패들로부터 무자비하게 폭행당했다. 이 사건에 분노한 학생과 시민들이 시내 중심가로 쏟아져 나왔고, 대규모 시위 사태가 며칠간 이어진 끝에 모이 대통령은 결국 공공 부지 매각을 금지하겠다고 약속했다.

2002년 총선에서 92퍼센트의 압도적인 지지율로 국회의원에 당선되면서 마타이의 정치적 고난은 끝났다. 함께 치러진 대

나이로비 카루라 숲

통령 선거에서는 10개 야당연합체인 전국레인보연합의 음와이 키바키 후보가 당선됐다. 케냐 역사상 24년 만의 새 대통령, 36년 만의 정권교체였다. 그로부터 한 달 뒤 마타이는 환경 및 천연자원부 차관에 취임했다. 2004년에는 그린벨트 운동을 통해 케냐는 물론 아프리카의 사회적·경제적·정치적 발전을 촉진한 공로로 노벨평화상을 받았다. 아프리카 여성으로는 첫 노벨상 수상이었으며, 환경운동가가 평화상을 받는 것도 처음이었다. 같은 해에 독일 녹색당 공동 창설자를 기려 제정된 페트라 켈리 환경상도 수상했다. 2009년 반기문 유엔 사무총장은 그를 유엔 평화사절로 임명했다.

마타이는 2011년 9월 25일 암으로 사망했다. 이듬해 산림보호에 기여한 여성에게 수여되는 '왕가리 마타이 포레스트 챔피언상'이 제정됐다.

세계의 나무 심기 운동들

마타이의 그린벨트 운동은 기후변화와 환경 파괴에 신음하는 아프리카 각국에 큰 영향을 미쳤다. 아프리카 대륙의 산림은 전체 면적의 약 22퍼센트에 불과한데, 그마저도 갈수록 줄어들고 있다. 특히 사하라 지역의 사막화가 가속화돼, 유엔 환경계획 보고서에 따르면 사하라 사막 인근에 위치한 알제리는 산림 면적이 국토의 1퍼센트 정도밖에 남지 않았고 에티오피아도 2.5퍼센트에 불과하다. 에티오피아는 한때 국토의 절반이 숲이었다. 미국 메릴랜드대는 1923년부터 2019년까지 약 백 년 동안의 자료를 분석한 뒤 "사하라 사막이 10퍼센트 이상 더 커졌다."고 밝힌 바 있다.[49] 아프리카 각국은 이런 상황을 바꾸기 위해 노력하고 있다. 에티오피아는 2019년 7월 29일 단 하루 동안 전국에 삼억 오천만 그루가 넘는 묘목을 심어 세계 신기록을 세웠다. 이는 2016년 인도가 세운 오천만 그루 기록을 넘어서는 것이었다.

2019년 '그린 이니셔티브'를 시작한 이후 한 해에만 사십억 그루의 나무를 심은 에티오피아 정부는 2025년까지 이백억 그루 이상의 나무를 더 심겠다는 계획이다. 에티오피아를 비롯해 부르키나파소, 차드, 지부티 등 이십여 개국이 참여하고 있는 '아프리카의 녹색 장벽(Great Green Wall of Africa)'은 나무를 심어 사하라사막 이남 사헬 지역의 사막화를 막고, 환경을 개선해 지역사회 활성화를 도모하기 위해서 2007년 아프리카연합(AU)과 유엔이 함께 시작한 프로젝트다. 아프리카 대륙 서쪽 끝에 자리 잡고 있는 세네갈부터 동쪽 끝 지부티에 이르기까지 길이 약 팔 킬로미터, 폭 십오 킬로미터의 녹색 장벽을 세우는 것이 목표다. 2030년까지 일억 헥타르 이상의 면적을 푸르게 만들어 이억 오천만 톤 이상의 탄소를 흡수하고, 천만 개 이상의 일자리를 창출하는 계획도 세워놓고 있다. 현재 목표치의 약 15퍼센트가 이뤄진 상태인데, 황폐해졌던 땅이 녹색으로 물들면서 과거보다 비옥해져가고 있다.[50]

세계자연보전연맹(IUCN, International Union for Conservation of Nature)과 독일 정부가 제안해 2011년 출범한 본 챌린지^{Bonn Challenge}는 삼억 오천만 헥타르의 산림 복원을 목표로 하는 프로젝트다. 한국을 비롯해 사십여 개국이 참여하고 있다. 세계경제포럼(WEF)은 2020년 전 세계에 일조 그루의 나무를 심는 계획을 시작했다. 아마존 창업자 제프 베이조스가 야생동물의 서식지를 되살리고 식량 시스템을 환경친화적으로 전환하는 데에 이십억 달러를 내놓겠다고 발표하는 등 기업인과 기업 들의 지원 약속이 이어지고 있다. 이밖에 파키스탄은 2023년까지 '백억 그루 쓰나미 프로젝트'를 추진하고 있으며, 몽골 정부는 매년 국내총생산(GDP)의 1퍼센트를 투입해 2030년까지 나무 십억 그루를 심을 계획이다. 한국 정부와 지자체, 기업들은 황사 발원지인 몽골의 사막화를 막기 위해 현지에서 15년간 꾸준히 나무 심기 운동을 펼쳐오고 있다. 몽골은 국토의 70퍼센트 이상이 사막화를 겪고 있는 국가다. 이처럼 혹독한 자연환경에서 나무가 살아남기 어렵다는 이유를 들며 계란으로 바위 치기에 빗대는 사람들도 있지만, 삼천 헥타르가 넘는 숲을 성공적으로 조성하는 등 성과를 내고 있다. 필리핀, 태국, 베트남 등은 해안 지역 생태계를 회복하기 위해 맹그로브 나무 심기 운동을 적극적으로 벌이고 있다.

마타이는 독일의 펠릭스 핑크바이너(Felix Finkbeiner, 1997~) 같은 신세대 그린벨트 운동가들에게 큰 영향을 미쳤다. 핑크바이너는 아홉 살 때인 2007년 마타이의 연설을 듣고 깊이 감명받아 학급 발표 때 "우리 어린이들이 합심해 지구 상 모든 나라에서 나무 백만 그루를 심자"고 호소했다. 친구들의 호응을 받으며 그해 나무 한 그루를 심은 핑크바이너는 아예 '지구를 위한 나무 심기(Plant for the Planet)'란 단체를 만들어 삼 년 만에 독일 전역에서 백만 그루의 나무를 심는 놀라운 일을 해냈다. 열 살 때 유럽의회, 열세 살 때 유엔총회 연단에 올라 각국이 나무 심기에 동참해달라고 호소했다. 이 단체는 67개국에 회원 칠만 명과 활동가 130명을 둔 다국적 조직으로 성장해 지금까지 150억 그루 이상의 나무를 심었다.

나무가 중요하기는 하지만 잘못 심으면 독이 될 수 있다는 주장도 있다. 2020년 미국 캘리포니아 산타크루즈대 환경과학부, 브라질 상파울루대 산림학과 연구 팀은 단순히 나무를 심는 것만으로는 기후변화를 막을 수 없다는 분석 결과를 발표했다. 나무를 어떻게 심느냐에 따라 기후변화를 막는 효과가 생각보다 크지 않을 수 있으며 오히려 토착 생태계와 생물종을 해칠 수 있다는 것이다. 연구진은 비용을 투자해 새로운 나무를 심기보다는 이미 있는 숲을 보호하고 유지하는 것이 생태학적으로 더 유리할 수 있다고 밝혔다.[51] 나무 심기 운동이 효과를 보기 위해서는 더욱 장기적이고 정교한 전략이 필요하다는 이야기다.

07 고릴라들의 벗, 이곳에 잠들다

다이앤 포시

2021년 11월, 중앙아프리카 고원지대에 있는 콩고민주공화국
(DR Congo, Democratic Republic of the Congo)의 비룽가국립공원^{Virunga}
^{National Park}에서 마운틴 고릴라(산악고릴라) 두 마리가 태어났다.
공원 측은 '윌룽굴라 패밀리'에서 수컷 한 마리, '훔바 패밀리'에
서 암컷 한 마리가 태어났다고 트위터를 통해 발표했다. 이로써
2021년 한 해 동안 공원에서 태어난 아기 마운틴 고릴라는 총 열
여섯 마리로 늘었다. 공원에 따르면 이곳에 살고 있는 마운틴 고
릴라 수는 1981년 58마리에서 2016년 286마리로 늘어났으며 이
번에 태어난 아기 고릴라들을 합치면 삼백 마리가 넘는다. 마운
틴 고릴라는 아프리카 대륙에서만 서식하는 고릴라의 한 종류로
콩고민주공화국과 우간다, 르완다에 천여 마리가 살고 있는 것으
로 추정된다.[52] 개체 수가 워낙 적기 때문에 한 해에 열여섯 마리
나 태어난 것은 엄청난 경사다.

　　마운틴 고릴라는 영화 〈킹콩〉의 주인공으로 잘 알려져 있다.
영화 속에서 밀렵꾼들에게 붙잡혀 뉴욕으로 끌려온 고릴라는 두
주먹으로 가슴을 쾅쾅 치면서 사람들을 위협하고, 우리에서 도망

다이앤 포시가 활동했던 르완다 화산 지대 밀림에 사는 마운틴 고릴라

쳐 여자를 납치한 다음 엠파이어스테이트 빌딩 꼭대기로 기어 올라갔다가 결국 죽임을 당한다. 거대한 몸집, 험상궂은 외모 때문에 오해를 사고 있지만 실제로는 공격성이 적어 온순한 편이다. 지능이 높아 수어를 할 수도 있다. 가장 몸집이 크고 강한 수컷 실버백(나이가 많아 등이 은백색 털로 뒤덮인 고릴라)이 5~10마리의 무리를 이끌며 살아간다.

마운틴 고릴라를 이야기할 때 미국의 동물학자 다이앤 포시(Dian Fossey, 1932~1985)를 빼놓을 수 없다. 그는 탄자니아에서 침팬지를 연구한 제인 구달(Jane Goodall, 1934~), 보르네오 원시림으로 들어가 오랑우탄을 연구한 비루테 갈디카스(Birute Marija Filomena Galdikas, 1946~)와 함께 3대 유인원 학자로 꼽힌다. 세 사람 모두 영

르완다 볼칸 국립공원 인근에 위치한 다이앤 포시 기념관에 걸려 있는 포시의 사진
사진: 저자 구정은 제공

국 출신의 저명한 학자 루이스 리키(Louis Leakey)가 직접 발탁해 후원했다는 점에서 '리키의 천사들Leakey's Angels'이라고도 불린다.

　포시가 마운틴 고릴라를 처음으로 연구한 학자는 아니다. 그러나 그는 무려 이십여 년 동안이나 비룽가 산맥의 르완다쪽 산속에 오두막집을 짓고 살면서 마운틴 고릴라의 생태를 관찰하고, 이를 처음으로 학계에 상세하게 보고했다. 1983년에는 저서 『안개 속의 고릴라Gorillas in the Mist』를 펴내 대중적으로 큰 인기를 얻었다. 이 책을 토대로 그녀의 격렬했던 삶을 그린 동명 영화가

1988년에 개봉했는데, 포시 역은 시고니 위버가 맡았다.

밀렵 때문에 멸종될 뻔했던 마운틴 고릴라 개체 수가 그나마 천여 마리로 늘어난 것은 포시가 불러일으킨 관심 덕분이라고 해도 과언이 아니다. 마운틴 고릴라가 살고 있는 국가들의 인식도 포시가 활동하던 시절과 많이 달라졌다. 중국에게 판다가 그렇듯, 이들 국가 역시 마운틴 고릴라의 과학적·문화적·경제적 가치를 이해하고 보호에 노력을 기울이고 있다. 코로나19 사태가 발생하기 이전인 2019년 한 해 동안 르완다는 마운틴 고릴라 트레킹을 포함한 관광으로 4억 9,800만 달러를 벌어들였다. 관광업이 르완다 국내총생산에서 차지하는 비중은 2000년 4.7퍼센트에서 2019년 15퍼센트로 급증했다.[53]

고릴라를 제 몸처럼 사랑한 학자의 최후

1985년 12월 27일 이른 새벽, 비룽가 산속의 마운틴 고릴라 연구 캠프 카리소케 리서치 센터 Karisoke Research Center 내 오두막 숙소에서 백인 여성의 시신이 발견됐다. 포시였다. 그녀의 주검은 끔찍했다. 벌채할 때 쓰는 커다란 마체테 칼이 얼굴을 내리쳐서 두개골이 드러났을 정도였다. 범행 도구인 칼이 방바닥에 떨어져 있었고, 몸싸움이 있었는지 현장은 난장판이었다. 괴한들이 오두막에 들이닥쳐 포시를 살해한 것이 분명했다. 방 안에는 현금과 수표책, 권총 등이 있었지만 괴한들은 도둑질에는 관심이 없었던지

손댄 흔적이 없었다.

세계적인 학자의 죽음에 미국을 비롯해 세계는 경악했다. 포시가 마운틴 고릴라 문제를 둘러싸고 밀렵꾼들과 부딪혀왔다는 점에서 보복 살인의 가능성이 즉각 제기됐다. 게다가 캠프 안팎에는 과격한 성격과 행동을 보여온 그에게 적개심을 가진 사람이 많았다. 심지어 함께 일하는 연구원들과 현지의 백인 사회 역시 포시에게 우호적이지는 않았다. 사건 발생 직후 몇몇 용의자들이 체포돼 경찰의 조사를 받았다. 하지만 누가 포시를 죽였는지는 삼십 년 가까운 세월이 흐른 지금도 미스터리다.

포시는 미국 캘리포니아주 샌프란시스코에서 태어났다. 아버지는 보험 판매원, 어머니는 모델이었다. 그는 여섯 살 때 부모가 이혼한 후 어머니와 살다가, 이듬해 어머니가 재혼하면서 새아버지 밑에서 성장기를 보냈다. 그러나 새아버지는 포시를 평생 자식으로 여기지 않고 냉대했다. 식사 시간에도 부모와 함께 식탁에 앉지 못하고 가사도우미와 부엌에서 밥을 먹었다고 한다. 그는 외로움을 달래기 위해 동물에 사랑을 쏟았는데, 특히 말에 대한 애정이 지극했다. 이후 그는 대학에서 축산학을 전공하다가 치료요법(테라피)으로 바꿔 졸업한 후 병원에 취직해 평범한 생활을 이어나간다. 그러나 포시의 인생은 1963년 육 주간의 아프리카 여행을 계기로 바뀌게 된다. 탄자니아 올두바이 협곡에서 영국의 고인류학자 루이스 리키를 만난 것이다. 그는 호모 하빌리스Homo Habilis로 명명한 약 233만 년~140만 년 전 원시 인류 화석

제인 구달(2014)

비루테 갈디카스(2011)

을 발견한 인물로, 인류의 과거를 좀 더 잘 이해하기 위해선 유인원 연구가 필요하다는 신념을 가지고 있었다. 영국의 평범한 이십 대 여성이었던 제인 구달을 아프리카로 보내 침팬지를 연구하게 한 사람이 바로 리키다. 리키는 끈기와 성실성이 요구되는 동물 관찰은 남성보다 여성이 더 잘할 수 있다고 생각했다. 전문 지식도 필요 없었다. 애매한 수준의 지식보다는 편견 없이 동물들을 바라보는 자세가 더 바람직하다고 여겼다.

리키는 동물에 관심 많은 포시를 눈여겨봤지만, 포시는 아프리카 여행을 마친 후 직장이 있는 켄터키주 루이스빌로 돌아갔다. 두 사람의 인연은 삼 년 뒤 리키가 강연 차 루이스빌을 방문하면서 다시 이어졌다. 당시 리키는 고릴라를 연구할 '제2의 제인 구달'을 찾고 있었는데 포시가 그 일에 딱 맞는다고 판단했다. 포시는 그의 권유를 받아들였고 《내셔널 지오그래픽》 협회의 지원을 받아 1966년 아프리카로 떠났다. 당시에는 자이르라고 불리던 콩고민주공화국을 거쳐 1967년 가을, 포시는 드디어 르완다 쪽 비룽가 산속에 자그마한 규모의 카리소케 리서치 센터를 세웠다.

포시는 고릴라 서식지에 조용히 자리 잡고 앉아 끈기 있게 관찰하고 기록해나갔다. 1970년 어느 날 결정적인 순간이 찾아왔다. 포시가 피너츠라고 이름 붙인 수컷 고릴라가 다가와 그의 손을 살포시 건드린 것이다. 고릴라들로부터 신뢰를 얻기 위해 기울였던 노력이 보상받는 순간이었다. 이 모습은 당시 캠프에서 포시의 연구 활동을 취재하던 《내셔널 지오그래픽》의 사진작가이자 촬영감독인 밥 캠벨의 카메라 필름에 기록됐다. 포시는 저서 『안개 속의 고릴라』에서 "풀잎 사이에서 나를 응시하는 피너츠의 눈이 빛났다. 피너츠는 당당한 모습으로 으스대며 나에게 다가오기 시작했다. 나는 수풀 위에누워 천천히 손을 뻗고 손바닥을 위로 향하게 했다. 피너츠는 내 손을 뚫어지게 보더니 일어서서 손을 뻗어 손가락으로 내 손을 잠시 만졌다. 이 사건은 고릴라와 함께한 내 인생에서 가장 기억에 남는 일 중 하나"[54]라고 회상했다.

캠벨은 1972년까지 캠프를 오가면서 포시와 마운틴 고릴라들을 촬영했다. 한번 오면 몇 개월씩 머물곤 했다. 유튜브를 통해 그가 찍은 영상 일부를 볼 수 있는데, 마운틴 고릴라들이 포시에게 자연스럽게 다가와 편안하게 몸을 기대고 앉는 모습 등이 담겨 있다.[55] 수천 시간에 걸친 기다림과 노력 끝에 포시와 마운틴 고릴라들의 마음이 통했던 것이다. 1970년 포시는 《내셔널 지오그래픽》 커버스토리의 주인공이 돼 세계적인 관심을 모았다. 포시와 캠벨은 함께 생활하고 촬영하는 시간이 길어지면서 특별한 관계가 됐던 것으로 전해진다. 포시에게 캠벨은 외진 곳에서 연구하는 데서 오는 외로움과 불안감 등을 털어놓고 의지할 수 있는 거의 유일한 사람이었던 듯하다. 캠벨은 포시가 사망한 지 십 년 뒤인 1995년 《배니티 페어》와 가진 인터뷰에서 "사람들은 잘 몰랐지만, 당시 포시는 엄청난 압박감을 느끼고 있었다. 캠프를 세워 운영해야 했고, 생필품을 조달하는 것도 매우 힘들었다. 연구 자금도 빈약했다. 숲속 생활에 환상을 가지고 온 몇몇 학생들은 적응하지 못하고 제대로 일하지 않아 포시의 속을 썩였다. 무엇 하나 쉬운 게 없었다. 콩고 내전(1960~1966) 당시 루망가보에서 군인들에게 붙잡힌 적도 있었다. 성추행을 당했고, 그 경험이 현지 사람들에 대한 그의 태도에 영향을 미쳤다."고 전했다.[56]

고릴라 디지트의 죽음, 포시를 무너뜨리다

1977년, 포시가 각별한 애정을 기울였던 열두 살짜리 수컷 마운틴 고릴라 디지트가 밀렵꾼들에게 살해당하는 사건이 일어났다. 디지트는 자신과 가족들을 보호하기 위해 밀렵꾼들과 맞서 싸우다가 수 발의 화살을 맞고 숨졌다. 밀렵꾼들은 디지트의 머리과 손을 잘라 가지고 갔다. 당시 르완다 시장에서는 고릴라의 머리와 손으로 만든 재떨이가 인기 상품으로 팔렸다. 디지트의 죽음은 포시의 내면을 무너뜨린 것으로 보인다. 그는 책에서 "자기 자신이 산산이 부서질 것 같은 두려움 때문에 사실을 받아들일 수 없을 때가 있다. 디지트의 죽음에 관한 소식을 들었을 때 십 년 전활기차고 작은 까만 털뭉치 정도였던 그를 처음 만났던 순간부터의 일이 주마등처럼 스치고 지나갔다. 그날부터 내 마음속에는 벽이 생겼다."[57]고 털어놓았다.

1969년에는 밀렵꾼들이 독일 쾰른동물원에 보낼 마운틴 고릴라를 잡으려다가 무려 이십여 마리나 죽이는 만행을 저질렀다. 이 과정에서 어린 고릴라 두 마리가 상처를 입고 고아가 됐다. 포시는 이들에게 코코와 퍼시란 이름을 붙여주고 극진히 보살폈다. 고릴라들은 건강을 되찾았지만 결국 퀼른으로 보내졌고, 동물원 우리에 구 년간 갇혀 지내다가 숨졌다. 포시는 코코와 퍼시가 상자에 실려 공항으로 향하던 모습을 무기력하게 지켜봤던 순간을 "그때의 슬픔을 뭐라고 표현할 방법이 없다."[58]고 회고했다. 이 일로 르완다 관리는 모두 부패했다고 생각하게 되었으며, 강한 불신감으로 인해 정면충돌하곤 했다. 해외에서 고릴라를 보러 오는 관광객들에게도 적대적이었다. 1980년에는 사전 허가를 받지 않고 서식지에 접근한 네덜란드 관광객들을 향해 총을 쏘기도 했다.

포시는 르완다인들에 대한 혐오감이 극심해 거의 학대에 근접한 태도를 보이곤 했다. 연구원 중 한 명이었던 켈리 하코트는 인터뷰에서 "포시는 아프리카인들에 대해 철저히 식민주의적인 태도를 가지고 있었다. 공개적으로 창피를 주는가 하면 그들을 향해 침을 뱉기도 했다. 내가 직접 목격했다. 아프리카인들을 대하는 포시의 그런 태도 때문에 연구원 두 명이 캠프를 떠났다. 포시는 일꾼들이 자는 오두막에 쳐들어가 돈을 훔쳤다고 난리를 치면서 임금을 깎아버리기도 했다. 다른 데로 가면 할 일이 없었기 때문에 그들은 그런 대접을 참을 수밖에 없었다. 포시가 언제 소리를 지를지 알 수가 없어서 캠프에 있는 사람들은 불안해했다. 그가 없는 날에는 캠프에 드리웠던 구름이 걷히는 듯했다. 그런 상황이 수년에 걸쳐 악화했다.”고 말했다. 포시가 르완다에 정착했던 초기부터 가까운 사이였던 벨기에 출신 작가 알리예트 데뭉크도 “그는 아프리카인들에게는 아무런 관심이 없었다. 오직 동물들뿐이었다. 내가 아프리카 사람들과 사랑에 빠져 현지에 정착했던 것과 는 완전히 달랐다. 포시는 산에서 아프리카 사람들을 없애버리고 싶어 했다.”[59]고 말했다.

포시는 영국 케임브리지대학교에서 마운틴 고릴라 연구로 박사 학위를 받고 1981년 미국 코넬대학교 교수로 임명돼 학생들을 가르치다가 1983년 르완다로 돌아왔다. 그로부터 1985년 죽음을 맞기까지 이 년간 포시에겐 연구보다 고릴라 보호가 먼저였던 것으로 보인다. 이를 위해 그가 취했던 태도와 방법은 아직까지도 많은 논란을 불러일으키고 있다. 일부의 주장에 따르면, 포시는 숲속에 놓은 덫을 찾아내 부숴버리는 것은 물론 밀렵꾼들을 잡아 묶어놓고 고문하고, 가시 있는 나무 회초리로 매질을 하는가 하면, 심지어 억지로 똥을 먹이기까지 했다고 한다. 반면 또 다른 사람들은 포시가 밀렵꾼과 현지인 들을 거칠게 대하기는 했어도 그런 일까지 했다는 주장은 과장된 것이며, 당시 상황을 고려하면 포시를 이해할 수 있는 측면도 있다고 주장한다.

포시는 1985년 12월 31일 카리소케 리서치 센터 내 양지바른 땅에 묻혔다. 그토록 사랑했던 디지트를 포함해 밀렵꾼들의 손에 살해당하거나 아파서 세상을 떠난 마운틴 고릴라 열세 마리의 무덤 곁이었다. 그의 묘비에 새겨져 있는 글귀가 인상적이다.

르완다 비룽가 산악지대에 있는
다이앤 포시의 묘.
묘비에 "그 누구보다 고릴라를 사랑했던
친애하는 친구여, 편히 잠드소서"라 쓰여 있다.
포시의 이름 위에 적힌 '니라마차벨리(Nyiramachabelli)'는
포시의 스와힐리어 이름이다.

앞으로 삼십 년, 멸종 위기의 영장류

세계자연보전연맹(IUCN)은 매년 멸종 위기를 맞은 동식물의 목록을 발표한다. '레드 리스트Red List'라고 불리는 이 목록에서 2020년 현재 아프리카에 서식하는 영장류 103종 중 53퍼센트에 해당하는 54종이 '멸종 위기endangered' 단계에 있는 것으로 평가됐다. 마다가스카르 여우원숭이의 경우 107종 중 103종이 멸종에 한 걸음 다가섰다. 세계자연보전연맹 사무총장 그레텔 아길라르는 이번 조사 결과가 "아프리카 전역의 영장류가 직면한 위협의 실체를 보여줬다."면서 "현생 인류인 호모사피엔스는 다른 영장류와의 관계, 자연 전체와의 관계를 획기적으로 바꿀 필요가 있다."[60]고 지적했다. 영장류의 멸종 가능성에 관한 더 암울한 전망도 있다. 2021년 영국 리버풀 존 무어스 대학 연구 팀은 학술지에 발표한 연구 논문에서 아프리카에 서식하는 영장류 중 최대 94퍼센트가 삼십여 년 뒤인 2050년께 사라질 수 있다고 전망했다. 마운틴 고릴라는 물론 침팬지, 보노보 등 아프리카의 영장류는 모두 멸종 위기다. 기후변화와 개발 인구 증가 등으로 인해 지금 같은 속도로 계속 서식지가 줄어들 경우 최악의 상황을 맞을 수 있다는 것이다. 최선의 경우에도 85퍼센트가 사라질 것으로 이들은 전망했다. 논문의 제1저자인 조애너 카발로 박사는 인간과 유전적으로 가까운 친척인 영장류들이 맞닥뜨린 상황을 동시다발로 악재가 터져 거대한 위기로 발전하는 '퍼펙트 스톰'에 빗대면서 "지금처럼 서식지가 줄어드는데 기후변화까지 가세한다면 엄청

나게 파괴적인 상황이 벌어질 것"이라고 경고했다.[61]

영장류를 보호하기 위해 세계 각국과 자연보호운동 단체, 국제기구 등이 노력을 기울이고 있는 것은 사실이다. 마운틴 고릴라를 지키기 위한 다이앤 포시 고릴라 펀드도 있다. 그러나 앞의 연구 결과는 영장류 보호가 밀렵을 막고 서식지를 지키는 차원을 넘어 기후변화와 밀접하게 연계돼 있다는 점을 분명하게 보여주고 있다. '침팬지의 어머니'로 불리는 세계적인 영장류 학자이자 환경운동가인 구달은 2021년 5월 서울에서 열린 '2021 서울 녹색 미래 정상회의(P4G 정상회의)' 테마 영상에 등장해 이렇게 말했다. "생물 다양성이라는 얽히고설킨 생명의 직물에서는 모든 개체가 특정한 역할을 한다는 것을 깨닫게 됐다. 작고 하찮아 보이는 생물종의 멸종이 파급효과를 낳고 급기야 생태계 붕괴로 이어질 수 있다는 점도 배웠다. 우리 인간도 자연 세계의 일부라는 점을 명심해야 한다. 우리가 기회를 주기만 한다면 자연은 놀라운 회복력을 보여준다."[62]

08

환경운동가들의 무덤이 된 아마존

도로시 스탱 수녀와 숲 지킴이들

2005년 2월 12일 오전 7시 30분쯤, 백발의 수녀가 아마존 유역에 있는 브라질 파라주Estado do Para의 보아 에스페란사Boa Esperanca 정착지 부근을 홀로 걷고 있었다. 가슴에 십자가 목걸이를 건 여성의 이름은 도로시 스탱(Dorothy Stang, 1931~2005). 도티란 애칭으로 더 많이 불렸던 그는 대규모 농장주와 벌목 업체 들에게 땅을 빼앗길 처지가 된 정착지 주민들을 격려하고 대책을 논의하러 가던 길이었다. 외진 시골길을 혼자 걷는 것은 그에겐 위험천만한 일이었다. 수년 전부터 암살 위협을 받아왔던 터라 회의를 앞두고 당국에 경호를 요청했지만, 이날 아침 스탱 수녀의 집 앞에 경찰은 코빼기도 보이지 않았다. 하지만 그는 한번 하기로 한 일은 결코 미루는 법이 없었다. 함께 가기로 한 농민 남성 두 명은 늦게 출발하는 바람에 뒤따라오고 있었다.

비가 내려 질척거리는 길을 걷고 있던 스탱 수녀 맞은편에 괴한 두 명이 나타났다. 괴한들은 느닷없이 무기를 가지고 있냐고 물었다. 총이 있을 리가 없었다. 스탱 수녀는 늘 가지고 다니던 성경책을 높이 들어 보이며 "내 무기는 성경"이라고 외쳤다. "행복하여라, 마음이 가난한 사람들! 하늘 나라가 그들의 것이다. 행복하여라, 의로움에 주리고 목마른 사람들! 그들은 흡족해질 것이다." 마태오복음 5장의 구절들이었다. 그때 남성들이 총을 꺼내 스탕 수녀를 향해 겨눴다. 개의치 않고 발걸음을 떼려는 순간 귀를 찢을 듯한 총성이 울렸다. 스탕 수녀는 배에 총알을 맞고 앞으로 쓰러졌다. 땅바닥에 엎드려진 그의 몸 위로 총알이 쏟아졌다. 한 발은 머리에, 네 발은 가녀린 몸통에 박혔다. 스탕 수녀는 그렇게 아마존 흙길 위에서 숨졌다. 뒤따라오던 농민이 이 광경을 목격했지만 속수무책이었다. 나무 뒤에 숨어 목숨을 구한 그는 괴한들이 사라진 후 밖으로 나와 피 흘리는 수녀를 끌어안고 통곡했다.

아마존 흙길 위의 죽음

스탕 수녀의 죽음에 미국이 발칵 뒤집혔다. 브라질 국적을 취득하기는 했지만 미국에서 태어나 자랐고, 수녀가 된 이후 애리조나주와 일리노이주 등에서 가톨릭 학교의 교사로 학생들을 가르쳤으며, 브라질의 가난한 농민들과 아마존 열대우림을 지키기 위한 헌신적인 활동으로 널리 알려진 환경운동가였기 때문이었다. 미국 법무부 국제범죄과는 자국민이 해외에서 범죄에 희생됐을 경우 수사권을 발동할 수 있는 법을 근거로 범인 추적에 나섰고, 같은 해 6월 살레스와 바티스타라는 두 남성을 스탕 수녀 살해 용의자로 기소했다. 이들은 목장주 모우리와 갈바노로부터 수녀를 죽이면 이만 오천 달러를 주겠다는 제안을 받고 범행을 저질렀다고 말했다. 목장주들은 주민들을 내쫓기 위해 숲에 불을 지르는 등 만행을 저지르곤 했는데, 이런 사실을 당국에 고발하고 시위를 벌이는 스탱 수녀를 눈엣가시로 여기고 있었다. 당시 36세였던 모우리는 법정에서 자신은 스탱 수녀를 알지도 못한다며 청부 살인 혐의를 강하게 부인했다. 이후 약 육 년 동안 이어진 재판에서 모우리와 갈바노는 결국 각각 30년 형을 선고받았다. 살레스와 바티스타도 26~27년 형에 처해졌다.

스탱 수녀의 죽음 이후 국제사회의 비난이 쏟아지자 루이스

도로시 스탱 수녀를 추모하는 플래카드

이나시우 룰라 다 시우바(Luiz Inacio Lula da Silva) 대통령은 농장주와 벌목꾼들의 무분별한 아마존 열대우림 훼손을 막기 위한 특별법안에 서명했다. 스탱 수녀가 직접 만든 아마존 정착민 지원 프로그램인 '지속 가능한 개발 프로젝트(PDS, Projectode Desenvolvimento Sustentavel)'를 법적으로 인정하고, 열대우림 내에 국립공원 두 개를 신설했으며, 토지 분쟁 지역에서의 벌목을 중단시켰다. 후임자인 지우마 호세프(Dilma Rousseff) 대통령도 아마존을 보호하기 위해 노력하겠다고 약속했다. 그러나 2019년 극우파인 자이르 보우소나루(Jair Bolsonaro) 대통령이 취임하면서 상황은 급변했다. 그는 "아마존을 인류의 유산, 지구의 허파라고 말하는 것은 잘

브라질 파라 주 보아 에스페란사 지역의 아나푸 마을 부근, 도로시 스탱 수녀가 살해당한 자리에 십자가가 서 있다.

못됐다. 몇몇 나라들이 그런 잘못된 근거로 무례하게 굴며 식민주의를 드러내 보이고 있다."고 주장했다. "아마존 삼림 벌채와 산불은 끝나지 않을 것이다. 그것은 하나의 문화"란 망언도 했다.[63] 2022년 헝가리를 방문해서는 "우리는 전체 국토의 63퍼센트를 차지하는 숲을 보존하고 있으며, 이는 다른 나라에서 거의 찾아볼 수 없는 일이다. 아마존 열대우림에 관한 잘못된 정보가 브라질의 농업과 경제에 타격을 주고 있다."고 말했다.

그는 아마존 보호를 위해 투쟁하는 농부들을 범죄자 취급했고, 스탱 수녀가 그토록 헌신했던 PDS도 사실상 와해시켜버렸다. 오스트리아를 중심으로 활동하는 비정부기구 올라이즈[Allrise]는 2021년 10월 국제형사재판소(ICC)에 보우소나루 대통령과 브라질 정부 관리들을 제소했다. 올라이즈는 "보우소나루가 일으킨 집단적인 삼림 파괴는 브라질과 전 세계에 대한 분명하고 현존하는 위험이며 인류에 대한 범죄"라고 밝혔다.[64]

"오늘 우리는 그를 땅에 심는다."
아마존 열대우림을 보호하기 위한 스탱 수녀의 헌신적인 노력은 가난한 사람에 대한 사랑에서 시작됐다. 숲에서 경작지를 일구며 소박하게 살아가는 사람들이 개발 바람에 쫓겨 나가고, 부당하게 폭력을 당하며, 때론 목숨을 잃기까지 하는 상황을 가만히 두고 볼 수 없었던 것이다. 오하이오주 데이턴에서 태어난 스탱은 고등학교를 중퇴하고 18세 때 노트르담 드 나뮈르 수녀회에 들어가 성직자의 길에 들어섰다. 19세기 중반 독일에서 창설된 이 수녀회는 가난한 사람들을 위한 헌신을 신조로 하고 있다. 그는 수녀회에 제출한 입회 서류에 "중국에서 선교하고 싶다."고 썼다. 스탱은 13년 동안 가톨릭 학교에서 교사로 일하면서 가난하고 소외된 원주민과 이민자들을 찾아다니며 돕는 일을 마다하지 않았다. 1966년에는 브라질에 파견돼 동료들과 함께 수녀회를 만들어 활동하면서 현지의 부조리한 사회·경제 상황에 눈떴다. 함께 활동했던 바버라 잉글리시 수녀는 한 인터뷰에서 "1968년 브라질에 파견된 우리는 모두 군사독재의 억압과 폭력을 인식하고 있었다. 인권과 농민의 권리를 위해 일하는 사람들은 선동꾼으로 낙인찍혔고, 군부독재는 그런 사람들을 추적해 잡아들였다."[65]고 회상했다.

당시 브라질에서는 인구의 3퍼센트도 안 되는 극소수의 부자들이 국토의 3분의 1을 소유하고 있었다. 1970년대 초 브라질 정부는 빈민들의 불만을 달래기 위해 아마존 지역에 정착해 농사를 짓도록 허용하는 정책을 내놨다. 가난한 사람이 자기 경작지를 가질 수 있는 좋은 기회처럼 보였다. 많은 이가 파라주로 몰려들었고, 스탱 수녀는 이들을 돕기 위해 발벗고 나섰다. 아마존 정글에서 삶의 터전을 일구는 일은 쉽지 않았다. 그러나 가장 큰 문제는 일명 '토지 약탈자들'이었다. 힘없는 농부들을 협박해 땅을 뺏고 집과 숲에 불을 질러 잿더미로 만드는 일이 비일비재했다.

파라 주정부는 이런 사태를 강 건너 불구경하듯 했고, 토지 약탈자들로부터 뒷돈을 받아 챙긴 경찰 역시 마찬가지였다.

파라주는 텍사스와 캘리포니아주를 합친 만큼 거대하다. 아마존 열대우림뿐만 아니라 다양한 광물자원도 가지고 있다. 대규모 농장주와 목재 회사, 다국적 광물 회사 들에게 아마존 정착민들은 제거해야 할 귀찮은 존재였다. 1989년 브라질 정부가 아마존 관통 고속도로(Rodovia Transamazonica) 프로젝트를 추진하면서 분쟁은 더 격화됐다. 스탱 수녀는 PDS 숫자를 늘려 정착민을 더 많이 받아들이기 위해 밤낮없이 뛰었다. 브라질 주교단이 만든 인권 단체 '목축지위원회(CPT, Comissao Pastoral da Terra)'와도 적극적으로 협력했다. CPT에 따르면 삼십 년 동안 브라질에서 토지 분쟁과 연관된 살인 사건이 1,237건이나 발생했는데, 그중 절반에 가까운 40퍼센트가 파라주에서 일어났다.[66]

스탱 수녀는 가난한 농민뿐만 아니라 지구를 위해서도 반드시 아마존 열대우림을 보호해야 한다는 것을 잘 알았다. 1992년 리우데자네이루에서 열린 제1회 지구정상회의에 참석한 스탱 수녀는 가족에게 "물과 공기는 오염됐고 흙은 화학물질로 죽어가고 있다. 이 모든 것이 이윤이란 이름으로 행해진다. 우리 모두를 위해, 동식물과 인간이 평화롭고 조화롭게 살아갈 수 있는 세상을 위해 기도하자"라는 편지를 보냈다. 또 "숲의 죽음은 우리 생명의 죽음이다."라는 문구가 가슴팍에 적힌 티셔츠를 즐겨 입곤 했다.[67]

스탱은 자신이 언제든 살해당할 수 있다는 사실을 잘 알았다. 현지에 암암리에 돌아다니는 암살 리스트의 맨 첫줄에는 그의 이름과 현상금 이만 달러가 적혀 있었다. 그럴수록 투지가 꺾이기는커녕 더 불타올랐던 듯하다. 스탱은 "그들이 나를 죽이고 싶어 하는 걸 알고 있다. 하지만 나는 도망치지 않는다. 권력자에게 끊임없이 고난당하는 사람들 곁이 바로 내가 있을 곳"이라고 말했다. 살해당하기 전날에는 마치 다음 날 있을 일을 예감하기라도 한 듯 주변 사람에게 "만약 무슨 일이 생긴다면, 나한테 일어났으면 좋겠다. 왜냐면 다른 사람들은 돌봐야 하는 가족이 있기 때문"이라고 말하기도 했다. 스탱 수녀의 장례식은 수천 명의 주민과 전 세계에서 온 기자 수백 명이 지켜보는 가운데 치러졌다. 주민들은 "오늘 우리는 도로시를 묻는 게 아니다. 우리는 그를 땅에 심는다." "도로시 만세."라고 외쳤다.[68]

아마존 열대우림을 둘러싼 갈등과 위협

아마존 열대우림은 브라질(60퍼센트), 페루(13퍼센트), 콜롬비아(10퍼센트), 베네수엘라, 에콰도르, 볼리비아, 가이아나, 수리남, 프랑스령 기아나 등 아홉 개 국가에 걸쳐 있는 숲이다. 세계 열대우림의 절반 이상을 차지하며, 지구 산소의 20퍼센트 이상을 만들어내 '지구의 허파'로 불린다. 하지만 보우소나루 대통령 취임 이후 열대우림은 빠른 속도로 파괴되고 있다.

2022년 1월 브라질의 인간·환경·아마존 연구소^{Imazon}가 발표한 보고서에 따르면, 2021년 한 해에만 서울의 열일곱 배에 달하는 면적의 열대우림이 사라졌다. 그 전해보다 파괴된 우림 면적이 30퍼센트나 늘어난 것이다. 연구소는 "아마존 열대우림 파괴는 생물종 다양성 훼손, 원주민 생존 위협, 지구온난화 심화 등 심각한 결과를 낳고 있다."고 지적했다. 2019년 보우소나루 취임 전 십 년간 6,500제곱킬로미터였던 벌채 면적은 취임 이후 10,500제곱킬로미터로 두 배 가까이 증가했고, 농경지를 확보하기 위한 방화로 2021년 5월에만 이천육백여 건의 산불이 발생하는 등 대형 산불도 크게 늘었다. 약 삼 년간 파괴된 열대우림이 축구경기장 330만 개 규모다. 한 연구진은 아마존이 지난 십 년간 내뿜은 이산화탄소량이 흡수한 양보다 20퍼센트나 많다며 지구의 허파로서의 기능을 상실했다고 말했다.[69] 2019년에도 화재가 한 달 넘게 이어져 막대한 피해가 발생했다. 아마존에서 이천칠백 킬로미터 떨어진 남부 상파울루까지 연기가 퍼져 낮에도 밤처럼 어두컴컴했을 정도였다. 하지만 보우소나루 대통령은 "비정부기구들이 날 음해하기 위해 범죄를 저지르고 있다."고 주장했다. 비정부기구가 불을 질렀다는 것이다. 그는 브라질 국립우주연구소(INPE)가 "올해만 아마존에서 칠만 삼천 건의 화재가 발생했다. 2018년 동기 대비 약 83퍼센트 늘어났다."고 발표한 것에 대해서도 믿을 수 없다는 태도를 보였다.[70]

아마존 열대우림을 둘러싼 갈등이 계속되면서 스탱처럼 환경운동가들이 피살당하는 사건이 이어지고 있다. 영국 런던에 본부를 둔 글로벌 위트니스^{Global Witness}는 2021년 연례보고서[71]를 통해 한 해 동안 환경운동가 227명이 살해당했다고 발표했다. 이는 전년 212명에서 열다섯 명 늘어난 것이다. 가장 많은 환경운동가가 목숨을 잃은 나라는 콜롬비아로 65명이었다. 콜롬비아는 전년 64명에 이어 환경운동가에게 가장 위험한 국가란 오명을 재확인했다. 멕시코에서는 30명이 사망해, 전년 18명에서 무려 열두 명이나 늘었다. 브라질에서도 20명이 숨졌다. 이어 필리핀(43명), 브라질(24명), 멕시코(18명), 온두라스(14명) 순이었다. 글로벌 위트니스는 "살해 사건의 약 30퍼센트가 벌목, 채굴, 대농장 등의 자원착취와 수력발전소 및 기타 인프라스트럭처 건설 등과 연관돼 있다."면서 "브라질과 페루의 경우 살해 사건의 약 4분의 3이 아마존 열대우림 지역에서 발생했다."고 지적했다. 이 단체에 따르면 중남미는 환경운동가 살해 관련 통계를 공개하기 시작한 2012년 이후 항상 최악의 지역이었다. 그런가 하면, 민간단체 프론트 라인 디펜더스^{Front Line Defenders}는 2022년에 발표한 보고서[72]에서 전년도에 세계에서 인권운동가 358명이 피살됐는데, 이 중 59퍼센트가 환경과 원주민 인권 보호를 위해 활동하다가 목숨을 잃었다고 지적했다.

전 세계에서 살해당하는 환경운동가들 열 명 중 한 명은 여성이다. 아마존 열대우림을 지키려다가 세상을 떠난 대표적인 여성 운동가로는 스탱 수녀 외에 온두라스의 저명한 환경운동가 베르타 카세레스를 꼽을 수 있다. 앞서 살펴봤듯이 그는 자연을 파괴하는 수력발전소 건설 계획을 반대하는 운동을 이끌다가 2016년 3월 자택 문을 부수고 들어온 괴한들이 쏜 총에 맞아 살해당했다. 온두라스의 블랑카 자네테 카와스 페르난데스(Blanca Jeannette Kawas Fernandez, 1946~1995) 역시 자택에 난입한 괴한 두 명이 쏜 총에 목숨을 잃었다. 그는 온두라스의 열대우림과 습지, 해변 지역 동식물 보호 운동에 헌신했다. 특히 열대우림에 대규모 팜유 생산 기지와 수력발전소를 건설하려는 프로젝트를 저지하고 나서 대기업 및 정부와 충돌해왔다. 브라질의 지우마 페레이라 시우바(Dilma Ferreira Silva, 1972~2019)는 파라주 투쿠루이[Tucurui] 지역에서 초대형 수력발전소 건설 반대 운동을 벌이다가 괴한들의 칼에 숨졌다. 집에 함께 있던 남편과 친구도 목숨을 잃었다. 괴한들은 세 사람의 손을 묶은 다음 시우바가 보는 앞에서 남편과 친구를 먼저 죽인 것으로 추정된다. 시우바는 토카틴스강에 건설된 수력발전소 때문에 살던 곳에서 쫓겨난 약 삼만 이천 명의 권리를 찾기 위한 단체를 이끌어왔다. 그 자신도 댐 공사의 피해자였다.

아마존 열대우림 이외의 지역에서 환경운동을 펼치다 숨진 여성들도 많다. 2021년 7월, 케냐에서 활동하던 67세 환경운동가

조애너 스터치버리(Joannah Stutchbury)가 집 부근에 세워진 차 안에서 숨진 채 발견됐다. 괴한들은 자동차를 타고 귀가하던 그를 저지하여 차를 세우게 한 다음 총을 쏴 살해한 것으로 추정된다. 사라진 소지품이 없었던 것으로 보아 강도살인은 아니었다. 스터치버리는 땅값이 폭등한 키암부 숲 근처에 대규모 건물을 지으려는 대기업들과 충돌했으며 수차례 살해 협박을 받기도 했었다.

65세의 피킬레 은샹가세(Fikile Ntshangase)는 남아프리카공화국 움폴로지 보호구역(Hluhluwe-Umfolozi Game Reserve) 원주민 환경단체의 대표로 탄광 확장에 반대하는 활동을 하고 있었다. 그는 2020년 10월 집에서 저녁을 준비하던 중 들이닥친 남성 세 명의 총에 맞아 사망했다. 범인들은 열세 살 손자와 놀러 온 여덟 살, 열 살 어린이들이 보는 앞에서 은샹가세를 살해했다. 은샹가세는 탄광을 확장할 경우 인근의 숲들이 파괴되고 환경오염이 심각해진다고 주장했다. 하지만 탄광이 확장되면 일자리가 늘어난다는 이유로 그의 활동을 못마땅하게 생각하는 주민들도 적지 않았다. 광산 회사는 은샹가세를 회유하기 위해 뇌물을 건네거나, 합의서에 서명하도록 압박했다. 하지만 그는 "내 사람들을 팔아먹을 수 없다. 만약 필요하다면 그들을 위해 내가 죽겠다."[73]면서 서명을 거부하고 회사를 고발했다. 그리고 결국 목숨을 잃었다. 범인들이 누구인지는 현재까지도 밝혀지지 않았다.

09

우리의 땅을 돌려달라

위노나 라듀크와 마돈나 선더 호크

2021년 1월 20일 조 바이든 미국 대통령은 취임식을 끝내자마자 한 행정명령서에 서명했다. 캐나다와 미국을 잇는 송유관을 추가 건설하는 '키스톤 XL 파이프라인 프로젝트'의 사업 허가를 취소한다는 내용이었다. 캐나다 앨버타주 하디스트부터 미국 텍사스주 휴스턴 항구까지 천팔백 킬로미터의 송유관이 완성되면 하루 팔십만 배럴의 원유를 수송할 수 있을 것으로 예상됐다. 하지만 이 프로젝트는 지난 수년간 미국 사회의 논란거리였다. 특히 큰 문제는 기존에 운영되고 있는 키스톤 송유관과 별도로 하디스트와 미국 네브라스카주 스틸시티 구간에 신설되는 XL 송유관이었다. 환경운동가들은 송유관이 미국 몬태나와 네브라스카, 노스다코타 주의 깊숙한 지역을 지나가게 되면 환경에 악영향을 미칠 것이 우려된다면서 강하게 반대했다. 특히 이 지역에 사는 아메리카 원주민들은 자신들이 대를 이어 신성히 여겨온 곳들이 파괴될 수 있다면서 격렬하게 저항했다. 키스톤 송유관 건설공사 때도 반대 운동을 펼쳤던 환경운동가와 아메리카 원주민 들은 이번만큼은 절대 물러서지 않겠다는 단호한 자세를 보였다.

결국 2015년 버락 오바마 대통령은 키스톤 XL 파이프라인 사업 중단을 명령했다. 그러나 이 년 뒤 후임 도널드 트럼프 대통령은 전 정부의 결정을 뒤집어 사업 허가를 명령했다. 그런데 오바마 정부에서 부통령을 지낸 바이든이 대통령이 되자마자 또다시 뒤집은 것이다. 파이프라인 운영사는 민간 회사들의 투자를 받아서라도 프로젝트를 밀어붙이겠다며 자신만만해했지만 여의치 않자 결국 두 손을 들고 사업 철수를 선언했다. 환경단체들은 열렬히 환영했다. 키스톤 송유관 반대 운동을 이끌어온 위노나 라듀크(Winona Laduke, 1959~)는 한발 더 나아갔다. 2017년도에 완공돼 운영 중인 다코타 액세스 송유관도 철거하고, 캐나다에서 미네소타까지 이어지는 엔브리지 3호 송유관 공사도 중단하라고 요구한 것이다.

"더 이상 '원주민 문제'란 없다."

라듀크는 미국의 진보적 사회운동을 이야기할 때 빼놓을 수 없는 인물이다. 그는 송유관 사업 저지 운동은 물론 빼앗긴 아메리카 원주민 땅 되찾기 운동, 수자원 보호 운동 등 다양한 분야에서 몸이 열 개라도 모자랄 정도로 왕성하게 활동해오고 있다. 지속 가능한 개발을 지지하는 경제학자와 저술가로도 유명하다. 2004년 시사 잡지 《타임》은 미국에서 가장 두각을 나타내고 있는 40세 이하의 '미래를 위한 리더 50인' 중 한 명으로 라듀크를 선정했다.

그와 함께 50인에 포함된 인물로는 당시 39세였던 빌 게이츠 마이크로소프트 설립자, 훗날 JP모건 최고 경영자가 되는 38세 금융인 제임스 다이먼 등이 있다.[74]

라듀크란 이름이 미국 사회와 전 세계에 보다 대중적으로 각인된 것은 2000년 대선을 통해서다. 저명한 소비자보호 운동가이자 진보 정치가인 랠프 네이더(Ralph Nader)는 녹색당 후보로 대선에 출마하면서 부통령 러닝메이트로 아메리카 원주민과 유대인 혼혈 여성인 라듀크를 발탁했다. 네이더는 1996년 대선 때 녹색당 계열의 군소 정당들로부터 지지를 받아 무소속으로 출마했지만 성적은 시원치 않았다. 하지만 2000년 대선에서는 달랐다. 녹색당 대통령과 부통령 후보로 지명된 네이더와 라듀크의 진보적인 공약은 공화당의 조지 W. 부시, 현직 부통령인 민주당의 앨 고어 후보와 분명한 차별성을 보였다. 특히 라듀크는 미국 사회에서 소외된 원주민들을 위한 다양한 정책과 환경보호 정책 들을 공약으로 내놓아 눈길을 끌었다. 개표 결과 부시가 고어를 제치고 대통령에 당선됐다. 부시는 득표율에서 고어보다 0.51퍼센트 포인트 뒤처졌지만, 선거인단 수는 다섯 명을 더 얻은 것으로 나타났다.

네이더와 라듀크는 전체 투표자 중 2.7퍼센트를 득표했으며 선거인단은 한 명도 확보하지 못했다. 상황이 이렇게 되자 진보 진영에서는 두 사람이 고어 표를 잠식하는 바람에 부시가 대통령이 됐다고 비난을 쏟아냈다. 그러나 라듀크는 "선거 과정에서 민

위노나 라듀크(2024)

주주의가 어디로 가고 있는지 묻는 것은 우리에게 무척 중요한 부분이었다. 랠프와 나는 적어도 그런 대화의 폭을 넓히는 데 일조했다고 생각한다."[75]고 말했다.

라듀크는 아메리카 원주민 혈통의 아버지 빈센트와 러시아계 유대 혈통의 어머니 베티 사이에서 태어났다. '선 베어'란 원주민 이름을 가진 빈센트는 미네소타주 북서부에 있는 화이트 어스White Earth 원주민 보호구역의 아니쉬나베Anishinaabe 부족 출신의 배우이자 작가, 사회운동가였다. 뉴욕 출신 예술가인 어머니 역시 사회운동에 적극적이었다. 캘리포니아주 로스앤젤레스에서 태어난 라듀크는 어렸을 때부터 아버지의 고향을 찾아 원주민 관습과 문화를 익히며 자랐다. 부모가 이혼한 후 어머니를 따라 몬태나주로 이주해 청소년기를 보내면서 백인 사회에 이질감을 느끼기도 했지만, 고등학교 재학 시절엔 천부적인 토론 재능과 뛰어난 학업성적으로 돋보이는 학생이었다고 한다. 그는 자신의 성장기에 대해 이렇게 회상했다. "친가와 외가가 모두 정치적으로 강하게 목소리를 내는 집안이었다. 그래서 아주 어렸을 때부터 십 대 시절까지 내내 부모를 따라 시위 현장에 자주 다녔고, 조직을 결성하는 현장에도 있었다. 1973년 운디드니Wounded Knee를 점거하던 때를 아직도 생생히 기억한다. 나는 정의를 세상에 알려야 하고, 투쟁해야만 변화를 일궈낼 수 있다고 믿는 집안에서 자랐다."[76]

라듀크가 본격적으로 정치사회운동에 뛰어든 것은 하버드

대학 재학 시절이다. 시인, 조각가이자 흑인·원주민 인권운동가
로 존경받는 지미 더럼이 강연에서 "원주민 문제란 없다. 미국 문
제만 있을 뿐"이라고 말하는 것을 듣고 크게 감명받아 원주민 보
호구역의 환경 파괴 문제에 관심을 갖고 활동하기 시작했다고 한
다. 네바다주 나바호 원주민 지역의 우라늄 광산 저지 운동에 참
여했고, 착취당하는 원주민들의 상황을 개선하기 위한 활동도 벌
였다. 대학에서 농촌 경제 발전에 대해 전공하고 1982년 졸업한
후에는 화이트 어스 보호구역에 있는 고등학교의 교장직을 맡아
아이들을 가르치기도 했다.

"미 원주민의 땅과 정신을 회복하자"

사회운동가로서 라듀크의 이름이 널리 알려지게 된 것은 '아메리
카 원주민 땅 되찾기 운동'을 통해서다. 그 뿌리는 1867년으로 거
슬러 올라간다. 당시 미국 정부는 라듀크 아버지의 부족인 아니
쉬나베족과 조약을 맺었다. 아니쉬나베족은 오지브와족, 치페와
족으로도 불리는데 미국에서는 체로키족, 나바호족에 이어 세 번
째로 인구가 많다. 조약의 핵심은 보호구역 안에 사는 원주민들
에게 경작할 토지를 나눠준다는 것이었다. 정부로부터 받은 땅은
원주민이 아닌 사람에게 양도할 수 없다는 내용도 조약에 포함됐
다. 원주민들을 특정 구역 내에 몰아넣으려는 데 목적을 둔 이 조
약에 따라 화이트 어스 보호구역이 만들어졌다. 하지만 세월이

흐르면서 상황이 바뀌게 된다. 1889년 보호구역 내 땅을 원주민이 아닌 이들에게도 팔 수 있게 하는 새로운 법이 제정되면서 가난한 원주민들이 백인 농장주와 벌목업자 들에게 땅을 넘기는 경우가 늘어나게 된 것이다. 한때 보호구역 내에서 자기 땅을 가진 원주민이 10퍼센트로 줄었을 정도였다.

라듀크는 1985년 오백여 명의 원주민 여성 활동가들과 함께 원주민 여성 네트워크(IWF)를 결성해 '화이트 어스 토지회복 운동(WELRP)'을 이끌어오고 있다. 원주민의 문화적 전통을 보존하고, 농산물 수확 증진 등을 통해 식량 주권을 이룩하며, 자연보호와 교육 및 문화 사업 등으로 공동체에 활력을 불어넣는 것이 운동의 핵심 목표다. 라듀크 자신도 농작물을 직접 키우고 있다. 그는 1998년 리복 인권상을 받았고 2007년에 는 전미 여성 명예의 전당에 추대됐다. 환경단체 '대지를 존중하라(Honor the Earth)'와 원주민들이 생산하는 농작물 등을 판매하기 위한 '네이티브 하베스트(Native Harvest)' 사무총장, 그린피스 미국 본부의 이사 등도 역임했다. 라듀크는 2013년 『지금 왜 혁명을 말하는가』를 펴낸 사우스앤드프레스 편집진과 가진 인터뷰에서 "나는 우리 공동체가 천삼백 에이커(526만 1,041제곱미터)의 땅을 되찾는 과정을 쭉 지켜보았다. 또 우리 보호구역에서 생산된 작물을 적정한 가격에 판매할 수 있게 됐다. 우리 언어도 많이 되찾았다. 이 모두가 우리 문화를 상당히 회복했다는 중요한 증거들이다."[77]라고 말했다.

라듀크의 투쟁은 지금도 계속되고 있다. 그는 2021년 《뉴욕타임스》와의 인터뷰에서 "사람들에게 바이든에 투표하라고 독려했고, 이십여 년동안 한 번도 투표하지 않았던 사람들을 내 차에 태워서 투표장까지 데리고 가기도 했다. 그런데 바이든 대통령이 송유관으로 오지브와 원주민들을 파괴하는 데 광분하고 있다."[78]라고 말했다. 라듀크가 언급한 송유관은 바로 캐나다 최대 송유관 회사 엔브리지가 진행 중인 3호선Line3 사업이다. 이 회사는 칠십여 년 동안 캐나다에서부터 미국 미시간, 오대호를 거쳐 온타리오 정유 공장까지 원유와 천연가스를 수송해왔는데, 미네소타 북부를 관통하는 노후한 송유관을 대체하는 프로젝트를 진행하고 있다. 라듀크는 2021년 송유관 건설 현장에서 시위를 벌이다 체포돼 사흘간 구치소에 수감됐다가 풀려나기도 했다.

다코타 액세스 송유관을 둘러싼 갈등도 여전히 해소되지 않고 있다. 사실 법적으로는 이미 결론이 난 것과 다름없다. 2022년 2월 연방 대법원이 "연방정부의 새로운 환경평가 결과가 나올 때까지 다코타 액세스 송유관 운영을 중단하라"고 판결했기 때문이다.[79] 이 송유관은 노스다코타주에서 일리노이주까지 네 개 주를 관통한다. 원유가 누출될 경우 인디언 원주민 지역에 막대한 피해가 초래될 수 있다는 이유로 반대 여론이 팽배하자 버락 오바마 대통령은 건설 사업을 연기했다. 그러나 트럼프 대통령이 취임한 이후 사업이 재개됐고, 2017년에 완공돼 하루 57만 배럴의 원유를 수송하고 있다. 2020년 워싱턴 D.C. 연방 법원이 환경평가가 제대로 이뤄지지 않았다는 이유로 운영 중단을 명령했지만, 불과 한 달 뒤 2심 재판부는 1심 판결을 뒤집어 당장 중단할 필요는 없다고 판결했다. 결국 대법원에까지 올라간 이 사안은 환경단체들의 승리로 귀결됐다. 문제는 대법원의 명령에도 불구하고 바이든 정부가 당장 운영을 중단하지는 않겠다는 입장을 취하고 있다는 점이다. 전 세계가 코로나19 사태로부터 서서히 회복되면서 원유 수요가 급증한 데다가 우크라이나 사태로 인한 에너지 가격 폭등세에 부담을 느끼고 있기 때문으로 보인다. 라듀크는 "바이든 대통령이 아메리카 원주민들을 배신하고 있다.

바이든 정부에 큰 희망을 가졌었는데 완전히 무너져버렸다."[80]라고 한탄했다.

원주민 민권운동의 선구자 선더 호크

미국에는 원주민 권리와 환경보호를 위해 뛰는 여성 전사들이 많다. 라듀크와 함께 기억해야 할 이름은 마돈나 선더 호크(Madonna Thunder Hawk, 1940~)다. 라듀크의 선배 격인 그는 1968년 7월 미네소타주 미니애폴리스에서 원주민 풀뿌리 운동으로 시작된 '아메리카 인디언 운동(AIM)'을 창설하고, 원주민 여성단체인 '우먼 오브 올 레드 네이션스Women of All Red Nations'를 공동 설립했다.

사우스다코타주 얀크톤 수우족Yankton Sioux 보호구역에서 태어난 선더 호크는 1960년대에 흑인민권운동과 함께 일어난 원주민 민권운동 '레드 파워 무브먼트'의 초창기 때부터 핵심 멤버로 활동했다. 1969~1971년 일명 '알카트라즈 점거사건'에도 참여했다. 이 사건은 '모든 부족의 인디언들Indians of All Tribes'이란 조직에 속한 89명이 샌프란시코만에 있는 알카트라즈섬을 19개월 동안 점거하고, 원주민의 권리를 보장하라고 요구한 것을 말한다. 알카트라즈는 한때 탈출이 불가능한 교도소가 있던 곳으로 유명하다. 1963년 교도소가 폐쇄되면서 사람들의 기억에서 잊히는 듯했던 알카트라즈는 원주민들의 점거 사건으로 다시 뜨거운 관심을 모으게 된다. 시위대는 이 섬이 원래 원주민의 땅이었다며 이곳을 자치구로 선포했다. 이들은 결국 정부에 의해 강제이주당했지만, 이 사건은 미국 사회에 원주민 문제를 일깨우는 데 크게 기여했다. 선더 호크는 1970년과 1971년에 러시모어산의 수우족 성지 두 곳에서 벌어진 점거 시위에도 참여했다. 1868년 미국 정부가 수우족과 체결한 라라미요새조약에 따르면 그곳은 수우족의 땅임에도 불구하고 미국 정부가 불법으로 점령하고 있다는 이유에서다.

그는 라듀크에게 어린 시절의 기억으로 남아 있는 운디드니 점거 사건에도 직접 참가했다. 사우스다코타주에 위치한 운디드니는 1890년 12월 29일 미군 제7기병대가 수우족 삼백여 명을 학살한 곳으로 유명하다. 이 사건은 미군과 원주민 사이의 마지막 전투로 기록돼 있지만 사망자 중 상당수는 여성과 어린이들이었다. 학살 사건이 일어난지 83년 뒤인 1973년 2월 27일 원주민 운동가 이백여 명이 운디드니 마을을 기습 점령했다. 이들은 보호구역 내에서의 부정부패 조사 및 처벌, 원주민들의 열악한 실태에 대한 해결을 요구하면서 71일간 대치하다가 무력으로 진압됐다. 현재 선더 호크는 원주민 거주 지역 인근의 우라늄 탄광 금지 운동, 다코타 액세스 송유관 저지 운동, 원주민 아동 복지 증진 등 다양한 분야에서 여전히 활발하게 활동하고 있다.

원주민 권리 운동의 신세대 리더들

선더 호크와 라듀크의 뒤를 이어 많은 후세대 여성이 아메리카 원주민의 권리를 찾기 위해 최전선에서 뛰고 있다. 그중 한 명이 2020년 대선 때 나바호 원주민 보호구역에서 선거 참여 캠페인을 열성적으로 이끌어 주목받은 앨리 영(Allie Young, 1990~)이다. 원주민 문화 보호 운동 단체 '프로텍트 더 세이크리드Protect the Sacred'를 설립한 그는 대선 기간 동안 말을 타고 동료들과 함께 보호구역 곳곳을 누비면서, 정치에 관심 없는 원주민들을 상대로 유권자 등록과 투표의 중요성을 설명했다. '라이드 투 더 폴스Ride to the Polls'란 이름이 붙은 이 캠페인은 원주민들의 시선을 붙잡았고, 투표율을 높이는 데 상당히 공헌한 것으로 평가받았다. 다코타 액세스 송유관 건설 반대 운동에도 적극 참여한 영은 NBC 방송과의 인터뷰에서 광산, 프래킹(고압의 물을 이용해 광석을 파쇄하는 채굴 방법) 등 자연 자원을 파괴하는 산업을 규제하고 '지속 가능한 고용'을 추구하는 후보들을 지지한다고 선언했다.[81]

시에라 필즈(Cierra Fields, 1999~)는 오클라호마주 체로키족 보호구역 내에서 벌어지는 성폭력 실태를 고발하고 변화를 촉구하는 운동을 펼쳐 원주민 사회는 물론 미국 사회의 관심을 모으고 있다. 고등학교 재학 시절부터 사회운동에 참여해온 그는 체로키족 청소년의 성관계 허용 연령을 14세에서 16세로 상향 조정하는 데 결정적인 공헌을 했다. 원주민들이 건강한 생활습관을 기르도록 돕는 캠페인과 암 예방 운동 등을 펼쳐 많은 상을 수상했다.

콰나 체이싱호스(Quannah ChasingHorse, 2002~)는 라듀크처럼 원주민 땅 되찾기 운동가이자 '기후 정의 투사'인 동시에 모델과 배우로 일하고 있는 특이한 경력의 소유자다.[82] 애리조나주 투바시티의 나바호족 보호구역에서 태어났는데 어머니는 알래스카주 원주민, 아버지는 사우스다코타주 라코타족 혈통이다. 패션모델로서 보그 등 다양한 잡지에 모습을 드러내면서 원주민 문화를 알려온 그는 2020년《틴 보그》선정 '21세 이하의 (주목할 만한) 21인' 중 한 명으로 선정되기도 했다. 아메리카 원주민들이 직접 생산하는 브랜드들을 알리는 데에도 적극적이다.

10 차라리 내 등에 도끼질하라

메다 팟카르와 인도의 여성 환경운동가들

나르마다강의 물 분쟁

인도의 나르마다Narmada강은 중부 고원지대에서 발원해 서쪽 아라비아해로 흐르는 거대한 물줄기다. 인도의 강들 중에서 다섯 번째로 길고(1,312킬로미터), 수십 개의 지류를 거느리고 있다. 지난 2017년 나르마다강이 흐르는 구자라트Gujarat주 나바감Navagam 마을에서 댐 준공식이 열렸다. 댐의 이름은 사르다르 사로바르 Sardar Sarovar. 나렌드라 모디 총리가 직접 준공식에 참석했을 정도로 인도에서 이 댐의 의미는 특별하다. 우선 크기가 어마어마하다. 길이 1.2킬로미터, 높이 140미터, 최대 사용 가능 저수량 58억 제곱미터로 콘크리트 중력댐(댐 자체 무게로 저수지의 물을 지탱하는 댐) 방식으로 건설된 댐 중에는 미국 워싱턴주에 있는 그랜드쿨리 댐에 이어 세계에서 두 번째로 규모가 크다. 댐이 완공돼 주변 구천 개 마을이 용수를 공급받고, 구자라트주와 마하라슈트라주, 마디아프라데시주 등에 사는 주민들이 한밤중에도 환하게 전깃

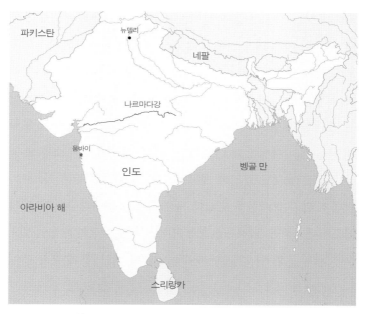

나르마다강 위치를 표시한 지도

불을 켜고 살 수 있게 됐다. 사르다르 사로바르 댐은 완공에 무려 56년이나 걸렸다는 점도 특별하다. 워낙 크기도 하지만 주민 이주와 환경 훼손 등 숱한 논란으로 인해 공사가 순탄치 않았기 때문이다.[83]

나르마다강과 지류들에 댐을 세우자는 아이디어는 독립 후 초대 부총리이자 내무장관이었던 사르다르 발라브바이 파텔에게서 나왔다. 댐에 사르다르라는 이름이 붙은 것은 그 때문이다. 사로바르는 힌두어로 '호수'란 뜻이다. 댐 옆에는 사르다르를 기리는 동상이 우뚝 서 있다. 높이는 182미터로 자유의 여신상의 두 배나 되고, 세계 최고 기록을 갖고 있던 중국 핑딩산의 중원대불보다도 54미터나 높다. 댐의 초석이 놓인 것은 1961년 4월 5일이다. 독립 영웅인 자와할랄 네루(Jawaharlal Nehru) 총리가 직접 첫 삽을 떴던 댐 건설 프로젝트는 메인 댐 사르다르 사로바르를 포함해 삼십 개의 대형 댐과 135개의 중형 댐, 삼천여 개의 소형 댐 들을 세우는 엄청난 규모의 계획이었다. 하지만 첫 단계에서부터 만만치 않은 장애물을 만났다. 구자라트와 마하라슈트라, 마디아프라데시주가 물 사용권을 놓고 팽팽하게 맞섰기 때문이었다. 오랜 세월 동안 한 강물을 사이좋게 나눠 썼던 세 개 주가 댐이

완공된 후 더 많은 물을 공급받겠다며 으르렁대고 싸운 것이다. 협상이 좀처럼 진전되지 않자 1969년 나르마다 물 분쟁 재판소 (NWDT, Narmada Water Dispute Tribunal)가 세워졌다. 재판소는 무려 십 년에 걸친 장고 끝에 댐이 공급하는 물의 57퍼센트를 마디아 프라데시주가 쓰고, 구자라트주는 16퍼센트, 나머지 27퍼센트는 마하라슈트라와 라자스탄 주가 쓰라는 판결을 내렸다. 이에 따라 1987년 드디어 댐 공사가 속도를 내기 시작했다.

나르마다강 유역에 위치한 마을에서 바라본 풍경

하지만 이번에는 더 크고 강력한 장애물이 나타났다. 바로 댐에 반대하는 시민운동이다. 댐 건설로 인해 엄청난 넓이의 땅이 물 속에 가라앉게 되면 환경이 훼손되는 것은 물론이고 최소 32만 명의 삶이 파괴될 수밖에 없었다. 이 운동의 핵심 인물은 당시 삼십 대 초반이었던 메다 팟카르(Medha Patkar, 1954~)였다. 그는 수몰지구 주민들에 대한 적절한 보상과 이주대책도 없이 무작정 댐 공사를 밀어붙이는 정부를 매섭게 비판했다. 공사를 위해 이억 달러의 차관을 정부에 제공한 세계은행도 그의 공격을 피할 수 없었다. 가난하고 힘없는 농부들을 위한 이 싸움으로 팟카르는 전 세계가 주목하는 사회운동가, 자연보호운동가로 부상했다.

팟카르는 뭄바이의 노동운동가 집안에서 태어났다. 명문대 타타사회과학원(TISS)에서 사회복지학으로 석사 학위를 받고 뭄바이 슬럼 지역의 자원봉사 단체에서 오 년, 구자라트주 북동부의 소수 부족 지역에서 삼 년간 일했다. 박사 학위를 받기 위해 TISS로 복귀했지만 현장에 대한 갈망에 결국 학업을 중단했다. 그는 1985년 사르다르 사로바르 댐 건설 현장을 직접 방문해 살펴본 후 심각성을 느끼고 농부, 어민, 노동자, 학자와 환경운동가, 인권운동가, 과학자 등과 규합해 '나르마다강 보전운동(NBA)'을 설립해 댐 반대 운동의 선두에 나섰다.

개발도 좋지만 사람과 삶의 터전을 보호하는 일이 무엇보다 중요하다는 것이 팟카르의 주장이었다. 정부는 수몰지구 주민들

메다 팟카르(2011)

이 다른 곳으로 이주하면 땅과 거주지를 제공하겠다고 약속했지만, 그 약속은 제대로 지켜지지 않았다. 새 거주지가 채 마련되기도 전에 강제이주 당하는가 하면 농사를 지을 수 없어 쓸모없는 땅을 받은 경우가 부지기수였던 것이다. 그래서 정부의 말만 믿고 고향을 떠났다가 수몰 예정지로 되돌아와 물에 빠져 죽어도 좋다는 심정으로 버티는 주민들까지 생겨났다.

　팟카르는 댐 건설을 반대하는 대규모 집회와 행진을 이끌면서 수차례 폭행당하고 투옥됐다. 1990년 말에는 삼천여 명과 함께 댐 건설 장소로 평화 행진하다가 경찰에 강제해산당하며 수많은 참가자가 다치거나 연행되는 사건을 겪기도 했다. 이에 팟카르는 1991년 1월 7일부터 여섯 명의 동료와 함께 무려 22일 동안 길거리에서 단식투쟁을 벌였다. 이 과정에서 생명을 잃을 뻔했지만, 이후로도 단식투쟁을 수차례 이어나갔다. 1994년에도 이십 일간 단식투쟁을 했고 2019년에 는 댐 수위를 높이려는 구자라트 주정부의 결정에 항의해 구일간 단식투쟁을 감행했다. 2005년에는 주민들과 함께 물이 목까지 차오는 마을에서 스물여덟 시간이나 농성을 벌이다가 경찰에 체포된 적도 있다.

팟카르와 지지자들의 피눈물 나는 노력이 실패하기만 했던 것은 아니다. 댐 건설에 돈을 대는 세계은행이 인도 정부에 환경 보호 및 이주민 대책을 세우라고 요구하면서 차관의 일부를 취소했고, 수몰 피해를 줄이기 위해 댐 높이를 80.5미터로 하라는 대법원의 판결을 이끌어내기도 했다. 그러나 2005년 대법원은 정부의 끈질긴 요구에 사 년간의 댐 건설 중지 명령을 철회하고 댐 높이를 상향 조정했고, 결국 댐은 138미터가 넘는 높이로 완공됐다.

팟카르의 저항은 댐과 환경 문제에 국한되지 않는다. 2005년부터 그는 '집을 보호하고 집을 짓자'란 구호하에 뭄바이 빈민들을 위한 주거권 보장 운동을 벌이고 있다. 시 정부가 빈민가 재개발이라는 명분으로 거주지들을 철거하면서 많은 사람이 길거리로 나앉게 된 것이 계기였다. 사회·경제·정치적 정의, 형평성과 관련된 다양한 이슈들을 다루는 '전국인민운동연합(NAPM)'을 창설해 이끌고 있고, 핵발전소 건설 반대 운동도 활발하게 펼치고 있다. 2006년에는 한국 기업 포스코가 오디샤주 해안 도시 파라딥

인근에 제철소를 짓는 것을 반대하는 운동을 주도하기도 했다. 팟카르와 시위대는 공장 입주 시 주민들이 이사해야 한다며 "포스코는 돌아가라"고 외쳤다.[84] 포스코는 2017년 부지 반환 의사를 밝히며 파라딥에서 철수했고, 이후 인도의 아다니 그룹과 손잡고 서북부 구자라트주 문드라에 제철소를 세우는 계획을 추진하고 있다.

팟카르는 '실버라인'으로 불리는 고속열차 프로젝트 반대운동도 이끌고 있다. 2022년 3월 남서부 케랄라주 주도 티루바난타푸람의 총리 관저 앞에서 열린 집회에서 백발의 팟카르는 연단에 올라 마이크를 잡았다. 그는 "우크라이나가 아니라 케랄라에서 내전이 벌어지고 있다."면서 "고속 개발의 비극으로부터 우리 지역을 지키자"고 호소했다. 또 "고속열차 프로젝트의 사회적 충격은 철거되는 집에만 국한된 것이 아니다. 철도가 지나가는 지역에 사는 모든 사람이 영향을 받는다. 생명과 생태계에 광범위한 영향을 미칠 것"[85]이라고 주장했다.

팟카르는 개발 바람에 밀려 희생되는 인도의 가난한 사람들의 권리와 자연보호를 위해 헌신한 공로를 인정받아 1991년 '대안 노벨상'으로 불리는 바른생활상, 1992년 골드만 환경상, 2014년 인도 하모니재단이 수여하는 '사회정의를 위한 마더 테레사상' 등 수많은 상을 받았다. 2014년 지방선거 때 뭄바이에서 진보 정당 후보로 출마했지만 떨어졌고 그 뒤 사회운동에만 몰두하고 있다.

칩코 운동과 나무를 끌어안은 여자들

개발을 명분으로 희생되는 사람과 자연을 보호하기 위한 인도의
투쟁에서 또 하나의 중요한 움직임은 바로 '칩코 운동'이다. 힌두
어로는 '칩코 안돌란Chipko Andolan'인데 '칩코'는 껴안는다는 의미
이고 '안돌란'은 운동이란 뜻이다. 이 운동의 단초는 자그마한 테
니스 라켓이었다. 1973년 인도의 스포츠용품 회사 사이먼 컴퍼
니가 테니스 라켓을 생산하기 위해 히말라야 산간에 있는 우타르
프라데시주의 만달Mandal 마을 부근 숲에 벌목꾼들을 보내 나무
를 무더기로 베어내기 시작했다. 당시 마을에 남아 있던 주민들
은 대부분 노인과 어린이, 여성 들이었다. 성인 남성들은 돈을 벌
기 위해 도시로 나가 있었기 때문이다. 결국 삶의 터전인 숲을 지
키기 위해 여성들이 나섰다. 여성들은 북을 치고 노래를 부르면
서 벌목 표시가 된 나무에 자신의 몸을 묶었다. 나무를 베려면 차
라리 내 등에 도끼질을 하라는 메시지였다.

그것은 간디의 비폭력 저항 정신 '사티아그라하'를 이어받은
것이기도 했다. '사티아'는 진리, '그라하'는 헌신이란 뜻이다. 회
사와 지방 정부는 벌목업이 마을 경제에 도움이 된다고 설득했지
만, 여성들의 마음을 돌리지는 못했다. 결국 회사는 벌목 계획을
포기했다. 사이먼 컴퍼니는 만달 마을에서 물러나 팔십 킬로미터
떨어진 고페시와르 마을의 파타 숲으로 눈길을 돌렸다. 하지만
이곳에서도 여성을 중심으로 한 주민들이 나무 껴안기 시위와 야
간 불침번 등으로 벌목을 막아냈으며, 타르살리 등 인근 마을들

1970년대 칩코 운동, 나무를 지키는 여성들

에서도 같은 운동이 펼쳐졌다.

1974년 1월에는 레니 마을에서 이천오백여 그루의 나무들이 베어져 나갈 위험에 처했다. 벌목 회사가 배상 협상을 하자며 남성 주민들을 다른 마을로 꾀어낸 사이에 벌목꾼들이 마을로 들이닥친 것이다. 여성들 중 연장자였던 가우라 데비는 스물여덟 명의 여성들과 함께 숲으로 달려갔다. 총을 든 벌목꾼들이 위협하고 희롱했지만 여성들은 나무를 껴안고 밤새 버텼다. 이 소식을 전해 들은 인근 마을 주민들이 달려와 힘을 보탰고, 결국 나흘 만에 벌목꾼과 회사 직원들이 물러나면서 시위는 주민들의 승리로 끝났다. 이 같은 움직임 속에서 1980년 인디라 간디 당시 총리는 말라야 지역에서 십오 년간 벌목을 금지하는 조치를 발표했다. 이를 계기로 나무 지키기 운동은 광산 채굴, 댐 건설 반대 등 다양한 분야로 확장됐다.

칩코 운동의 역사는 삼백여 년 전으로 거슬러 올라간다. 1730년 라자스탄의 케르잘리 마을에 있던 나무가 군주의 궁전을 짓기 위해 잘려 나갈 위험에 처했다. 암리타 데비라는 여성은 나무를 껴안으며 시위를 벌이다가 도끼에 머리를 찍혀 목숨을 잃었다. 어머니를 따라 시위에 동참했던 세 명의 딸은 물론 삼백 명이 넘는 주민들도 함께 살해당했다. 라자스탄주와 마디아프라데시주는 데비의 뜻을 기리기 위해 암리타 데비 상을 제정해, 야생동물 보호에 기여한 사람을 시상하고 있다. 저명한 환경운동가인 반다나 시바(Vandana Shiva, 1952~)는 "칩코의 역사는 보기 드물게

용감한 여성들의 비전과 행동의 역사"라면서 "칩코와 같은 환경 운동들은 여성들의 생태적 통찰력과 정치적·도덕적 힘으로 이뤄졌다는 점에서 역사적인 이정표가 됐다."[86]고 지적했다.

1987년 바른생활상은 칩코 운동을 수상자로 선정하면서 간디의 비폭력 저항 정신을 이어받은 이 운동이 인도는 물론 전 세계의 환경운동 및 정부 정책에 큰 영향을 미쳤다고 높이 평가했다. 실제로 세계 곳곳에서는 인도 여성들이 한 것처럼 나무를 끌어안거나 나무 위에 올라가 자연보호를 외치는 시위들이 이어졌다. 1997년 미국 여성 줄리아 버터플라이 힐은 캘리포니아주 훔볼트 카운티에 있는 삼나무 숲을 벌목으로부터 보호하기 위해 수령이 1500년, 키가 55미터나 되는 '루나'란 이름의 삼나무 위에 올라가 약 이 년 동안 살면서 시위를 벌였다. 줄리아는 목재 회사로부터 루나는 물론 그 주변의 숲을 베지 않겠다는 약속을 받은 뒤에야 나무 아래로 내려왔다.

2009년 일본 도쿄 근처에 있는 다카오산을 관통하는 터널이 지어질 때에는 시민들이 나무를 껴안고 공사 반대 시위를 벌였다. 캐나다, 영국 등에서도 나무를 지키기 위해 비슷한 시위들이 이어졌다.

인도의 환경운동을 이야기할 때 반다나 시바와 소설가 아룬다티 로이(Arundati Roi, 1961~)를 빼놓을 수 없다. 두 사람은 인도 환경운동의 '정신적 지주'라고 할 수 있다. 시바는 핵물리학을 공부하다가 서구 과학기술의 문제점을 깊이 인식하고 환경운동에 투신한 특이한 경력의 소유자다. 생태 중심의 대안적 삶을 제시하는 '지구 민주주의' 개념과 '에코페미니즘'을 태동시킨 사상가 겸 운동가로 평가받는다. 이십 대 학생 시절부터 칩코 운동에 깊이 참여했던 그는 2003년 한국 언론과의 인터뷰에서 "고향의 울창한 숲이 벌목으로 잘려 나가자 자기 이름도 쓸 줄 모르는 여자들이 나무를 끌어안고 싸웠다. 박사과정을 밟고 있던 나는 충격을 받았다. 돌이켜보면 개발과 성장 신화를 버리고, 보전과 공존의 새로

함부르크 글로벌 시민 페스티벌에서 발언하는 반다나 시바(2017)

운 패러다임을 짜기 위한 나의 투쟁은 그때부터 시작됐다."고 회상했다. 또 "칩코 운동을 통해 깨달은 것이 있다. 적어도 환경운동만큼은 남자가 아닌 여자가 주도적 역할을 담당해야 한다는 것"[87]이라고 말했다.

대학에서 물리학을 공부하고 교수로 일하면서 환경운동을 병행하던 시바는 1984년 사천 명의 목숨을 앗아간 보팔Bhopal 화학 공장 가스 누출 사고와 극심한 가뭄으로 수많은 사람이 목숨을 잃는 것을 보고 강단을 떠나 현장에 투신했다. 1987년부터 전통 농업 보존 운동인 나브다냐Navdanya 운동을 이끌면서 인도 열여섯 개 주 육십여 개 지역에 종자은행을 개설했다. 또한 석유와 농약으로 곡물 생산량을 늘린 이른바 '녹색혁명', 쌀과 밀 위주의 단일 작물 재배, 몬산토 등 다국적 농업 기업들에 의한 유전자 조작 농산물(GMO) 생산, 기업에 의한 유전 자원 독점과 수자원 사유화 등을 반대하는 운동을 이끌고 있다.

그는 저서 『물전쟁』에서 "자원을 주민들로부터 강제로 빼앗는 것은 기업에 의한 테러다. 수자원을 파괴하여 개천의 물이 마르고 지하수가 줄어들게 하는 것도 일종의 테러다. 물 공급을 민영화하여 가난한 주민들이 물에 접근하지 못하도록 하거나 우물과 강물을 오염시키는 것 역시 테러"라고 통렬하게 비판했다. 그에 따르면 "테러리스트는 아프가니스탄의 동굴에 숨어 있지 않다. 테러리스트는 대기업 이사회가 열리는 회의실에, 세계무역기구(WTO), 북미자유무역협정(NAFTA), 미주자유무역지역(FTAA)

등의 자유무역을 강요하는 규정집 안에 숨어 있다. 테러리스트는 민영화를 강요하는 국제통화기금(IMF)과 세계은행의 융자 조건 뒤에 숨어 있다."[88] 『누가 지구를 망치는가』에서는 부와 권력을 나눠 가진 1퍼센트의 사람들이 전 세계를 상대로 도박판을 벌이며 지구를 파국으로 몰아가고 있다면서 빌 게이츠와 워런 버핏도 비판했다. 그러면서 "1퍼센트는 자연과 사회에서 생명과 자유를 채굴하고 자연과 사회를 지원하는 사람들을 짓밟는 수직적 통합을 추구한다. 그러나 우리에게는 인식과 연민을 바탕으로 지구의 상호 연결성과 상호 존재를 인정하는 수평적 통합이 필요하다."[89] 고 역설했다.

로이는 1997년 첫 소설 『작은 것들의 신』으로 영어권 최고의 문학상 중 하나로 꼽히는 맨부커상을 받아 화제가 된 작가다. 사회·인권운동가, 여성과 소수자의 인권을 옹호하는 페미니스트인 그는 카스트 제도부터 젠더 차별, 핵무기, 제국주의, 세계화, 코로나19까지 다양한 현안에 대하여 목소리를 내고 있다. 1999년 에세이 『생존의 비용』에서 핵 개발과 나르마다강 유역 대규모 댐 건설 프로젝트를 강도 높게 비판했고, 2014년 『자본주의: 유령 이야기』에서는 민주주의의 위기가 인류의 종말로 이어지게 될 것이라고 경고했다. 이 책에서 그는 "자본주의는 어느새 정의라는 개념을 그저 '인권'이라는 뜻으로 주저앉혔고, 평등을 꿈꾸는 것을 불경한 행위로 만들었다. 우리 싸움의 목적은 체제를 수선해 보겠다고 찔끔찔끔 건드리는 것이 아니라 아예 갈아엎는 것"[90]이

하버드대에서 강연하는 아룬다티 로이(2010)

라고 일갈했다. 2020년 두 번째 소설 『지복의 성자』로 제4회 이호철통일로문학상을 수상한 후 가진 온라인 기자간담회에서 그는 작가로서의 역할에 대해 이렇게 말했다. "내가 소설을 쓰는 이유는 복잡한 세상을 있는 그대로 보고 그로부터 도망치지 않으려는 것이다. 예술과 정치는 뼈와 피처럼 분리할 수 없다. 나는 싸우는 사람이다. 누군가를 지지한다기보다는 평등주의자로서 모든 관점을 논쟁하는 사람이다."[91]

11 우리가 가장 잘하는 일로 맞선다

마마 알레타와 에린 브로코비치, 기업과 싸운 투사들

인도네시아와 호주 사이에 있는 티모르는 면적 삼만 제곱킬로미터의 동서로 길쭉한 섬이다. 동쪽 절반은 인도네시아로부터 힘겨운 투쟁 끝에 독립해 2002년 나라를 세운 동티모르고 서쪽 절반은 인도네시아 땅이다. 행정구역으로는 이스트 누사텅가라주지만 흔히 서티모르라고 부른다.

알레타 바운(Aleta Baun, 1966~)은 서티모르 몰로 지역의 토착민이다. 그가 사는 를로바탄 마을의 아이들은 학교에서 돌아오면 숲에서 소와 말을 돌본다. 알레타도 가축을 키우고 산을 오르고 숲에서 놀며 어린 시절을 보냈다. 그의 삶은 마을 공동체와 떼어놓을 수 없었다. 어릴 적 어머니가 돌아가셨기 때문에 마을 여성들이 돌아가며 알레타를 키웠다. 아버지는 '아마프'라고 불리는 부족 지도자였다. 몰로 부족사회에서 아마프는 절대적인 권위를 갖는 동시에, 땅과 사람들을 지키는 책임을 진다.

몰로는 마을 사람들의 터전인 무티스산을 지키는 신화 속 여신의 이름인데 그것이 땅 이름이 되고 마을 이름이 되고 주민들의 이름이 됐다. 주변 토착민 부족들은 비와 날개, 생명을 주는 신이 무티스산에 산다고 믿는다. 서티모르의 토양 대부분이 산성인 것과 달리 몰로는 땅이 비옥하고 숲이 울창하다. 열세 개의 강이 무티스산에서 흘러내려 와 일대를 적신다. 몰로 토착 신앙에서 여성은 신성한 존재다. 여성의 이름을 딴 지명도 많다. 토착민들에게 대대로 전해 오는 가르침대로 알레타 역시 어릴 적부터 나무는 자신들의 영혼이자 지켜야 할 존재라고 배우며 자랐다.

"땅은 살, 물은 피, 숲은 핏줄"

1987년 고등학교를 졸업한 알레타는 마을 학교의 교사로 일했다. 월급은 거의 없는 것이나 마찬가지였다. 그 후에는 지역 가톨릭

알레타 바운(2017)

대학의 교수인 존 캠벨-넬슨 신부의 집안일을 해주고 돈을 벌었다. 캠벨-넬슨 신부는 알레타를 지역 단체와 연결해주면서 공부를 계속하라고 권했다. 신부는 말했다. "자연을 지키는 방법을 배워둬야 해. 언젠가 마을을 위해 필요할 때가 올 거야." 그 가르침을 따라 알레타는 1992년 '여성의 목소리 센터(Sanggar Suara Perempuan)'라는 시민단체에서 일하게 됐다.[92]

알레타의 말을 빌리면 "몰로 사람들은 땅과 영적으로 연결돼 있을 뿐 아니라, 세상 모든 것이 이어져 있다고 믿는다."[93] 그들에게 "땅은 살이고, 물은 피이고, 바위는 뼈이며, 숲은 핏줄이자 머리카락이다. 그중 하나라도 파괴되면 사람은 죽는다."

땅이 망가지고 물이 더러워지고 바위가 쪼개져 나가고 숲이 베이는 그런 위기가 정말로 마을을 덮쳤다. 이들이 기대어 사는 무티스산은 대리석, 망간, 금이 나오는 곳이고 주변엔 유전과 가스전도 있다. 자원은 자연이 주는 축복이지만 때로는 저주가 되기도 한다. 특히 힘없는 토착민들에게는 저주가 될 때가 많다. 몰로 사람들에게도 그러했다. 자신들의 풍요로운 땅에서 이익을 얻는 것이 아니라, 동의하지도 금전적인 보상을 받지도 않은 가운데 조상들의 땅이 파헤쳐지고 삶이 망가지는 일을 겪어야 했기 때문이다.

1980년대부터 지방정부는 주민들과 한마디 상의도 없이 무티스산에서 대리석 채굴을 허가하기 시작했다. 숲이 잘려나가 산사태가 일상이 됐다. 섬에 사는 사람들은 강물을 마시고 밭에 물을 대왔는데, 산사태로 하천들이 오염되면서 특히 하류 마을 사람들이 피해를 고스란히 떠안았다. 알레타가 나무가 잘리고 산이 파헤쳐지는 것을 직접 목격한 것은 1996년이었다. 삼 년 후 그는 채굴을 중단시키기 위해 여성 세 명과 함께 뭔가를 하기로 결심했다. 집과 마을은 멀리 떨어져 있었고 항의 표시를 하려면 마을과 광산 사이를 여섯 시간씩 걸어서 오가야 했다. 그들은 현수막을 내걸지도, 광업 회사 사무실을 점거하지도 않았다. 그들은 "우리가 가장 잘하는 일로 맞서자고 마음먹었고, 그것은 바로 직물 짜기"였다.

뒤에 《자카르타글로브》와의 인터뷰에서도 나오겠지만, 그들은 "그저 조용히 옷감을 짰다."[94] 알레타를 비롯한 150명의 여성들이 2006년부터 일 년 동안 채석장의 대리석 바위에 앉아 전통 옷감을 짜는 시위를 했다. 광산 기업들과 지방정부는 이들을 눈엣가시로 여겼다. 기업들은 현상금을 내걸었고, 알레타를 죽이려 한 자들도 있었다. 세 아이를 데리고 숲에 숨어야 했던 적도 있었다. 다리에는 칼자국이 남았다. 마을 사람들은 몇 번이나 체포됐고 심하게 구타당한 사람도 많았다. 하지만 알레타는 주민 수백 명을 하나로 묶을 수 있었다. 마을 원로들의 지지가 큰 힘이 됐다. 일 년 뒤 광부들은 떠났다.

알레타는 "시위를 시작하면서 여성들이 많은 것을 할 수 있음을 깨달았다."고 말한다. 적극적으로 목소리를 내지 않았던 여성들도 함께 시위하면서 땅을 지켜야 한다는 사실과 여성들이 몰로 문화를 지탱하는 기둥임을 새삼 깨닫게 됐다고 했다. 여성들이 숲에서 먹거리와 약초, 염료를 구해 생계를 이어가는 경우가 많기 때문에 여성들이 협상에 나서는 것이 절실하고 또 유리하다는 판단도 있었다. 남성들이 전면에 나섰다면 폭력 사태가 벌어졌을 수도 있고 더욱 거센 공격을 받았을 것이다.

여성들이 채석장에서 시위하는 동안 남성들은 집에서 요리하고 청소하고 아이들을 돌봤다. 멀리 떨어진 섬의 끝자락에서 벌어진 시위에 시선이 쏠렸고, 이들의 전통 직물이 언론에 소개됐다. 인도네시아 정부가 개입하지 않을 수 없게 됐으며 정부는 결국 2010년 몰로 광산 채굴을 모두 중단시켰다.

자원을 채취하는 것은 사람들이 쓰기 위해서다. 채굴된 원료로 만든 물건을 쓰면서 채굴에 반대할 수 있을까?《자카르타글로브》와의 인터뷰에서 이런 질문을 받았을 때 알레타는 인상적인 답변을 했다. "대리석으로 무엇을 만드는지는 모르겠지만, 여기 사는 우리에게는 대리석이 어떤 혜택도 가져다주지 않는다. 우리는 우리가 만드는 것만 팔고, 우리가 만들 수 없는 것은 팔지 않는다. 산과 강, 나무를 팔 수는 없다. 우리가 만들 수 없는 것들이니까. 하지만 옷감이나 옥수수, 우유는 팔 수 있다. 우리가 생산할 수 있는 것들이기 때문이다." 알레타와 몰로 토착민들은 대리석을 파내지 않아도 잘 살아왔고, 대리석 광산이 문을 닫은 뒤에도 잘 살고 있다.

2010년부터 몰로 주민들은 광업 회사들을 상대로 승리한 것을 기념하기 위해 이웃 부족민들과 함께 문화 축제를 열고 있다. 광산 따위 없어도 생명으로 가득 찬 삶을 살 수 있음을 보여주기 위해서다.

알레타의 사례에서 볼 수 있듯이, 여성들은 투쟁을 이끌면서 가장 심각한 핍박의 대상이 되곤 한다. 지구를 구하기 위한 싸움이 진행되는 과정에서 관심의 초점은 기후변화에 대한 대응을 넘어 점점 '기후 정의' 쪽으로 향해가고 있다. 거기에는 억압적이고 비민주적인 정부과 싸우는 것, 삶과 공동체에서 대안적인 해결책을 만드는 것, 기득권 남성들의 정치권력에 맞서 새로운 상상을 실천하는 것이 포함된다. 민주주의와 다양성이 결국 지구 환경을 지키는 가장 큰 무기인 것이다.

토착민들의 권리와 이익을 더 잘 지켜내기 위해 알레타는 2011년 트리퉁갈 수라바야 대학에서 법학 학위를 받았다. 2013년에는 골드만 환경상을 수상했고 삼 년 뒤에는 인도네시아의 독립 지도자 얍 티암 히엔의 이름을 딴 권위 있는 인권상 'Yap Thiam Hien Award'를 받았다. 그러나 알레타의 싸움은 계속되고 있다. 그는 서티모르 전체의 지역단체들과 함께 전통 숲 지도를 만들고 있다. 땅에 대한 원주민의 권리를 지키기 위해, 언제 비집고 들어올지 모를 광산 채굴이나 상업적 농업, 석유나 가스 개발의 위협으로부터 땅을 지키기 위해서다.[95] 사람들은 그를 '마마', 즉 어머니라 부른다. 환경운동가들은 '인도네시아의 아바타^{Avatar}'라 칭한다. 힌두교 신앙에서 아바타는 '하늘에서 내려온 자', 신의 화신이다. 무엇보다 마마 알레타는 미래 세대에 선한 영향력을 미치는 사람이다. 2021년 인도네시아의 대학생 나디아 자피라(Nadya Zafira)는 '유엔 사무총장 안토니우 구테흐스(Antonio Gu-terres)에게 보내는 서한 공모전'에서 수상했다. 자피라는 서한에서 코로나19 대유행으로 인한 불평등과 기후 위기를 언급하면서, 특히 원주민 사회와 젊은이들이 소외되고 있는 현실을 지적했다. 그는 서한에서 "조상의 땅을 지키기 위해 싸우고 있는 마마 알레타 바운에게서 배운 특별한 지혜를 이야기하고 싶다. 돌은 뼈이고 물은 피이며 숲은 핏줄이고 땅은 살이다."라고 말했다.

대기업에 맞서 싸워 이긴 여성들

세상엔 여러 명의 마마 알레타가 있다. 환경을 망치는 기업과 싸워 이긴 여성들 가운데 가장 유명한 인물은 미국의 에린 브로코비치(Erin Brockovich, 1960~)일 것이다. 1993년 캘리포니아에서 지하수를 오염시킨 퍼시픽가스&전기회사(PG&E)에 맞서 법정 싸움을 한 사람이다. 줄리아 로버츠가 주연을 맡은 영화 〈에린 브로코비치〉(2000)로 널리 알려졌다.

애리조나 여성 엑스포에서 연설하는 에린 브로코비치(2016)

사진: Gage Skidmore

　발단은 식수 오염이었다. 캘리포니아 남부 바스토우 가까이에 있는 힝클리 마을에서 주민들이 마시던 물이 6가크롬(Cr-6)에 오염된 것이다. 브로코비치를 비롯한 원고들이 소송에서 오염 원인으로 지목한 것은 1952년에 샌프란시스코만으로 연결되는 천연가스 파이프라인의 일부로 건설된 힝클리 압축스테이션이었다. 1952년과 1966년 사이에 PG&E는 부식을 막기 위해 냉각탑 시스템에 6가크롬을 사용했다. 그 폐수는 현장의 연못으로 배출됐는데, 일부가 지하수로 스며들어 발전소 근처 약 5.2제곱킬로미터 이내 지역에 영향을 미쳤다. 하지만 지역 수질관리위원회가

PG&E 부지를 규제 지역으로 정한 것은 1968년에 이르러서였다.

소송은 1996년 3억 3300만 달러에 합의됐다. 당시까지 미국 역사상 가장 큰 직접 소송 합의 금액이었다. 브로코비치가 법률 사무원으로 있던 법무법인은 합의금 중 1억 3,360만 달러를, 브로코비치는 250만 달러를 받았다.

2010년 캘리포니아 암 등록부가 발표한 연구 결과에 따르면 힝클리의 암 발병률은 1988년부터 2008년까지 크게 늘어나지는 않았다. 1996년부터 2008년까지의 조사에서 보고된 암 발생은 196건이었는데, 이 역시 인구 통계와 지역 암 발생률에 근거해 당초 예상했던 것보다는 적었다. 하지만 이 연구는 발병률을 너무 낮춰 잡았다는 비판을 받았다. 소송을 이끈 브로코비치는 뒤에 TV 진행자로 활동했고 컨설팅 회사를 이끌면서 석면 노출 피해자들을 옹호하는 활동을 했다.

기업이 일으킨 오염과 싸운 인물로는 마지 리처드(Margie Richard, 1941~)도 빼놓을 수 없다. 리처드가 태어나 자란 루이지애나주의 노코는 흑인들이 많이 사는 곳이다. 흑인 노예의 후손과 소작농 들이 대대로 살아왔고, 리처드의 집안도 4대째 거기서 살았다.

그의 집 바로 옆에는 1929년부터 운영돼온 셸 케미컬Shell Chemical 공장이 있었다. 이 공장과 역시 셸의 자회사인 모티바 정유 공장 사이에 위치한 네 개 블록에 천오백여 명의 주민들이 살았는데, 암 발병률이 높았으며 장애나 질병을 안고 태어난 아이들도 많았다. 이곳 아이들 3분의 1이 천식과 기관지염을 달고 살았다. 미시시피강 남쪽 계곡에 있는 노코 일대는 '암 계곡'이라는 별명이 붙었을 정도였다. 주민들은 셸 공장들에서 배출한 유독 물질 때문이라고 의심했지만 회사는 인정하지 않았다.

리처드에게 무엇보다 큰 충격을 준 것은 1973년의 폭발 사고였다. 셸 파이프라인에서 폭발이 일어나 집 한 채가 무너졌고, 잔디를 깎던 할머니와 열여섯 살 소년이 사망했다. 한 블록 떨어진 곳에 살던 리처드는 폭발음을 듣고 달려갔다가 처참한 죽음을 목격했다. 그가 도착했을 때 소년은 아직 살아있었으나 결국 숨졌다. 그 후로 리처드는 "필요하면 언제든 침대에서 뛰어나와 뛸 수 있도록 옷을 입고 자는 버릇이 생겼다."[96]

1988년 또다시 재해가 일어나 노동자 일곱 명이 숨졌고 독가스가 공기 중에 퍼져 나갔다. 중학교 교사였던 리처드는 이듬해 셸과 싸우기 위해 시민단체를 세웠다. 환경운동가, 과학자 들과 협력해 셸 공장에서 매년 화학물질이 대거 방출된다는 것을 입증한 보고서를 발표하고 미디어 캠페인을 조직했다. 독가스로부터 몸을 지켜야 한다는 것을 상징적으로 표현한 '버킷 시위'를 벌이는 동시에 지역 대학과 협력해 주민 교육 활동도 했다. 연방 정부 산하 환경보호청의 규제위원회에 주민 대표를 보내고 셸을 상대로 소송을 냈다. 셸의 본사가 있는 네덜란드의 국제환경회의에 참석해 항의하고 셸 공장의 배출 가스 보고서가 조작됐음을 밝혀냈다. 집단 소송에서는 패소했지만 2000년 셸로부터 유해 물질 배출을 30퍼센트 줄이고 오백만 달러의 기금을 만들겠다는 합의를 이끌어냈다. 이후 공장 주변 주민 대부분은 이 기금으로 보상을 받고 다른 지역으로 이주했다.

미국 환경운동가들은 이 싸움을 환경 정의의 역사에서 하나의 이정표가 된 사건으로 평가한다. 리처드의 효과적인 캠페인은 특히 환경 문제와 중첩된 인종차별과 싸우는 미국 전역의 활동가들에게 영향을 줬다. 《마이애미 헤럴드》의 탐사 저널리스트 로니 그린은 리처드의 싸움을 다룬 『한밤의 불^{Night Fire}』이라는 책을 펴냈다.[97]

'테러리스트'로 체포된 환경운동가

브로코비치나 리처드는 그나마 운이 좋았던 편이다. 알레타처럼 생명의 위협을 받거나 다른 많은 환경운동가처럼 감옥에 갇히지는 않았기 때문이다.

마리아 포론다(Maria Elena Foronda Farro, 1969~)는 페루의 수도 리마에서 태어나 북쪽의 항구도시 침보테에서 자랐다. 노동 전문 변호사였던 아버지의 영향을 받아 사회정의에 관심이 많았고, 멕시코에서 석사 학위를 받은 뒤 지역을 위해 일하려고 침보테로 돌아왔다.

페루는 세계 최대의 어분(魚粉) 생산국이다. 어분은 글자 그대로 물고기 가루인데 동물 사료나 비료를 만드는 데에 많이 쓰인다. 침보테는 어분 생산 공장이 늘어선 가난한 항구도시로, 공장의 70퍼센트가 주택가에 뒤섞여 있다. 이런 공장에서는 어류 찌꺼기, 혈액과 기름 같은 폐기물들을 여과 없이 주변 지역으로 흘려보내곤 한다. 냄새와 유해물이 공기를 통해 퍼지고, 주민들은 악취에 시달린다. 알러지와 피부병, 호흡기 질환은 흔하디흔하다. 배수 파이프가 막혀 도로로 역류하기 일쑤다. 하천도 쓰레기와 독성 물질로 넘쳐난다. 가난한 침보테 아이들은 그 물에 들어가서 물고기를 잡아 생계에 보탠다. 2003년 이 도시의 기대 수명은 페루 전국 평균보다 십 년 낮았다. 위생에만 문제가 생기는 것이 아니다. 침보테는 페루에서 가장 오염된 도시 중 하나다. 저인망 어업이 해양 생태계를 파괴할 뿐 아니라, 어분 생산에 쓰이는 끓는 물이 식지도 않은 채 바다로 나가기 때문에 연안을 따라 '데드 존'이 형성되곤 한다.

포론다는 환경단체 '나투라Natura'를 만들어 어분 업계의 생산 관행과 싸웠다. 상황을 개선해야 한다는 데 동의한 회사들과 파트너십을 맺어 조금이라도 더 친환경적인 방식으로 운영하도록 설득했고, 독성 폐기물을 줄이고 지역사회를 보호하는 쪽이 장기적으로 경제적 이익이 더 크다고 지방정부를 설득해서 규제를 강화했다. 기업의 환경 기준을 강화한 지역개발 계획을 만들고, 공장들이 친환경 기술에 투자하도록 이끌었다.

하지만 그의 활동이 순탄했던 것은 아니다. 포론다와 남편은 이 싸움을 하는 과정에서 1994년 징역 20년 형을 선고받았다. 충격적이게도 당국은 그에게 페루의 무장 게릴라 조직 '빛나는 길 Sendero Luminoso' 소속 테러리스트라는 누명을 씌웠다.[98] 어분 공장의 환경오염 실태를 비판했다는 이유로 이 정도로 높은 형량을 받았다니 놀랍기 그지없다. 이 사실이 알려지면서 국제기구들은 페루 정부와 사법당국에 거세게 항의하며 이들을 석방하라고 압박했다. 포론다는 감옥 안에서도 침보테의 환경을 오염시키는 이들과 싸울 전략을 세우고 세상의 지지를 얻어냈다. 그는 13개월간 갇혀 있다가 결국 조기 출소했다. 포론다의 사례에서 볼 수 있듯이 세계 곳곳에서 환경운동가들을 겨냥한 핍박이나 위협은 '안전하고 개발된 사회'에서 살아가는 사람들의 상상을 넘어설 때가 많다.

12 '배들의 무덤'에서 사람들을 구하라

리즈와나 하산

"매일 아침 치타공 해변에서는 일만 오천여 명이 그날 죽을 수 있다는 사실을 알면서도 출근한다. 열여섯 시간 교대제로 일하는 노동자들은 보호 장비도 안전 규정도 없이 외국에서 온 선박으로 들어가 선체를 손으로 분리한다. 배 안에서 그들은 금속과 가스, 석면, 납, 수은, 횃불에서 나오는 짙고 검은 연기와 마주한다." [99]

대양을 누비는 빌딩 크기의 거대한 선박들. 하지만 제아무리 거대한 배라 해도 오래 쓰다 보면 언젠가는 낡아 고철이 된다. 더 이상 탈 수 없는 배들, 그 거대한 쇳덩어리들은 어떻게 될까.

　25~30년을 항해하다 보면 배가 부식돼 더는 쓸 수 없게 된다. 그런 선박들은 위험 물질을 없앤 뒤 침몰시켜 인공 암초로 만들기도 하고, 선체를 개조해 창고나 저장 시설로 이용하기도 한다. 유명한 배들은 박물관으로 쓰이는 경우도 종종 있다. 하지만 그렇게 다시 이용되는 경우는 적고 대부분은 해체되기 마련이다. 선박 해체는 낡은 배를 부숴서 고철 등 재사용할 수 있는 부품을

회수하는 처리 과정을 말한다. 2020년 한 해 동안 세계에서 해체된 선박의 무게는 총 1,740만 톤에 이른다. 수명을 다한 이 배들이 마지막으로 향하는 곳은 인도, 방글라데시, 파키스탄, 터키 등지다.[100]

공식 명칭은 차토그람이지만 치타공이라는 옛이름으로 더 많이 불리는 방글라데시의 항구는 대표적인 '배들의 무덤'이다. 치타공의 선박 해체장은 영화 〈어벤져스: 에이지 오브 울트론〉에 등장하는 총격 장면의 배경 중 하나가 되기도 했다.

폐선장으로 전락한 천혜의 항구

치타공 구릉 지대와 벵골만 사이에 있는 카르나폴리강 하구에 위치한 치타공은 주민이 구백만 명에 육박하며, 수도 다카에 이어 방글라데시에서 두 번째로 큰 도시이자 경제 중심지다. 벵골만을 드나들던 아랍 무역상과 선원 들은 이미 9세기에 이 천혜의 항구에 상업 기지를 지었고, 뒤이은 유럽 세력은 수백 년 동안 치타공을 인도 아대륙으로 들어가는 관문 중 하나로 삼았다. 포르투갈이 맨 먼저 치타공에 유럽 식민지를 만들었지만 1760년 영국 동인도회사가 점유하면서 수탈의 역사가 본격화됐다. 제2차 세계대전 때에는 일본군에 맞서 버마 전투에 나선 연합군의 기지로 쓰였다. 파키스탄이 인도에 앞서 영국으로부터 독립해 독자적인 공화국을 세운 뒤 치타공은 파키스탄에 속하게 됐다. 그러나 동서로 갈라져 있던 파키스탄에서 격렬한 내전이 벌어졌고, 그 결과 1971년 동파키스탄이 독립해 방글라데시가 됐으며 치타공은 방글라데시에 속하게 됐다.

벵골만에서 가장 붐비는 국제 항구이고 증권거래소가 있으며 철도의 기착점이기도 하지만 이 도시가 방글라데시에서 경제적으로 중요한 것은 바로 선박 해체 산업 때문이다. 과거 파키스탄을 동서로 분리시킨 내전 때 서파키스탄(현재의 파키스탄) 배가 치타공 앞바다에서 폭격당했는데, 지역 회사가 1974년 이 배를 사들여 해체했다. 이 일은 배에서 고철을 빼내는 일이 '돈이 된다'는 사실을 확인하는 계기가 됐다. 그것이 치타공 선박 해체 산업의 시작이었다.

그러나 선박 해체는 환경 측면에서나 노동환경 측면에서나 위험하고 열악한 산업으로 꼽힌다. 특히나 치타공의 폐선장은 아동노동과 재해, 환경 파괴로 악명 높았던 곳이다. 지역 시민단체가 "매주 한 명씩 노동자들이 숨져 나간다."고 비판할 정도였다.[101] 덴마크 선사 머스크Maersk와 독일의 하파그-로이드Hapag-Lloyd 등은 비난이 잇따르자 2014년 이곳에서의 선박 해체를 중단했다.

배들이 조각조각 분해되는 과정에서 땅과 바다는 석면, 폴리염화바이페닐(PCB), 납, 카드뮴, 비소 같은 독성 물질에 오염되기 일쑤다. 폐선장의 소유주들은 노후 선박에서 뜯어낸 폐자재들, 특히 고철을 도로에 늘어선 거대한 시장에서 재판매한다. 광물 매장량이 적은 방글라데시는 철재의 20퍼센트를 치타공 폐선장에서 나온 것으로 충당하는 것으로 추산된다. 하지만 이만 명에 이르는 해체 노동자들에게 돌아가는 몫은 많지 않다. 그 가운데 상당수는 십 대 초중반의 아이들이며 이 어린 일꾼들이 받는 일당은 1~2달러에 불과하다. 안전 장비나 감독은 충분치 않고, 형편없는 숙소에 살면서 힘든 일을 하다 다쳐도 병원에서 제대로 치료받기 힘든 형편이다.

치타공의 사람들을 위한 싸움

여성 변호사 리즈와나 하산(Rizwana Hasan, 1968~)은 스물네 살에 로스쿨을 나와 공익 법률 회사 방글라데시 환경변호사협회(BELA, Bangladesh Environmental Lawyers Association)에 합류했다. 선박 해체 산업에서 벌어지는 환경과 노동 문제에 눈뜬 하산은 치타공의 주민과 노동자 들을 대신해 싸움을 시작했다.

　　부자 나라나 거대한 기업 들이 인체에 해로운 성분이 포함된 쓰레기를 불법적으로 가난한 나라에 떠넘기는 것을 막기 위해 국제사회는 협약을 만들었다. 1987년 채택된 바젤협약(Basel Convention)이다. 2003년 하산은 바젤협약에 규정된 대로 독성 물질이 없음을 증명하지 않으면 노후 선박이 입항하지 못하게 하고, 정부 당국이 환경보호 기준을 만들어 시행하지 않는 한 선박을 해체하지 못하게 하는 탄원서를 법원에 냈다. 2006년에는 그린피스와 함께 '위험 선박'으로 분류된 외국 배 두 척의 입항을 막는 운동을

리즈와나 하산
출처: 골드만 환경상 웹사이트

벌였다. 압박에 밀린 환경부와 대법원은 '무덤'에 들어오려던 두 배를 되돌려 보냈다. 대법원은 잇단 소송에서 "정부가 위험 선박의 입항을 막는 규정을 만들어야 한다."고 판결했다. 하지만 정부가 내놓은 대책은 구속력 없는 것들뿐이었다.

2008년 또 다른 '위험 선박'이 당국의 허가 속에 입항했다. 폐선을 기다리던 대형 유조선 MT엔터프라이즈호로, 그린피스가 '위험 선박 50척' 명단에 올리고 운항 경로를 감시해온 배였다. 환경변호사협회는 다시 법원에 입항 금지 소송을 냈다. 환경부에 따르면 당시 치타공의 폐선장 가운데 36곳이 환경 기준을 어긴 '적색 작업장'이었다. 복잡한 법정 다툼 속에서 MT엔터프라이즈는 결국 치타공의 시타쿤다 해안에 도착했고 해체가 시작됐다.[102]

그러나 하산의 싸움은 실패로 끝나지 않았다. 법원은 해체업체에 환경 파괴에 따른 벌금을 물렸고, 이미 시작된 해체 작업을 중단시켰다. 방글라데시 사법 사상 처음으로 환경오염자에게 벌금형이 내려진 것이다.[103] 2009년 3월 법원은 환경 기준을 지키지 않는 폐선장들을 모두 폐쇄하도록 환경부에 명령했고 유독 물질이 없음을 입증하지 못한 배들을 입항 금지시켰다.[104] 또 정부 당국이 폐선장의 노동자를 보호하고 부상이나 사망에 적절히 보상해주도록 보장할 것을 명령했다.

"우리 해안은 부국의 쓰레기장이 아니다."
그해 골드만 환경상을 받은 하산은 "외부 세계가 방글라데시를 쓰레기 투기 장소로 생각하지 않기를 바란다."면서 "그것은 나의 존엄성과 국가의 존엄성, 국민의 존엄성에 어긋난다."고 말했다. 하지만 바젤협약에도 불구하고, 부자 나라들은 여전히 가난한 나라의 땅과 물을 쓰레기 투기장으로 삼고 있다. 통계 사이트 월

상선들이 정박하는 치타공 항구의 저녁

드카운츠닷컴에 따르면 세계에서 해마다 쏟아져 나오는 쓰레기는 이십억 톤이 넘는다. 미 외교협회(Council on Foreign Relations)가 2020년 5월 내놓은 자료를 보면 그중 국가 간 거래로 국경을 넘은 쓰레기의 규모가 전체의 10분의 1에 해당하는 이억 톤이다.[105] 부국들은 주로 임금이 싸고 환경 규제가 약한 개발도상국에 재활용 명목으로 쓰레기를 내보낸다. 버려진 휴대전화와 개인용 컴퓨터 등 '전자 쓰레기(e-waste)'는 서아프리카의 해안으로, 폐플라스틱은 아시아 국가들로 가는 식이다.

당국이 치타공의 선박 해체업에 규제를 가하고는 있지만 아시아의 항구들이 배들의 무덤이라는 상황에는 변함이 없다. 인도 구자라트주의 알랑 항구는 치타공을 능가하는 세계 최대의 폐선장이다. 인도에는 알랑 외에도 뭄바이, 콜카타, 아지칼 등 여러 항구에 선박 해체장이 있다. 해마다 약 1,000척의 배가 해체되는데 그 가운데 30퍼센트가 인도의 폐선장에서 철재로 다시 태어난다.

인도, 방글라데시, 중국, 파키스탄을 합치면 세계 선박 해체의 약 90퍼센트를 차지하며 거기에 종사하는 사람이 22만 5천 명에 이르는 것으로 추산된다. 인도 정부는 2019년 이 산업을 더 키우기 위해 〈선박재활용법Recycling of Ships Act〉을 개정했다.[106] 2020년부터 2021년 사이에 코로나19가 번지면서 정부가 방역을 위해 봉쇄 조치를 취하는 바람에 한때 알랑의 폐선장들이 문을 닫기도 했지만, 팬데믹의 영향으로 크루즈 업체들이 운항을 줄이는 바람에 해체되는 배들이 늘어나 오히려 작업량은 많아졌다.[107]

하산도 아시아 국가들이 경제적인 이유로 떠맡고 있는 선박 해체라는 산업 자체를 반대하지는 않는다. 그저 더 안전하고 깨끗하게 이뤄지기를 바랄 뿐이다. 대법원과 정부로부터 유효한 판결과 규제 약속을 이끌어낸 뒤 오히려 그의 활동은 더욱 확대됐다. 습지 보존, 상업적 새우 양식 규제, 숲 보호 같은 활동과 대기오염을 막는 일에서 법률 지원을 하는 일이다. 일례로 대기오염의 경우, 방글라데시는 〈2019년 세계 대기질 보고서〉[108]에서 PM2.5 미세먼지 오염이 세계에서 가장 심각한 나라로 기록됐다. 환경단체들은 다카를 비롯한 대도시의 대기질을 높이기 위해 청정공기법 제정 운동을 벌이고 있으며, 하산은 환경변호사협회의 변호사들과 함께 이를 법적으로 뒷받침하고 있다.[109]

2020년 섬유 업체 막슨스 그룹Maksons Group이 치타공 부근 습지에 지어진 산업단지에 방적공장을 세운 뒤 지하수 남용 문제가 불거졌다. 하산은 물이 부족해진 주민들 편에 서서 지하수 채취

를 막기 위한 싸움도 함께하고 있다.[110]

기후 위기는 곧 인권의 위기

세계의 지도자들이 유엔 기후변화협약 25차 당사국회의(COP25)에 참석하기 위해 스페인 마드리드에 모였던 2019년 12월, 미국 뉴욕의 유엔 본부 앞에서 기후 대응을 촉구하는 시위가 열렸다. 당시 열여섯 살이었던 레베카 사브남(Rebeca Sabnam)이 연단에 올랐다. 방글라데시 출신 미국인인 그는 이렇게 말했다. "나는 방글라데시 출신이다. 방글라데시는 기후 비상사태가 인종적 정의, 빈곤과 얼마나 관련 깊은지를 보여주는 나라다. 기후 위기는 환경 문제일 뿐 아니라 시급한 인권 문제이기도 하다. 방글라데시 여성들은 기후 위기로 인해 더 늘어난 이주와 인신매매에 매우 취약하다."[111]

인구 일억 칠천만 명, 1인당 실질 GDP 이천육백오십 달러.[112] 한국보다 조금 넓은 땅에 더 많은 인구가 살고 있는 방글라데시는 저개발국의 대명사처럼 인식돼 있다. 치타공과 하산의 이야기가 나온 김에, 사람은 많고 인프라는 부족하고 기후변화의 영향은 점점 심해져가는 방글라데시를 좀 더 들여다보자.

기후변화로 세계의 해수면이 올라가면 저지대 거주지들이 물에 잠길 것이라는 경고가 많이 나온다. 그중 특히 큰 피해를 입을 것으로 예상되는 나라가 방글라데시다. 14만 7,570제곱킬로미터 면적의 이 나라는 여러 강이 얽혀 범람하는 비옥한 평원으로 이뤄져 있다. 그런데 국토 면적의 3분의 2가 해발 오 미터 미만의 저지대고 인구의 30퍼센트 가까이는 해안에 살고 있다. 현지 환경단체 환경정의재단(EJF, Environmental Justice Foundation)에 따르면 2050년까지 이 나라의 해수면은 오십 센티미터 상승할 것으로 예상되는데, 그렇게 되면 방글라데시 국토의 11퍼센트가 사라지며 저지대 해안에 사는 약 천오백만 명이 그 영향을 받게 된다. 이미 지금도 연안 하천과 지하수가 소금물에 오염돼 주민들의 건강을 악화시키고 있다. 토양이 염화되면서 방글라데시 경제의 버팀목인 농업도 심각한 영향을 받고 있다. 해마다 이 나라에 들이닥치는 사이클론은 점점 횟수가 늘고 강해지고 있다. 그런가 하면 히말라야에서부터 흘러오는 빙하 녹은 물이 갑작스럽게 홍수를 일으킨 뒤 가뭄이 찾아오는 식으로 비와 물의 흐름도 변하고 있다. 강우 패턴이 바뀌면서 건조한 북서부 지역에서는 농업이 점점 힘들어지고 있는데 이런 현상은 앞으로 더 늘어날 것으로 예상된다.

여성들은 기후변화의 영향을 가장 먼저 받는다. 1991년 초대형 사이클론이 들이닥쳐 무려 십사만 명이 숨졌는데, 그중 90퍼센트가 여성이었다. 재난을 겪고 삶터를 잃은 사람들은 다른 곳으로 옮겨갈 수밖에 없다. 수도 다카를 비롯한 도시 빈민의 절반은 환경 변화로 인해 농촌을 떠나 이주한 사람들로 추정되는데, 특히 여성들은 사브남이 지적했듯이 이주 과정에서 인신매매 위험에 처할 때가 많다. 방글라데시에 이웃한 인도 뭄바이의 성매매 업소로 팔려 가는 여성이 많다고 현지 단체들은 지적한다.[113] 2022년 8월 파키스탄에 대홍수가 일어났을 때에도 비슷한 우려가 나왔다. 유엔 인도주의 업무 조정국(OCHA)은 치안이 나빠지고 사회 보호 메커니즘이 재난으로 붕괴되면 여성과 소녀들은 성폭력과 폭력을 당할 위험이 더 커진다고 경고했다.[114]

누가 귀 기울일 것인가

2024년 8월, 오랜 철권 통치로 국민들을 억압해온 방글라데시의 셰이크 하시나(Sheikh Hasina) 총리가 결국 대규모 반정부 시위에 밀려 국외로 도피했다. 아시아의 인구 대국 중 하나인 방글라데시는 혼란이냐 안정이냐의 기로에 서게 됐다.

1947년 인도에서 갈라진 파키스탄이 영국으로부터 독립을 선언했다. 하지만 인도를 사이에 두고, 이 신생국가는 서파키스탄과 동파키스탄으로 국토가 분리돼 있었다. 쫓겨난 하시나는 독립 직후에 동파키스탄에서 태어났다. 동파키스탄은 1971년 격렬한 내전을 거쳐 방글라데시라는 또 하나의 새로운 나라로 독립하게 된다.

현대 방글라데시의 역사는 하시나를 빼고는 설명할 수 없다. 1996년부터 2001년까지 한 차례 총리를 지냈고, 잠시 정권을 빼앗겼다가 2009년부터 2024년까지 다시 총리를 맡았다. 두 임기

셰이크 하시나 전 방글라데시 총리

에 걸쳐 근 20년을 집권했던 것이다.

　파키스탄의 베나지르 부토(Benazir Bhutto)나 미얀마의 아웅
산 수지(Aung San Suu Kyi)처럼 그 역시 2세 정치인이었다. 초대 대
통령 셰이크 무지부르 라흐만(Sheikh Mujibur Rahman)의 맏딸로서
1981년부터 아와미 리그^{Awami League}라는 정당을 이끌었다. 하지만
재임 기간 내내 논란이 끊이지 않았다. 국경없는기자회는 하시나
총리가 '디지털 보안법'을 만들어 언론에 재갈을 물렸다고 규탄
했고, 세계 은행은 그의 관료들이 철교를 만들 돈도 다 떼어먹었
다며 대출금을 회수했다. 인도는 그의 아들이 힌두교도를 겨냥한
폭력 선동에 관여하고 있다고 비난했다.

하지만 말 많고 탈 많은 하시나의 목소리가 부쩍 커질 때가 있었다. 사브남이 뉴욕에서 방글라데시의 기후변화 피해에 대한 관심을 호소한 뒤 이 년이 지난 2021년 11월, 영국 글래스고에서 COP26이 개막했다. 하시나 총리는 그 회의에 참석해 부자 나라 지도자들을 향해 탄소 배출량을 줄이는 동시에 개도국들의 '탈탄소화'를 돕기로 한 약속을 지키라고 촉구했다. 그가 개도국, 빈국 들을 대표해 나섰던 것은 방글라데시가 기후변화로 부자 나라들보다 훨씬 많이 타격받는 '기후취약국포럼(CVF, Climate Vulnerable Forum)'의 주축이기 때문이었다.

세계의 시선은 글래스고 회의에 앞서 이탈리아 로마에서 열린 주요 20개국(G20) 정상회의에 쏠렸지만, G20보다 덜 알려진 V20이라는 그룹이 있다. 기후변화에 취약한 20개국을 가리키는 말이다. 세계은행에 따르면 2050년까지 기후 위기로 이억 명이 국내를 떠도는 유민이나 나라 밖으로 탈출한 난민이 될 것으로 보인다. 빈곤국 농촌 인구의 3분의 2는 강우 패턴이 바뀌고 기온이 올라가 고통받을 것이다. 이미 사막화와 기상재해로 먹을 것조차 부족하게 된 사람들이 사천백만 명에 이른다. 이를테면 미군이 철군하며 재난상이 부각된 아프가니스탄의 경우 정치적 혼란에 가뭄이 더해져 주민들이 굶주리고 있다. 인구 95퍼센트가 끼니를 챙겨 먹지 못하는 것으로 추정된다.

'기후변화'에서 '기후 위기'를 거쳐 이제는 '기후 재앙'이라는 말이 더 많이 쓰일 만큼 위기의 강도와 문제의식은 높아지고 있다. 최근 몇 년 사이의 화두는 '기후 정의'다. 오염은 부자 나라와 기업 들이 만들고 그 피해는 가난한 나라와 그곳에 사는 사람들이 뒤집어쓰는 현실을 바꾸자는 것이다. 조 바이든 미국 대통령이 내세운 그린 뉴딜도 미국 내 기후 정의를 바로세우는 것을 주된 목표로 잡고 있다.

이미 오래전부터 취약한 나라들은 부자 나라들이 기후 대응을 지원해야 한다고 요구했다. 그래서 2009년 덴마크 코펜하겐 당사국총회 때 부국들은 "향후 십 년간 개도국에 해마다 천억 달러씩 지원한다."고 합의했으나 약속을 지키지 않았다. 그해 몰디브 등이 주창해 기후취약국포럼을 만들었으나 가라앉아가는 섬나라들의 힘없는 외침일 뿐이었다. 2015년 몰디브와 필리핀, 에티오피아, 방글라데시 등은 페루 리마에 모여 V20을 결성하고 공동 대응을 선언했다. 여기에 23개 나라가 더 가세해 이 모임은 총 43개국으로 커졌다. 그러고 나니 옵서버가 늘었다. 중국, 러시아, 인도, 남아프리카공화국, 멕시코, 나이지리아 같은 '거대 개도국'들은 물론이고 호주, 일본, 카타르에 프랑스, 독일, 노르웨이, 스웨덴 등 유럽국들도 옵서버로 이름을 올렸다. 미국과 한국 역시 옵서버다.[115]

기후 난민이 될지 모르는 사람들을 위해 방글라데시처럼 기후재앙을 눈앞에 둔 국가가 싸워야 하는 상대는 미국을 비롯한 강대국의 지도자들이다. 그러나 그들은 위험에 놓인 빈국 사람들의 호소에 도통 귀를 기울이지 않는다. 그나마 바이든 대통령은 글래스고 회의에 각료급 인사들을 대거 대동하고 참석했지만 중국의 시진핑 주석은 참석하지 않았고 러시아의 블라디미르 푸틴 대통령도 불참했다.

　사실 따지고 보면 방글라데시 정부도 비난을 피해 가기는 힘들다. 2016년 댐 건설 때문에 벵골만 저지대의 순다르반스에 있는 맹그로브 숲이 망가질 것으로 보이자 주민과 환경단체들은 평화 행진으로 시위했다. 당국은 탄압으로 일관했다. 페이스북에서 하시나 총리의 환경 정책을 비판한 딜립 로이라는 활동가는 무려 징역 14년 형을 선고받았다. 밖에 나가서는 환경 정의를 외치면서 안에서는 같은 슬로건을 내세운 시민들을 억압하는 것이 방글라데시 정부의 두 얼굴이었다.[116] 비민주적인 정부가 집권하고 있는 개발도상국에서 빈번히 일어나는 일이다.

13

호수를 지키는 여성들

마리나 리흐바노바, 베라 미셴코, 갈리나 체르노바

바이칼Baikal은 러시아 시베리아 남부 이르쿠츠크 근방에 있는 호수다. 담겨 있는 담수의 양은 이만 삼천 세제곱킬로미터로 세계에서 가장 많다. 북미 오대호의 담수량을 모두 합친 것보다도 많다. 이 호수에 저장돼 있는 물의 양이 전 세계 담수량의 20퍼센트에 이른다고 한다. 가장 깊은 곳은 수심이 1,642미터로 세계에서 가장 깊은 호수다. 이천오백만 년도 더 전에 형성된, 세계에서 가장 오래된 호수이기도 하다. 당연히 호수에 기대어 살아가는 동식물과 토착민도 많다. 생물종의 보고인 이 호수를 '러시아의 갈라파고스'라 부르는 이들도 있다.

멀리 서쪽 모스크바에서 온 탐험가들이 이 호수를 찾은 것은 17세기로 거슬러 올라가지만 러시아 제국에 본격적으로 통합된 것은 19세기 후반부터 20세기 초에 시베리아철도가 개통되면서다. 바이칼호의 남서쪽을 지나는 철도 구간을 지을 때 이백 개의 다리를 잇고 서른세 개의 터널을 지어야 해서 건설에 수년이 걸렸다고 한다. 러시아혁명이 일어나고 여러 해 동안 내전이 벌어졌을 때에는 이 얼어붙은 호수에서 혁명에 반대하는 백군과 혁명

얼어붙은 바이칼 호수

세력 적군 간에 치열한 전투가 벌어지기도 했다.

유네스코 자연유산이자 에코투어리즘의 명소인 바이칼 호수는 그 환경적 중요성이 큰 만큼 환경 파괴 위협도 숱하게 받아왔다. 옛 소련의 공업 계획이 한창 진행되던 1950년대 이래로 유독성 폐기물이 호수로 흘러 들어갔다. 녹조가 생기고 물고기들이 죽었다.

"송유관 건설을 막아라"

1966년에는 이곳에 바이칼스크^{Baykalsk} 제지소가 생겼다. 엄혹한 전체주의 시절이었음에도 과학자들은 반대하고 나섰다. 하지만 공장은 세워졌고, 공장에서 흘러나온 유독 물질이 호수를 오염시켰다. 이후 잠시 문 닫았던 제지공장을 2008년 블라디미르 푸틴 당시 총리가 법까지 바꿔가며 재가동시켰다. 정치 쇼에 능숙한 푸틴은 2009년 잠수정을 타고 호수에 내려갔다 온 뒤 "내 눈으로 봤는데 바이칼은 깨끗하다."면서 이듬해 공장을 다시 돌리라고 지시했다.[117] 공장은 수익성이 낮아 사 년 만인 2013년에 파산해버렸다.

무엇보다 우려를 낳은 것은 국영 석유 수송 회사 트란스네프트^{Transneft}의 동시베리아-태평양 송유관이었다. 2002년 러시아 정부는 세계에서 가장 긴 송유관을 짓겠다고 발표했다. 삼 년 뒤 트란스네프트가 공개한 계획에 따르면 시베리아 동부에서 태평양 연안까지 이어지는 4,130킬로미터의 파이프라인은 바이칼 호수 바로 곁을 지나게 돼 있었다. 호수에서 일 킬로미터도 떨어지지 않은 곳을 통과하는 파이프라인에서 기름이 새어 나오면 곧바로 호수를 더럽힐 게 뻔했다. 다행히도 환경단체와 주민 들의 거센 반대에 부딪쳐 송유관 경로는 멀리 떨어진 쪽으로 바뀌었다. 이는 시베리아의 풍광만큼이나 척박한 러시아 환경운동의 소중한 성과로 꼽힌다.

마리나 리흐바노바(Marina Rikhvanova, 1961~)는 이 모든 싸움의 중심에 선 인물이다. 생태학자인 그는 대학 시절부터 바이칼의 생태에 관심을 쏟아왔다. 바이칼스크 제지 공장 때문에 일어나는 환경오염에 대해 논문도 썼다. 소련이 흔들리고 국가의 통제가 약해진 1990년에는 바이칼생태웨이브(BEW, Baikal Environmental Wave)라는 환경단체를 만들고 제지 공장에 맞서는 시민운동을 조직했다.

동시베리아 송유관 건설 계획이 발표되자 그는 이르쿠츠크 시민들과 함께 항의 시위를 하고 환경운동가들을 결집시켰다. 그의 호소는 국제적인 반향을 불러일으켰고 송유관에 반대하는 서명에 이만 명이 동참했다. 2006년 4월 푸틴은 한발 물러서 노선을 호수에서 떨어진 곳으로 바꾸라고 지시했다.

마리나 리흐바노바
출처: 골드만 환경상 웹사이트

바이칼을 위협하는 핵폐기물

리흐바노바의 다음 싸움은 앙가르스크Angarsk 우라늄 저장소였다.
이르쿠츠크로부터 삼십 킬로미터, 바이칼 호수로부터는 오십 킬
로미터가량 떨어진 앙가르스크에는 1950년대에 지어진 전기화
학공업단지가 있다. 그 안에는 옛 소련 핵 프로그램의 핵심인 우
라늄 농축 시설이 있다. 2007년 핵연료 사이클을 현대화하라는
푸틴 대통령의 지시에 따라 국제우라늄농축센터(IUEC, Interna-
tional Uranium Enrichment Centre)가 설립됐다. 소련에서 독립한 아르
메니아와 우크라이나, 카자흐스탄 등이 여기에 합류했다. 국제원
자력기구(IAEA, International Atomic Energy Agency)와 협력해 가동되
는 센터다.[118]

하지만 핵무기 확산을 막는 데 초점을 맞춘 국제원자력기구의 관심사와 바이칼 호수 주변 사람들의 우려는 다를 수밖에 없다. 러시아 정부는 핵발전용으로 판매할 농축 우라늄을 생산하기로 했지만 우라늄이 농축되면 방사능 물질의 10퍼센트만 '고객'들에게 전달되고 90퍼센트는 폐기물로서 앙가르스크에 남게 된다. 러시아는 돈을 받고 다른 나라의 방사능 물질을 가져다가 보관해주는 세계에서 유일한 나라다. 리흐바노바는 이 위험한 '산업'에 반대하여 모스크바로 가서 시위를 벌였고, 앙가르스크에 캠프를 열어 천막 농성을 했다.[119] 하지만 거센 반대에도 불구하고 우라늄 저장소는 결국 2010년 완공됐다.

바이칼에서 러시아 전체로 시선을 돌려보면, 소련이 무너지고 민영화와 자본주의로의 개혁이 진행되던 1990년대 내내 자원 채취와 환경 파괴가 러시아 전역에서 마구잡이로 진행됐다. 석유와 천연가스가 묻혀 있는 흑해와 카스피해는 서방 기업과 옛 소련 에너지 회사 들의 치열한 각축장이 됐다.

변호사 베라 미셴코(Vera Mischenko)는 1991년 러시아 최초의 공익법센터인 '에코주리스Ecojuris'를 만들었다. 환경 법규를 분석하거나 제안하고, 환경법과 관련된 데이터베이스를 만들고, 기업이나 외국인 투자자에게 환경 규제 컨설팅을 했다. 핵무기 실험의 피해를 입은 군인들을 대신해 국방부를 상대로 소송을 내기도 했다.

미셴코와 에코주리스는 경제를 키우는 데에 혈안이 된 러시아 정부가 다국적 에너지 기업의 시추와 채굴 때 환경영향평가를 면제해준 것에 항의하여 1999년에 소송을 냈다. 미국 석유 회사 엑손이 시추하면서 유독성 폐기물을 해양에 투기하는데도 러시아 정부는 엑손 편만 들었고 바다는 더럽혀지고 있었다. 미셴코는 삼 년 전 만들어진 새 민법을 싸움의 도구로 활용했다. 환경 파괴로 피해를 입고 있거나 입을 가능성이 높은 시민들이 민법을 이용해 피해를 막거나 보상받을 길을 연 것이다. 미셴코의 소송은 큰 관심을 끌었고 러시아 하원 국가두마도 동조했으며 대법원은 엑손에 환경영향평가를 요구하는 판결을 내렸다. 다국적 기업의 이해관계가 깊이 얽혀 있는 상황에서 시민들이 거둔 중요한 승리였다.[120]

카스피해가 위험하다

바이칼의 담수량은 어떤 호수보다도 많지만, 면적으로 보면 31,000제곱킬로미터로 세계 호수 가운데 일곱 번째다. 그렇다면 가장 큰 호수는 어디일까? 중앙아시아와 유럽이 만나는 곳에 있는 카스피해다. 러시아와 이란, 카자흐스탄, 아제르바이잔, 투르크메니스탄 5개국에 둘러싸여 있고 면적은 38만 제곱킬로미터가 넘는다. 남북으로 길이가 최장 천이백 킬로미터에 달하고 폭은 평균 잡아 삼백이십 킬로미터에 이른다. 이름에 '바다'가 붙어 있는 것에서 알 수 있듯이, 원래 바다였는데 서쪽이 막히면서 호수가 된 곳이다. 그래서 이곳 물은 담수가 아닌 1.2퍼센트 농도의 소금물이다. 고대의 기록들에는 바다로 묘사돼 있고, 주변 지역에서 발견된 암각화 중에는 고래가 그려진 것들도 있다.

북으로는 유럽에서 가장 긴 볼가강이, 서로는 러시아의 자치공화국인 다게스탄의 사무르강이 카스피해로 흘러들어간다. 특히 볼가강에서 오는 물의 양이 카스피해로 흘러드는 강물 양의 80퍼센트를 차지한다. 볼가와 사무르강이 카스피와 만나는 삼각주 일대의 저지대 숲에는 희귀 토착 식물들이 많다. 또 카스피해 연안을 따라 건조한 중앙아시아 토질에 적응한 식물들이 군락을 형성하고 있다.

카스피거북, 얼룩홍합, 카스피물범 등 토착 동물도 많다. 카스피물범은 백 년 전만 해도 백만 마리가 넘었는데 지금은 그 10분의 1도 안 되는 수로 줄었다. 또 하나 중요한 생물종은 벨루가를 비롯한 철갑상어다. 사실 한국에서 카스피해는 지리나 생태환경보다는 철갑상어알을 절인 캐비어로 유명하다. 특히 벨루가 철갑상어는 세계에서 가장 큰 민물 어류로 꼽히지만 남획으로 위기를 맞고 있다. 당국이 규제한다 해도 캐비어 가격이 워낙 비싸니 어민들이 관리들에게 뇌물을 주고 불법으로 조업하는 일이 비일비재하다. 캐비어 수확은 번식하는 암컷을 대상으로 하기 때문에 철갑상어의 종 보존에 더욱 위협적이다. 세계자연기금(WWF, World Wide Fund for Nature)은 카스피해 철갑상어 숫자가 3세대 만에 10퍼센트 이하로 줄었다고 2016년 발표했다.[121] 환경단체들은 마릿수가 충분히 늘어날 때까지 철갑상어 조업을 완전히 금지해야 한다고 주장한다.

아시아 치타는 한때 드넓은 유라시아 평원에서 카스피해까지 오갔지만, 지금은 이란에만 남아 있을 뿐이다. 아시아 사자도 마찬가지로 인도에만 조금 남았다. 카스피 호랑이, 페르시아 표범 등도 서식지가 중앙아시아와 이란의 극히 일부 지역으로 줄었다.

수질 오염, 토지 매립, 수위 변화 등은 카스피해 주변 식생에 악영향을 준다. 21세기 동안에 기후변화로 증발이 빨라지고 주변이 사막화돼 수위가 9~18미터 낮아질 것으로 보인다. 아제르바이잔 과학아카데미의 최근 연구는 해수면이 매년 육 센티미터 이상 내려가고 있는 것으로 추산했다.[122]

화석연료 산업도 카스피해를 위협하는 요인 중 하나다. 미국 에너지정보국(EIA, Energy Information Administration)은 카스피해 일대에 4,800억 배럴의 석유와 팔조 삼천억 세제곱미터의 천연가스가 매장돼 있는 것으로 추정한다.[123] 이 지역 자원 개발의 역사는 오래됐다. 현재 아제르바이잔의 수도인 바쿠 근처 비비-헤이바트만에서 1846년 세계 최초의 기계식 연안 유정이 뚫렸고, 1873년부터 러시아의 탐사와 개발이 본격화됐다. 19세기 말에 바쿠는 '검은 금의 수도'로 알려져 숙련공과 기술자 들이 몰려들었다. 1900년 바쿠에는 삼천 개가 넘는 유정이 있었다. 소련 볼셰비키 정권은 1920년 아제르바이잔을 점령한 뒤 유정과 정유 공장 등을 모두 국영화했다. 1940년대 초반까지 아제르바이잔은 소련 전체 산유량의 70퍼센트 이상을 차지했다.

1990년 소련의 붕괴는 독립국가들의 탄생과 시장 개방을 낳았고 외국 석유 회사들이 쏟아져 들어갔다. 카스피해 지역은 에너지 러시의 중심이 됐다. 카스피 연안 국가들은 당연히 이곳의 에너지 자원을 중시한다. 5개국 모두 해군력을 배치해두고 있고 곳곳에서 영해의 경계를 둘러싼 분쟁이 이어진다.

협력과 경쟁의 그늘에서 새와 나무, 물고기가 살 곳은 점점 줄어든다. 바쿠 앞에는 다슈지라 혹은 불프라고 불리는 섬이 있는데 석유 화학 산업이 커지면서 물새들이 크게 줄었다. 카스피해 전역에 지어졌거나 지어지고 있는 해저 송유관과 가스관도 걱정거리다.

채굴에서 벌어지는 오염도 문제지만, 석유와 가스를 파내는 데는 물이 많이 필요하다. 그래서 카스피로 들어가는 강들 곳곳에 댐이 지어졌고, 이 또한 생태계에 해를 끼쳤다. 볼가강 하류 지역이 급격히 발전하면서 오염 물질이 대거 방출되기도 했다. 석유 채굴과 정제, 연안 유전과 원전에서 나오는 방사성 폐기물, 볼가강의 하수와 산업폐기물 모두 카스피에 엄청난 생태적 부담을 지우고 있는 것이다.

다행히 이런 문제들을 둘러싼 고민과 해법을 찾으려는 노력이 강화되고 있다. 2003년 연안 5개국은 '카스피해 해양환경 보호를 위한 기본 협약(Framework Convention for the Protection of the Marine Environment of the Caspian Sea)'을 체결했다. 일명 테헤란협약(Tehran Convention)이라 불리는 이 협약은 2006년 8월 발효됐다. 예방의 원칙, 오염자 부담 원칙, 정보 교환과 정보 접근 등을 규정한 기본 규칙이다. 코피 아난(Kofi Annan) 당시 유엔 사무총장은 카스피해 주변 수억 명의 건강과 생계에 도움이 될 "획기적인 협약"이라고 평가했다. 테헤란협약에 따라 기름 오염에 대비한 악타우 의정서(Aktau Protocol), 육지 오염을 막을 모스크바 의정서, 생물 다양성을 지키기 위한 아슈가바트 의정서(Ashgabat Protocol) 등 보조 의정서들이 만들어졌다.[124] 하지만 환경 파괴를 막기에는 역부족이다. 정부의 약속보다는 기업의 이익이 더 큰 힘을 발휘할 때가 적잖기 때문이다. 국제 비영리기구 위키리크스는 2010년 미국 국무부의 외교통신문들을 입수, 공개해 세계에 파문을 일으켰다. 당시 폭로된 것 중에는 영국 석유회사 BP가 2008년 9월 카스피해의 아제르-치라그-구네시(Azeri-Chirag-Guneshi) 가스전에서 발생한 가스 누출과 폭발 사고를 은폐했다는 내용도 들어 있었다.[125]

갈리나 체르노바(Galina Chernova)는 카스피해 지키기에 나선 카자흐스탄 저널리스트이자 환경운동가로, 다국적 기업이 환경에 미치는 영향을 파헤쳐왔다. 소련 시절 지역 환경보호국에서 잡지 만드는 일을 하면서 1980년대 초부터 환경 문제에 관심을 가져왔다. 처음에 그는 정유 공장 때문에 일어나는 대기오염을 가장 걱정했지만 문제의식은 점점 폭넓게 뻗어나갔다. 옛 소련 지도자 미하일 고르바초프(Mikhail Gorbachev)가 1980년대 후반에 '페레스트로이카perestroika'로 흔히 알려진 개혁과 개방 정책을 펼치면서 이전보다 환경 관련 정보들을 얻기 쉬워진 것도 영향을 미쳤다. 그러나 체르노바는 페레스트로이카가 "자연에 대한 인간의 야만적인 태도를 바꾸지는 않았다."[126]고 평했다. 1990년 카자흐스탄이 소련으로부터 독립하기 직전 그는 네 명의 동료들과 '카스피의 자연(Caspii Tabigatu)'이라는 환경단체를 세웠다.

독립국이 된 이후 카자흐스탄 경제 발전의 가장 중요한 축은 에너지 자원이었다. 하지만 발전 과정에서 환경은 물론이고 사람들의 삶도 무시당하곤 했다. 체르노바는 《어스아일랜드저널》에 실린 인터뷰에서 "석유 회사들이 물을 마구 끌어다 쓰면서 아파트 3층 이상에서는 수돗물이 나오지 않는 일이 종종 벌어졌다."고 회고했다.

1993년 정부는 다국적 컨소시엄에 카스피해 북동부의 텡기즈Tengiz 유전과 코롤롑스코예Korolevskoye 유전 독점개발권을 내줬다. 그에 따라 미국 석유 회사 셰브론과 엑손모빌, 카자흐 국영 석유 가스 회사, 러시아 국영 석유 회사 루크오일의 자회사인 루크아르코LukArco가 합작해 텡기즈셰브로일(TCO, Tengizchevroil)을 설립했다. TCO는 텡기즈에서 흑해까지 천사백 킬로미터가 넘는 송유관을 짓기로 결정했다. 하지만 환경영향평가는 부실했고, 체르노바는 2000년 공청회에서 이 사실을 공개적으로 지적하며 문제를 제기했다. 이 사건은 소송까지 갔고, 법원은 체르노바와 주민들의 권리 쪽에 손을 들어줬다. 하지만 정작 '카스피의 자연'과는 이 싸움을 놓고 사이가 틀어졌으며 체르노바는 조직을 그만둔 뒤 '글로버스Globus'라는 새로운 환경단체를 만들어 활동하고 있다.

불타는 시베리아, 탄압받는 환경운동

미국을 비롯한 서방국들이 러시아의 인권 문제를 비판하고 우크라이나 침공 이후 경제 제재를 가하고 있지만, 러시아의 환경 문제에는 상대적으로 관심이 덜한 게 사실이다. 미국과 프랑스가 남태평양과 사하라에서 벌인 핵실험의 피해자들조차 수십 년에 걸친 고통의 세월을 제대로 보상받지 못하는 상황에, 과연 누가 옛 소련의 핵실험 피해자들에게 관심을 기울이겠나 싶기도 하다. 해마다 미국 서부와 유럽에서 일어나는 초대형 산불에는 시선이 쏠려도 시베리아를 휩쓰는 산불에는 눈길이 덜 가기 마련이다.

하지만 '추운 러시아' 역시 기후변화를 고스란히 겪고 있고, 그로 인한 파장은 지구적으로 영향을 미칠 수밖에 없다. '세계에서 가장 추운 도시'라고 불리는 시베리아의 야쿠츠크는 연평균 기온이 영하 8.8도다. 겨울에는 영하 40도까지 내려간다. 7월에는 평균 20도 정도라고 한다. 그런데 2021년 7월에 기록적인 이상고

온현상이 나타났다. 야쿠츠크 일대의 수은주가 무려 39도까지 올라간 것이다.

시베리아 일대 추운 지역의 타이가 삼림지대에서는 2015년과 2018년, 2019년 연달아 대형 산불이 나더니 2021년에도 화재가 반복됐다. 타이가 산불에서 솟아오른 연기는 바다 건너 미국 알래스카까지 날아갔다. 도시 밖 숲 지대에 불이 나면서 연기가 치솟자 야쿠츠크시 당국은 주민 삼십만 명에게 외출금지령을 내렸다. 타이가에서는 해마다 번개 등에 의해 자연적으로 화재가 일어나지만, 여름 기온이 계속 올라가면서 산불 규모가 갈수록 커지고 있다. 2024년 여름에도 화재는 반복됐다. 미 항공우주국 위성사진에는 야쿠츠크 부근 아비스키^{Abyysky} 지역에서 솟아오르는 산불의 연기가 생생히 포착됐다.[127]

타이가는 북반부 아한대(냉대)에 펼쳐진 침엽수림을 가리키는데, 숲의 밀도는 아마존이나 보르네오가 더 높지만 면적으로 따지면 러시아 북부의 타이가가 세계 최대라고 한다. 타이가가 불타면 땅 속의 온실가스가 대거 풀려나고 그것이 다시 기후변화에 영향을 주는 악순환으로 이어진다.[128] 한 조사에 따르면, 2019년 러시아 북극권 일대에 산불이 심했을 때 온실가스 방출량이 2003년 이래 최대를 기록한 것으로 나타났다.[129] 2020년 8월에 발표된 여론조사 기관 VSIOM의 조사에 따르면 코로나19가 번진 뒤 러시아인 네 명 중 한 명은 건강과 함께 환경 문제에 대한 관심도 커졌다고 답했다. 또 다른 조사기관인 레바다센터는 러시아인 84퍼센트가 환경 문제를 걱정하고 있다는 결과를 내놨다.[130] 그럼에도 불구하고 환경운동이 힘을 받지 못하는 것은 정부의 억압 때문이다. 리흐바노바나 미셴코 같은 환경운동가들이 주목할 만한 성과를 거두었다지만, 이들은 인권운동가나 민주주의를 요구하는 반푸틴 정치인들과 마찬가지로 거센 탄압을 받고 있다. 러시아 사회-환경연맹(Russian Socio-Ecological Union)은 2020년 러시아 26개 지역에서 450명의 환경운동가가 169차례에 이르는 압박을 받았다는 것을 확인했다. 활동가 한 명이 숨지고 열다섯 명이 다치거나 재산 피해를 입었다. 보고서는 "환경운동가들에게 압력을 가하는 대부분의 사례는 천연자원 추출, 폐기물 관리, 오염산업, 건설 프로젝트와 관련이 있다."고 밝히고 있다.[131]

바이칼을 지키는 리흐바노바에게도 경찰의 습격 같은 탄압은 으레 따라붙는 것이었으며 바이칼생태웨이브는 러시아 정부의 기묘한 법에 따라 '외국 단체'로 신고하라는 압박을 받아 사실상 와해되다시피 했다.[132] 웹사이트조차 접속할 수 없는 상태다. 권위주의 체제 속에서 힘겹게 싸워온 러시아 여성 환경운동가들에게는 여전히 타이가 산불의 연기만큼이나 뿌연 앞날이 기다리고 있다.

14 정치를 녹색으로 물들이다

페트라 켈리와 알렉산드리아 오카시오-코르테스

17년 가까이 독일의 총리로 집권하면서 '유럽의 여제'라 불렸던 앙겔라 메르켈(Angela Merkel) 시대가 지나고 2021년 12월 올라프 숄츠(Olaf Scholz) 정부가 출범했다. 중도우파 기독민주연합 중심의 정권에서 약간 왼쪽으로 방향을 틀어 사회민주당 소속 숄츠 총리가 집권한 것이다. 숄츠는 '남녀 동수 내각'을 꾸렸다. 총리를 뺀 각료 열여섯 명 중 남성과 여성이 각각 여덟 명이고 녹색당에 소속된 각료도 다섯 명이나 됐다. 과반 의석을 확보하지 못한 사민당이 환경주의 정당인 녹색당과 친기업 성향의 자민당이라는 다소 결이 다른 파트너들을 끌어들여 연정을 구성했기 때문이었다.

녹색당 각료들 가운데 눈길을 끄는 사람은 부총리 로베르트 하베크(Robert Habeck)와 함께 연정 내각에 들어간 외교장관 아날레나 베어보크(Annalena Baerbock)였다. 하베크와 함께 2018년부터 공동대표로 녹색당을 이끌었던 베어보크는 국제법 전문가로, 장관이 됐을 때 40세로 내각 최연소였으며 독일의 첫 여성 외교장관이라는 타이틀을 얻었다. 녹색당이 주요 각료직을 차지한 숄츠

정부의 움직임이 한층 녹색으로 향해갈 것이라는 관측과 함께, 유럽 언론들은 이것이 유럽의 기후대응에 어떤 영향을 미칠지 분석하느라 분주했다.[133]

녹색당의 원조, 독일의 그뤼네

분트니스90, 디그뤼넨(Bundnis 90/Die Grunen). 정당의 공식 명칭은 이렇지만 대개들 그뤼네^{Grune}, 녹색당이라고 줄여 부른다. 독일이 통일되고 삼 년 뒤인 1993년 서독의 녹색당과 동독의 분트니스90이 합쳐지면서 만들어진 정당이다. 2021년 총선에서는 연방의회 분데슈타크의 736개 의석 중 118석을 얻어서 제3당이 됐다. 지역의회로 보면 자를란트주에서는 16석 중 전석을 차지했으며 16개 주 가운데 10개 주에서 연정에 참여하게 됐다. 당원은 12만

아날레나 베어보크 독일 외교부 장관

명이 넘는다. 녹색당은 또 유럽녹색당의 일원으로 유럽의회에서도 활약하고 있다. 2019년 치러진 유럽의회 선거에서는 독일 유권자 20퍼센트 이상의 표를 얻었다. '세계 최초의 환경 정당'으로 출발한 녹색당이 주류 정치에서 목소리를 낼 수 있게 된 데에는 창당 멤버인 페트라 켈리(Petra Kelly, 1947~1992)의 공을 빼놓을 수 없다.

녹색 정치의 씨앗을 뿌린 켈리는 1947년 미군 점령하에 있던 바이에른주의 귄츠부르크에서 태어났다. 미군 장교였던 아버지 존 켈리를 따라 어린 시절 미국으로 이주했지만 1970년 서독으로 돌아왔고 그 후 평생 독일 국적으로 살았다. 마틴 루서 킹 목사와 로버트 케네디를 존경했던 켈리는 어린 동생이 암으로 세상을 떠나는 슬픔을 겪으면서 방사선과 암의 관계를 알고 반핵운동에 투신한 것으로 알려져 있다. 1970년대에 유럽집행위원회에서 일하면서 유럽 각국을 다니며 평화운동과 환경운동, 여성운동에 참여했다. 미국 학자 레이첼 카슨의 『침묵의 봄』이 불러일으킨 파장과 '68혁명'으로 불리는 유럽의 사회·정치적 격변의 영향으로 환경에 대한 관심이 높아지고, 환경 파괴를 막는 것이 새로운 정치 의제로 부상하던 때였다.

출발은 녹색 정치를 내세운 정치인들이 지역 의회에 진출한 벨기에였다. 그 흐름은 이웃한 서독으로 이어졌다. 켈리를 비롯한 환경운동가들은 녹색당을 결성하고 1979년 벨기에의 활동가들과 연대해 유럽의회 선거에 후보를 냈다. 켈리는 1983년 연방

페트라 켈리(1987)

의회에 진출했으며 1987년 재선됐다. 냉전 시절 미국이 주도해 만든 북대서양조약기구 나토(NATO, North Atlantic Treaty Organization)의 유럽 측 주요 파트너는 독일이었고, 독일에는 소련의 위협에 맞서 배치된 미군 전술핵무기가 지금까지 남아 있다.

켈리는 서독의 수도였던 본에서 1981년 사십만 명이 참여한 대규모 반핵시위를 이끌었다. 이 년 뒤 동베를린의 알렉산더 광장에는 '칼을 쟁기로(Schwerterzu Pflugscharen)'라고 적힌 현수막이 내걸렸다. 켈리를 비롯한 연방의회 내 녹색당 의원들이 만든 것이었다. 켈리는 체포됐지만 곧 풀려났으며 이 일을 계기로 동독의 반체제 정치인들을 접할 수 있었다. 그해 켈리는 동독 공산당 서기장이던 에리히 호네커(Erich Honecker)를 만나 정치범들을 석방하고 평화운동을 허용할 것을 요구했다.[134]

하지만 켈리가 선택한 격렬 투쟁 노선은 실효가 끝나가고 있었다. 녹색당은 점차 실용주의를 향해갔고, 주류 정당과의 연합에 반대하던 켈리는 당의 동료들과 멀어지기 시작했다. 그는 몇 년 뒤 생을 마쳤는데, 그의 죽음은 미심쩍은 순간으로 기록돼 있다. 1992년 10월 본에 있는 켈리의 침실에서 켈리와 녹색당 동료이자 파트너 관계였던 게르트 바스티안(Gert Bastian)의 부패한 시신이 발견됐다. 바스티안이 총으로 켈리를 죽이고 자살한 것으로 경찰은 판단했다. 사망 당시 켈리는 44세, 바스티안은 69세였다. 둘이 함께 목숨을 끊기로 결정한 것인지, 바스티안이 켈리를 살해한 것인지는 확실치 않다.

백인 남성의 정치, 그 틈바구니에서

길지 않은 생애를 살았지만 독일 평화운동의 저변을 넓히고 환경 의제를 정당 기반의 정치운동으로 전환시킨 켈리의 영향력은 지대했다. 미국 언론들이 켈리에게 주목한 것은 그가 미국인 아버지를 둔 독일의 여성 운동가이기 때문이라는 지적도 있지만, 카리스마 넘치는 켈리의 존재가 독일 녹색당의 보폭을 넓힌 것은 분명하다. 미술가 요제프 보이스(Joseph Beuys), 작가 하인리히 뷜(Heinrich Boll) 등 유명 예술가들을 설득해 동참시킨 네트워킹 능력, 대중을 움직이는 연설 등에서 그의 탁월한 리더십을 높이 평가하는 이들도 있다.[135]

켈리의 후예가 베어보크 같은 여성들이다. 나이 든 남성들, 서구권의 잣대로 삼자면 '나이 든 백인 남성들'의 정치는 아직도 막강한 힘을 발휘하지만 그 틈새에서 녹색당은 계속 새로운 정치의 싹을 키우고 있다. 2022년 녹색당은 공동대표로 이란계 이주자인 오미드 누리푸어(Omid Nouripour)와 여성 정치인 리카르다 랑(Ricarda Lang)[136]을 선출했다. 1994년생인 랑은 2021년 의회에 처음 입성했지만 그 전부터 당의 대변인을 맡아 여성 정책을 만들고 당내 청년 조직을 이끌었다. 대학에서 법학을 전공하고 대학원에 진학했지만 중도에 포기하고 정치에 뛰어들었다.

싱글맘 밑에서 자란 랑은 어린 시절 경제적인 어려움을 겪었고, 독일 연방의회 최초의 양성애자 의원으로서 이중 삼중의 소수자 정체성을 갖고 있다. 정치인으로서 조명받고 있지만 여성과 소수자를 겨냥한 엇나간 비난의 표적이 되기도 한다. 가령 그의 몸무게를 놓고 공격이 잇따르는 식이다. 특히 이민자 혐오를 바탕으로 세를 불린 극우정당 독일대안당(AfD)은 랑을 주된 표적으로 삼곤 한다.[137] 하지만 녹색당은 공동대표 두 사람의 존재 그 자체로 다양성의 정치를 상징적으로 구현해 보이고 있으며, 이는

리카르다 랑(2019)

녹색 정치의 정체성이자 힘이기도 하다.

유럽 다른 나라들에서도 그 못잖은 녹색당의 역사를 찾아볼 수 있다. 영국의 경우 1970년대 초반에 생태주의자들의 정당이 결성됐고 1985년 녹색당으로 재출발했다. 핀란드 녹색 동맹은 1995년 연정의 일원으로 이미 정부에 입성했으며 이탈리아와 벨기에, 아일랜드 등에서도 녹색당이 연정에 참여한 전례가 있다. 라트비아에서는 2004년 녹색당 출신 총리가 탄생했다. 스칸디나비아의 좌파 사회주의 정당들은 오랫동안 녹색당과 '적녹 동맹'이라 불리는 협력을 해왔다. 이름은 녹색당일 수도 있고 다를 수도 있지만 유럽 각국의 환경주의 정치 진영은 유럽의회 선거 때 공통 강령을 발표하고, 핵발전 문제나 환경오염, 동물 보호 등의 의제에서 한목소리를 낼 때가 많다. 유럽녹색당은 유럽의회에서 네 번째로 큰 정당이며, 이탈리아나 스페인 혹은 벨기에 등의 지역 정당들과 오랫동안 연대해오고 있다.

고무 농장에서 의회로

녹색 정치가 유럽에서만 확산하는 것은 아니다. 동아프리카 케냐에서는 환경운동가 왕가리 마타이가 녹색당을 만들어 2002년 의회에 들어갔다. 르완다에서도 2013년 녹색당이 만들어졌으며 서아프리카 세네갈에서는 생태학자 출신 녹색당 정치인이 2012년 환경장관을 지냈다. 호주와 뉴질랜드 녹색당의 성장도 두드러진다.

유럽 이외 지역에서 가장 두드러진 정치인으로는 브라질 녹색당의 마리아 시우바(Maria da Silva)를 꼽을 수 있다. 1958년 브라질 북부 아크레주의 고무 플랜테이션 농장에서 태어난 그는 주도인 리우브랑쿠로 이사한 열여섯 살 때에야 글을 배웠다.[138] 이후 원주민 운동가 겸 환경운동가 치코 멘데스(Chico Mendes)와 함께 엠파테스^{Empates}라 불리는 고무 농장 노동자들의 평화 시위를 조직했다. 치코 멘데스는 아마존 원주민과 농민 들을 지키다 1988년 살해된다. 토착민들을 착취하는 대농장들에 맞선 이들의 운동은 아마존 열대우림의 파괴를 막기 위한 '지속 가능한 채취 구역'을 만드는 성과를 거뒀다. 1994년 시우바는 연방 상원의원이 됐으며 2003년부터 2008년까지 루이스 이나시우 룰라 다 시우바 대통령이 이끄는 노동자당 정부에서 환경부 장관을 지냈다. 2010년 대선에 녹색당 후보로 출마해 20퍼센트 가깝게 득표했으나 노동자당의 지우마 호세프 후보에게 고배를 마셨다. 이듬해 녹색당을 떠난 시우바는 2013년 지속 가능 네트워크 레데(Rede Sustentabilidade)라는 당을 새로 만들어 2018년 대선에 다시 출마했으나 이번에는 우파에 패했다.

당시 브라질 정치는 수년간 혼란을 거듭하고 있었다. 호세프 대통령은 부패한 의원들에 의해 쫓겨났다. 사실상의 '우회 쿠데타'였다. 그 뒤 임시 대통령이 잠시 집권했다가 2018년 선거를 치렀지만 그 선거에서 당선돼 집권한 군 출신 정치인 자이르 보우소나루 대통령은 더 큰 문제를 일으키며 브라질을 극한 대립과 분열로 몰아갔다. 코로나19를 치료하려면 말라리아약을 먹으면 된다는 미국 도널드 트럼프 정권을 흉내 내며 방역을 무시해 감염의 소용돌이를 일으킨 것도 그의 실책 중 하나다. 그뿐 아니라 개발과 성장을 지상 과제로 내세우는 구태의연한 경제 패러다임을 다시 불러내 아마존 열대우림 파괴에 앞장섰다. 여기에 항의하는 아마존 원주민들의 시위는 국제적인 이슈가 됐다. 시우바는 앞장서서 우파 정권의 정책들을 비판해왔다. 반면 녹색당은 보수파들의 호세프 탄핵에 찬성하면서 서민들의 지지를 잃었고 정치적 입지가 크게 줄었다. 그 사이에 브라질 녹색 정치의 축은 레데로 옮겨갔다. 2022년 대선에서 룰라가 승리하면서 브라질 정국은 일대 격변을 겪었고, 2023년 룰라 대통령 취임 뒤 시우바는 환경 기후변화 장관으로 룰라 3기 정부의 환경·기후변화 장관을 다시 맡았다.

2022년 6월 치러진 콜롬비아 대선에서는 게릴라 출신의 구스타보 페트로(Gustavo Petro) 상원의원이 대통령에 당선됐다. 콜롬비아 역사상 첫 '좌파 대통령'의 탄생이었다. 그 못잖게 눈길을 끈 것은 부통령이 된 프란시아 마르케스(Francia Marquez. 1981~)였다. 흑인 여성 마르케스는 서부 카우카^Cauca 주에서 환경 파괴에 반대하며 싸운 원주민 공동체 출신 환경·인권운동가다. 수많은 곡절 속에서도 남미의 여성 투사들은 '빼앗긴 이들'과 '어머니 대지'를 위한 싸움에서 하나씩 하나씩 승리를 쌓아가고 있다.

미국 녹색 정치의 젊은 주역들

양당 정치로 표현되는 미국에도 녹색당(GPUS, Green Party of the United States)이 있다. 그 전신은 1991년 결성된 같은 이름의 정당 G/GPUSA로 시카고에 본부를 두고 있었다. 미국 녹색당의 '리즈 시절'은 1990년대 후반부터 2000년까지로 짧았다. 소비자 보호 운동에서 출발한 환경운동가 랠프 네이더가 대중적인 인지도를 바탕으로 1996년과 2000년 대선에 출마했다. 특히 2000년 위노나 라듀크를 러닝메이트 삼아 출마했을 때는 전국에서 2.6퍼센트라는 상대적으로 높은 지지를 받았다. 하지만 현직 부통령이던 민주당의 앨 고어 후보는 더 많은 표를 얻고도 미국 특유의 '선거인단 제도' 때문에 백악관 주인 자리를 공화당의 조지 W. 부시에 내줘야 했다. 진보 정치는 이럴 때 스스로를 진보라 주장하는 자유주의자들의 애꿎은 공격 목표가 되곤 한다. 민주당 지지자 가운데 적잖은 이들이 '네이더가 가져간 표'를 탓했고, 설상가상으로 당의 분열이 일어났다.

2001년 갈라져 나온 이들이 GPUS를 창당했다. 이들은 풀뿌리 민주주의, 사회정의와 기회의 평등, 생태적 지혜와 비폭력, 탈집중화와 지역 기반 경제, 페미니즘과 젠더 평등, 개인적·지구적 책임과 미래지향, 지속 가능성 등을 10대 가치로 꼽고 있다.[139] 역사가 이십 년이 넘었고 당원이 24만 명에 이르지만, 양당 구도 속에서 녹색당이 정치적 영향력을 발휘하기는 쉽지 않다.

현재 미국 녹색 정치의 축은 민주당의 개혁적인 젊은 정치인들 쪽으로 이동한 상태이며, 대표적인 인물이 AOC라는 이니셜로 더 많이 불리는 알렉산드리아 오카시오-코르테스(Alexandria Ocasio-Cortez) 하원의원이다. 푸에르토리코 출신 이주자 가정에서 나고 자란 그는 2018년 11월 의회에 입성했고 2020년 재선됐다. 1989년생으로 미 하원 최연소 의원이라는 기록을 갖고 있다.

AOC는 보스턴대학에서 국제관계와 경제학을 전공했는데 정치에 뛰어들기 전에는 커뮤니티 활동가로 일했으며 식당 종업원과 바텐더 경력도 있다. 같은 시기 의원이 된 팔레스타인 난민 2세 라시다 틀라이브(Rashida Tlaib), 소말리아 태생 일한 오마(Ilhan Omar), 흑인 아이아나 프레슬리(Ayanna Pressley)와 함께 민주

알렉산드리아 오카시오-코르테스(2019)

당에서 여성과 마이너리티 그룹, 젊은 층의 목소리를 대변하는 주자들로 각광받았다. 네 명의 여성 의원 가운데 AOC와 틀라이브는 '민주적 사회주의자(Democratic Socialists of America)' 그룹의 멤버이기도 하다. '미국의 사회주의자'로 유명한 유진 뎁스(Eugene V. Debs, 1855~1926) 등이 만든 좌파 정치·사회운동 조직인데, 이 기구의 회원이라는 것은 미국 의회의 정치적 스펙트럼 상에서는 가장 왼쪽에 위치하고 있다는 뜻이다. AOC는 직장 민주주의, 모두를 위한 의료보험, 등록금 없는 공립대학, 일자리 확충, 이민세관국 폐지 등을 포함한 진보적인 정책들을 계속 주장해왔다.

특히 그와 관련해 빠질 수 없는 것이 그린 뉴딜^{Green New Deal}이다. 이름에서 알 수 있듯이, 그린 뉴딜은 지난 세기 대공황 시절에 프랭클린 D. 루즈벨트 대통령이 시행한 뉴딜과 환경 정책을 결합한 것이다. 일자리를 늘리고 빈곤과 불평등을 줄이는 동시에 기후변화에 대응할 수 있는 공공 정책을 확대하는 것이 그린 뉴딜의 목표다.

2010년 뉴욕 주지사 선거에 출마한 녹색당의 하위 호킨스 (Howie Hawkins)와 두 차례 대선에 출마한 질 스타인 등이 그린 뉴딜 개념을 들고 나오긴 했지만 큰 호응을 얻지는 못했다. 그런데 2018년 선거에 민주당의 개혁적인 젊은 의원들이 등장하며 판이 바뀌었다. 그해 의회 선거 이후 그린 뉴딜이 주된 정책으로 오르내렸다. 민주당 성향의 싱크탱크 '진보를 위한 데이터(Data for Progress)'와 시민사회단체, 정치권의 목소리가 한곳으로 모이게 된 것이다.[140]

그 과정에서 충돌이 없지는 않았다. 선거 일주일 뒤 기후정의 단체 선라이즈 무브먼트^{Sunrise Movement}는 민주당 소속 낸시 펠로시 하원의장의 사무실로 몰려가 그린 뉴딜 지지를 촉구하는 시위를 했다. 143명이 연행된 제법 큰 충돌이었다. 공화당은 물론이고 민주당의 보수적인 의원들도 이들의 요구를 무시했으나 AOC를 비롯한 젊은 의원들은 달랐다. AOC는 시위대와 조응하며 그린 뉴딜 위원회 설립 결의안을 냈다. 틀라이브와 오마 의원, 뎁 할랜드, 안토니오 델가도 의원 등이 지지하고 나섰다. 앞서 언급했듯이 틀라이브와 오마는 이민자 가정 출신이고, 뒤에 바이든 정부 내무장관이 된 할랜드는 아메리카 원주민 어머니 밑에서 태어난 여성이며 델가도는 흑인 남성이다. 녹색 정치와 개혁을 주장하는 이들 가운데 유독 마이너리티 정체성이 눈에 많이 띄는 것은 우연이 아니다. 기득권에 반대하며 다양성을 중시하는 가치와 관련 있는 것이다.

이런 노력 속에 하원 그린뉴딜특별위원회가 만들어졌다. 민주당 의원들과 350.org, 그린피스, 시에라클럽, 지구의 벗 등 각종 기구들은 환경 정의와 평등을 촉진하면서 미국 경제를 탄소 중립으로 이끌어 갈 계획을 만드는 작업을 본격화했다. 호응은 뜨거웠다. 한 달 뒤인 12월 사십 개 주에서 삼백 명 이상의 선출직 공무원들이 그린 뉴딜 지지 성명을 냈다. 이듬해인 2019년 1월에는 육백 개 이상의 단체가 탄소를 줄이는 정책을 지지하는 서한을 의회에 전달했다. 서한은 화석연료 채굴을 멈추고 보조금 지급도 중단하며 2035년까지 100퍼센트 재생에너지로 전환할 것, 대중교통을 늘리고 탄소배출권 거래 시장보다 훨씬 강력한 배출 감소 정책을 펼칠 것 등을 요구하는 내용을 담고 있다.

2019년 2월 7일, AOC는 에드워드 마키 상원의원과 함께 그린 뉴딜 결의안(House Resolution 109)을 발표했다. 십 년 안에 미국의 에너지원을 100퍼센트 재생에너지로 전환해 '배출 제로'를 달성할 것, 앞서 민주당 버락 오바마 정부가 목표로 삼았던 것처럼

'탄소의 사회적 비용'을 정책에 반영할 것, 전기 자동차와 철도 시스템에 투자할 것, 에너지 효율이 뛰어난 분산형 스마트 전력망을 구축할 것, 건축물의 에너지 효율을 높일 것, 청정 제조업을 키우고 농업 부문의 탄소 배출을 줄일 것 등이 14쪽 분량의 결의안에 담겼다. 그린 뉴딜 정책은 취약한 지역사회를 되살리고 교육의 질을 높이는 길이기도 하다.

저렴하고 안전한 주거 환경, 깨끗한 물과 공기, 건강하고 값싼 식품, 질 높은 교육과 훈련, 적절한 휴가와 의료, 일자리 공급과 빈곤 대처가 환경친화적 경제와 연결되는 것이다. 결의안에는 보편적 의료, 최저임금 인상, 독점 방지 등도 포함됐다.[141]

AOC는 이렇게 그린 뉴딜을 미국 정치의 중심으로 끌어올렸다. "우리 모두는 제각기 미래를 창조하는 데 역할한다. 과학, 기술, 형평성을 하나로 묶는 혁명적인 정책으로 기후변화를 되돌릴 기회다. 우리는 모두 함께 이 싸움에 참여하고 있다." 그는 "그린 뉴딜을 지지함으로써 천식 발생률을 낮추고, 건강에 좋은 음식을 먹을 수 있게 하고, 도시의 녹지 공간을 늘리고, 해수면 상승과 기상재해의 원인이 되는 탄소 배출량을 줄이는 데 모두가 기여할 수 있다."고 말한다.[142] 유럽의회는 2020년 1월 '그린 딜' 정책을 지지했고 이듬해 출범한 미국 바이든 정부도 그린 뉴딜을 주된 정책으로 채택했다. 바이든은 취임 첫날 트럼프가 탈퇴한 파리 기후변화협약에 재가입한다고 선언했으며 원주민 지역을 통과하는 대규모 송유관 계획인 키스톤 파이프라인 건설을 취소하고 연방정부 땅에서 석유와 가스 시추를 제한하는 대통령령에 서명했다. 새로운 법규를 만들 때에는 탄소의 사회적 비용을 고려한다는 행정명령을 내렸고, 화석연료에 내주던 보조금을 녹색 에너지 인센티브로 대체하는 예산안을 내놨다.

　기후 대응에 적극 참여하기는커녕 번번이 발목을 잡아왔던 미국의 변신을 전 세계가 환영했지만 여전히 미흡하다는 지적이 많았다. 심지어는 그나마도 2022년 러시아의 우크라이나 침공으로 기름값이 올라간 이후로 더욱 후퇴했다는 비판이 나왔다. AOC는 바이든 정부의 기후 대응에 대한 당내 비판자 역할을 맡아 더욱더 녹색으로 끌어당기는 역할을 했다. 하지만 2024년 대선 결과에 따라 미국의 녹색 정책은 어떻게 표류할지 모르는 상황이다.

15 도대체 무엇을 위한 발전입니까

일본의 히라타 키미코

2011년 3월 11일, 일본 도쿄 외곽에 살고 있던 히라타 키미코(平田
仁子)[143]는 아들의 유치원 졸업식에 참석하기 위해 일을 하루 쉬었
다. 천운이라면 천운이었다. 일본 역사상 최대 규모의 지진이 동
북부 지방을 강타했고, 곧이어 거대한 쓰나미가 일어났다. 다행
히 히라타는 그날 아들을 데리고 집으로 무사히 돌아갔지만 사태
는 그걸로 끝이 아니었다. 저녁이 되자 방사능에 대한 공포가 일
본을 덮쳤다. 거대한 쓰나미가 후쿠시마 제1원전의 원자로를 고
장 냈고, 원자로의 노심이 녹아내리는 '멜트다운'에 대한 경고가
쏟아져 나왔다. 히라타는 후쿠시마가 있는 도호쿠 지방과 가까운
도쿄를 벗어나 아이들과 멀리 교토로 떠났다. 그곳에 있는 호텔
에서 일주일을 머물렀다.[144]

"도저히 가만히 있을 수 없었습니다."
구마모토 태생인 히라타는 여느 일본 아이들처럼 평범한 어린 시
절을 보냈다. 아버지는 사업을 했고 어머니는 주부였다. 부모는

그에게 '꾸준하고 정상적인 삶'을 강조했다. 1990년대 초에 대학에 들어갔고, 다들 그렇듯 기업에 취직해 일하는 것이 그의 앞에 놓인 길이었다. 하지만 지구는 뜨거워지고 있었고, 기후변화라는 이슈가 세계의 주목을 받고 있었다. 1992년 브라질 리우데자네이루에서 유엔이 사상 처음으로 '지구정상회의'를 열었다. 환경 파괴에 대한 이야기들이 뉴스를 채웠다. 히라타가 처음으로 기후변화라는 의제를 접한 것도 그때였다. 나중에 그는 《아사히신문》과의 인터뷰에서 "지역의 하천 수준이 아니라 전 지구 규모로 환경이 위협받고 있다는 사실을 처음 알았고, '큰일이네' 하면서 충격을 받았다."[145]고 말했다. 그때부터 환경에 대해 공부하기 시작했다. 그의 인생을 바꾼 책은 당시 미국 부통령이었던 앨 고어가 쓴 『균형 잡힌 지구Earth in the Balance』[146]였다. 알게 될수록, 이 문제를 무시하고 있을 수는 없다는 생각이 강해져갔지만 환경운동 경험도, 전문성도 없었고 하다못해 영어도 못했다. 학교를 졸업하고 출판사에 취직해 일하면서 환경에 대한 책을 계속 읽고 영어를 배우기 시작했다. 인터넷을 쓰지 않던 시기였다. 미국의 환경단체들에 팩스를 보내 경험을 쌓을 곳을 알아봤다. 노력에 대한 보답이었을까. 워싱턴의 기후연구소(Climate Institute)에서 인턴십을 허락받았다. 1996년, 그는 직장을 그만두고 미국으로 떠났다.

일 년 남짓 워싱턴에 있으면서 인맥을 쌓고, 시민단체의 운영을 살펴보고, 영어를 익히고, 워싱턴의 '기후 정치'가 어떻게 돌아가는지 들여다봤다. 하지만 일 년 뒤에는 돌아가야 했다. 미국

히라타 키미코
출처: 골드만 환경상 웹사이트

에 일할 곳이 없어서가 아니라 1997년 교토에서 기후 회의가 열릴 예정이었기 때문이었다.

인간이 만든 기후변화의 피해를 줄이려면, 인간이 행동 방식을 바꾸는 수밖에 없다. 게다가 기후변화는 어느 한 나라, 한 세대만의 문제가 아니다. 그래서 세계가 머리를 맞대기 시작한 것이 1980년대 후반이었다. 세계기상기구(WMO, World Meteorological Organization)와 유엔환경계획이 유엔 산하에 '기후변화에 관한 정부 간 협의체(IPCC, Intergovernmental Panel on Climate Change)'를 만들어서, 세계 각국의 기후학자와 전문가 들을 모았다. IPCC는 그 후로 몇 년에 한 번씩 세계의 기후변화 상황을 점검하고, 기후변화를 누그러뜨릴 방안을 검토한다. 이들의 보고서는 세계 기후를 평가한 가장 신뢰할 만한 자료로 평가받는다. 그 보고서를 바탕으로 세계적인 대응의 틀을 정한 '기후변화협약'을 만든다.

1992년 리우에서 열린 지구정상회의가 바로 기후 협약의 출발점이었다. 1990년 보고서를 바탕으로 '기후변화에 관한 유엔 기본 협약(UNFCCC, United Nations Framework Convention on Climate Change)'이 탄생했다. 이산화탄소 등 온실가스 배출을 제한하자는 약속과 정책이 시작된 것이다. 기후변화협약을 각국이 얼마나 지켰는지 평가하기 위해 협약을 채택한 나라들이 모이는 것이 보통 COP(Conference of the Parties)라고 불리는 당사국총회다. 1997년 교토에서 열린 3차 당사국총회에서는 "발전된 나라들의 온실가스 배출량을 1990년보다 5퍼센트 줄인다."는 목표를 정한 '교토 의정서'를 채택했다.

새로운 석탄에 맞서기 위하여

히라타는 기후연구소의 지원 속에 일본에서 교토 의정서를 만드는 일에 관여하기 위해 귀국했다. 그는 키코 네트워크^{Kiko Network}를 만들고 일본 정부의 기후변화 대응에 영향을 미치려 애썼다. 주로 정부의 정책에 초점을 맞췄지만 뒤에 돌이켜보니 '이러저러해야 한다는 보도자료만 썼지 큰 영향을 미치지는 못했던' 과정이었다. 그를 '행동주의'로 돌아서게 만든 결정적인 계기는 동일본 대지진과 이어진 정부의 석탄 발전 계획이었다. 일본은 전력 생산의 30퍼센트를 핵발전에 의지해왔는데 후쿠시마 원전 사고를 계기로 잠시 반핵 바람이 불었다. 정부는 2015년까지 석탄발전소 오십 개를 새로 짓겠다고 발표했다. 시대의 흐름에 완전히 역행하는 계획이었다.

미국 시민단체 시에라클럽과의 인터뷰에서 히라타는 인생에서 두 번째 갈림길에 섰던 순간에 대해 "나는 국회의원이나 정부 관계자들과 대화하고 문서를 읽는 데 익숙한 정책가였다. 그러나 새로운 석탄에 맞서기 위해서는 같은 방식이 통하지 않을 것임을 알았다."고 회상했다. 정부를 상대로 한 제안이 아니라 풀뿌리 운동으로 방향을 튼 것이다. 그린피스와 협력해 석탄 발전이 건강에 미치는 해악을 알리고, 석탄 발전소가 지어지기로 예정된 지역의 주민들을 설득하는 작업에 나섰다. 주민과 언론, 지역 정치인 들과 만나 청문회를 열고 항의 운동을 조직했다. 활동가들의 네트워크를 만들고 과학자와 법률가, 지역단체 들을 연결했다. 키코 네트워크 사무실이 있는 도쿄와 교토, 고베와 센다이가 지역 활동의 중심이 됐다.

고베에서는 제철소 증설 계획에 시민들이 들고 일어났고, 쓰나미 피해가 컸던 센다이에서는 간사이전력이 간신히 되살린 개펄에 석탄 발전소를 짓는다는 소식에 시민들이 반대 목소리를 높였다. 공청회에 주민 수백 명이 모인 적도 있었다. '시위가 없는나라'로 불리는 일본에서 환경 토론회에 그처럼 많은 이가 모인 것은 드문 일이었다. 히라타는 또 미국, 유럽, 아시아의 비정부기구들과 협력하고 세계 130여 개국 환경단체들이 속해 있는 최대 기후환경운동 연합 조직인 기후행동네트워크(CAN, Climate Action Network)와 손을 잡았다. 국제 무대에서 일본 정부를 압박하기 위해서였다.

2021년까지 히라타와 키코 네트워크의 활동으로 열일곱 개의 석탄 발전소 건설 계획이 철회됐다. 2021년 골드만 환경상 재단은 그에게 골드만 환경상을 수여하면서 "히라타의 행동주의는 사십 년 동안 매년 750만 대의 승용차를 도로에서 사라지게 하는 것과 맞먹는 성과를 올렸다."고 평가했다. 16억 톤 이상의 탄소가 뿜어져 나오는 걸 막은 셈이다."[147] 풀뿌리 운동 다음은 기업들을 동참시키는 캠페인이었다.

미쓰비시, 마루베니, 스미토모, 미쓰이, 미쓰비시UFJ, 스미토 모미쓰이 등 십여 개 금융회사로 하여금 석탄 발전 자금 지원을 중단하도록 압박했다. 금융기관의 융자 없이는 건설 계획이 진행될 수 없기 때문이다. 2020년 석탄 화력 사업 분야에서 세계 최대 투자자로 불리던 미즈호파이낸셜그룹의 주주총회가 열렸다. 키코 네트워크는 투자와 대출 계획을 2015년 파리 기후변화 협약의 목표에 맞춰서 정하자고 주주 제안했다. 이듬해에는 미쓰비시UFJ파이낸셜그룹의 주주총회에서 같은 제안을 했다. 결과는 둘 다 실패였다. 하지만 희망의 싹은 보았다. 미즈호 주총에서 34.5퍼센트, 미쓰비시UFJ 주총에서는 22.7퍼센트의 찬성을 얻은 것이다.[148]

미국 과학자 단체 '우려하는 과학자들'이 추산한 바에 따르면 국가별 탄소 배출량은 중국, 미국, 인도, 러시아, 일본, 독일, 이란, 한국, 사우디아라비아, 인도네시아 순이다.[149] 세계 5위 탄소 배출국인 일본은 석탄만 놓고 보면 세계 6위 소비국이자 중국과 인도에 이은 세계 3위 수입국이다.[150]

과거보다 탄소 문제를 좀 더 편하게 이야기할 수 있는 사회 분위기가 만들어지고 있는 것은 사실이지만, 기후변화에 대한 일본 시민들의 문제의식이나 정부 정책은 경제 규모와 사회 발전 정도에 비해 뒤처져 있는 것이 사실이다. 히라타는 일본이 교토 의정서 체제를 탄생시킨 회의를 주도했지만 환경 문제에 대해서는 사회가 "변화에 극도로 저항적"이라는 것을 깨달았다고 말했다. 키코 네트워크를 만든 이래 그는 일본에서 '현 상황을 교란시키는 모든 것을 피하려는 경향'과 싸워왔다고 했다. 그의 표현을 빌리면 일본 사람들은 "다른 의견을 표현하지 않도록" 길러진다. 하지만 섬나라 일본은 기후변화의 영향에 고스란히 노출돼 있고, 이제 일본은 "그런 생각을 할 여유가 없다."고 그는 말한다.[151]

2021년 11월 글래스고에서 열린 26차 당사국총회(COP26)에서 주최국인 영국 정부는 이미 발전된 나라들에 대해서는 2030년까지, 개도국에는 2040년까지 석탄 발전을 폐지할 것을 촉구했다. 하지만 일본 정부는 석탄 발전 폐지를 위한 계획은커녕 폐지로 간다는 방향에 대해서조차 함구하고 있다.[152] 개도국에는 온실가스 감축 의무를 면제해줬던 교토 의정서의 효력은 2020년 끝났고, 그 뒤를 이은 새 기후협약인 파리협약은 195개 회원국이 모두 온실가스를 감축하도록 하고 있다. 산업화 이전과 비교해서 지구의 평균기온이 1.5도 이상 올라가지 않도록 하는 것이 이 협약의 목표다. 그러려면 탄소배출량을 줄이거나, 혹은 탄소를 뿜어내는 만큼 '상쇄'할 수 있도록 나무를 더 심어야 한다. 이렇게 플러스, 마이너스를 합쳐 탄소 배출량이 0이 되도록 하는 것을 '탄소 중립'이라고 한다. 미국과 유럽연합, 한국 등은 2050년 까지 탄소 중립을 달성한다는 목표를 선언했다. 일본도 2020년 같은 목표를 발표했다. 중국과 러시아는 2060년을 약속했다. 하지만 스웨덴의 환경운동가 그레타 툰베리나 환경단체들은 "미래 세대를 위해 기후변화를 줄이기에는 정부와 기업가 등 힘 있는 이들의 노력이 턱없이 부족하다."고 지적한다.

일본 정부가 짓기로 한 석탄 발전소 50곳 가운데 건설 중단된 것은 17곳뿐이다. 일본 정부의 에너지 기본 계획에 따르면 2030년까지도 석탄을 이용한 전력 생산이 19퍼센트로 유지된다. 히라타는 '2030년 석탄 발전 제로'를 목표로 캠페인을 하고 있지만 갈 길이 멀다.

후쿠시마 원전 사고, 그 이후의 이야기

2022년 3월 16일, 후쿠시마현 앞바다에서 규모 7.3의 지진이 일어났다. 미야기현과 후쿠시마현 연안에 잠시 쓰나미 주의보가 발령됐으나 다행히 곧 해제됐다. 이 지진으로 네 명 이상이 숨지고 170여 명이 다쳤다. 곳곳에서 전기와 수도가 끊겼다. 육상 자위대가 후쿠시마현 공립 병원에 파견돼 급수에 나서야 했다. 도요타 자동차와 닛산은 몇몇 공장의 가동을 멈췄다. 자동차 도로가 갈라졌고 신칸센 고속철도 운행도 중단됐다. 열차가 탈선했기 때문이다. 신칸센 열차가 철로를 이탈하면 점검과 복구에 오랜 시간이 걸린다. 탈선한 차량을 현장에 둔 채 국가운수안전위원회가 조사를 하고, 이후에 레일로 되돌리는 작업을 진행해야 하기 때문이다.

하지만 가장 걱정스러운 것은 역시 원전이었다. 11년 전 지진 때 녹아 내린 발전 연료의 폐기물이 들어 있는 1호기 격납용기의 압력이 이 지진으로 낮아진 것으로 나타났다. 용기 내부에서 공기가 새어 나갔을 가능성이 있지만 다행히 원전부지 내 방사능 측정치에는 변화가 없었다고 일본 언론들은 보도했다.[153] 2호기, 5호기 등에서 사용 후 핵연료를 냉각하는 냉각수의 밸브가 닫혔다가 재가동됐고 제2원전 1호기와 3호기에서도 냉각수 순환펌프가 멈췄다가 복구됐다. 1호기 내부 압력 패널에 잠깐 이상이 있었지만 방사성 물질이 외부에 방출될 우려는 없으며, 제1원전 5호기와 제2원전의 2호기, 3호기, 4호기에서 화재 경보가 울렸지만 불이 난 것은 아니라는 등의 속보가 뒤를 이었다. 큰 이상이 없었다니 다행이긴 했지만 후쿠시마 원전 주변에서 지진 소식이 들릴 때마다 주변국까지 불안해지는 것은 어쩔 수 없다.

2011년의 지진과 쓰나미는 일만 팔천 명 이상의 목숨을 앗아갔으며 1986년 옛 소련 체르노빌 원전 사고 이래 최악의 방사능 재앙을 일으켰다. 당시 후쿠시마 일대에서는 16만 명이 원전 사고 때문에 허둥지둥 대피했다. 그중 상당수는 십 년 넘도록 이재민 생활을 해야 했다. 아베 신조(安倍晋三) 정부는 이들을 다시 후쿠시마로 복귀시키려 주력했으나 비판이 적지 않았다. 방사능 오염이 사라지지 않았는데, 이재민들이 다른 곳에 정착할 수 있도록 돕는 게 아니라 안전하지도 않은 후쿠시마로 돌려보내려 한다는 것이었다. 안전보다는 '복구' '정상화'를 보여주는 데 치중한 것이라는 소리를 들을 만했다.

후쿠시마 제1원전 바로 옆에 있는 후타바 마을은 주민들의 귀환이 가장 마지막까지 허용되지 않았던 곳이다. 하지만 당국은 몇 차례 주민들이 자기 집을 방문하도록 했고, 시범적으로 하루씩 묵을 수 있도록 한 데 이어 2022년 말에는 공식적으로 대피령을 해제할 계획이다. 그럼에도 불구하고 귀향하려는 사람이 많지는 않을 것 같다. 재난 전에 칠천 명가량 살던 마을인데 연초까지 복귀한 사람은 고령층 세 명뿐이었고 귀환을 신청한 사람도 극소수였다. 당국의 조사에서 복귀하고 싶다고 답한 비율은 10퍼센트에 불과했다.[154]

일본 정부는 후쿠시마가 안전하다는 걸 보여주려고 안간힘을 쓰고 있다. 2018년에는 후쿠시마 재해지를 견학하는 투어를 시작했다. 2020년 9월에는 후타바에 동일본 대지진·원자력 재해 기념관을 열었다. 지방 당국은 향후 오 년간 신규 거주자를 포함해 2,000명을 유치하겠다고 말한다. 이를 위해 공공주택도 짓기로 했다.

방사능 오염에 따른 건강 문제를 정말 우려하지 않아도 되는 걸까. 원전 사고 뒤 방사능 피폭으로 숨진 사람은 공식적으로는 없다. 학자들은 방사능에 노출돼 암에 걸려 사망하는 사람이 십만 명 당 최대 천오백 명에 이를 수도 있다고 예상했는데 유병률과 사망률을 아무리 높게 잡아도 당초 예측보다는 훨씬 낮다. 2013년 세계보건기구는 대피한 주민들이 비교적 적은 양의 방사능에 노출됐고, 방사능이 건강에 미치는 영향은 적을 것이라고 밝혔다. 영아 가운데 여자아이들의 갑상샘암 발병 위험은 0.75퍼센트 늘어난 것으로 나타났다고 했다.[155] 그럼에도 환경 보건 단체들은 방사선에 유발되는 암의 위험이 증가했을 것으로 본다. 갑상샘암뿐 아니라 모든 유형의 암에 걸릴 위험이 여아의 경우는 1퍼센트 높을 것이라는 예측도 있었다.

실제로 사고 일 년 후인 2012년 후쿠시마현은 사고 당시 18세 이하였던 사람들과 사고 뒤 일 년 안에 태어난 아이 등 38만 명을 대상으로 조사하여 약 삼백 명을 암 또는 의심 환자로 진단했다. 통상 소아 갑상샘암 발병 수는 연간 백만 명당 열두 명 정도다. 후쿠시마현 아동의 3분의 1 이상이 갑상샘에 이상을 가지고 있었다. 후쿠시마의 소아 갑상샘암 발병률이 일본 전국 평균의 30~50배에 이른다는 조사 결과도 나왔다.[156]

하지만 후쿠시마현 전문가 회의는 갑상샘암과 원전 사고의 인과관계를 인정하지 않았다. 결국 피해자들은 법정 싸움에 나섰다. 피해자 여섯 명은 어린 나이에 방사능에 노출돼 갑상샘암에 걸렸다며 2022년 3월 도쿄전력을 상대로 총 6억 1,600만 엔, 한화로 약 64억 원의 손해배상 소송을 냈다. 갑상샘암 피해자들이 원전 사고를 원인으로 지목해 소송에 나선 것은 처음이었다. 변호인단은 이 여섯 명을 비롯해 후쿠시마 아이들에게 발견된 갑상샘암이 대부분 체르노빌 원전 사고로 확인된 갑상샘 유두암이기 때문에 피폭 이외의 원인은 생각할 수 없다고 주장한다.[157]

태평양은 안심할 수 있을까

방사능 오염수가 바다를 오염시킬 수 있다는 걱정도 남아 있다. 방사능에 오염된 원전 냉각수 문제가 제기된 것은 사고 직후인 2011년 4월이었다. 지하수가 흘러들어 가서 오염수와 섞이고 있는 것으로 나타나자 토양 장벽을 세웠지만 지하수 유입을 완전히 막지는 못하고 억제하는 데 그쳤다. 2022년까지도 여전히 백만 세제곱킬로미터가 넘는 오염수가 원전 안에 저장돼 있다. 정화한 뒤 바다로 몇 번 방출했지만 2019년 말까지 정화된 양은 30퍼센트가 못 됐다. 일본 정부가 설치한 위원회는 오염된 물을 바다로 방출하거나 대기로 증발시켜야 한다고 결론지었으며, 2021년 4월 일본 정부는 정화 처리한 물을 단계적으로 바다에 방류할 계획이라고 발표하면서[158] 국제원자력기구에 '안전하고 투명한 이행'을 지원해달라고 요청했다. 국제원자력기구 직원들과 중국, 아르헨티나, 호주, 러시아, 한국, 미국을 포함한 11개국의 국제 전문가들로 구성된 태스크포스가 만들어졌고, 2022년 2월 위원들이 수질 방류 계획과 방사능 환경영향평가 등의 문서를 검토하고 현장을 방문해 물 시료를 채취했다.[159]

일본 정부와 도쿄전력 등에 따르면 핵연료 냉각수는 다핵종제거설비(ALPS, Advanced Liquid Processing System)를 통해 정화 프로세스를 거친다. 이 과정에서 대부분의 방사능 오염은 제거되는데, 삼중수소는 계속 남아 있다는 점을 지적하는 이들도 있다. 정화한 물을 한 번에 바다로 내보낼 수도 없다. 처리한 물을 천여 개의 탱크에 나눠 저장하고 있는데 2020년대 중반에는 탱크 용량이 차기 때문에 탱크를 늘려야 한다. 도쿄전력은 2021년 8월 처리수를 보내기 위해 길이 약 일 킬로미터의 해저터널을 짓겠다고 발표했으며, 방류는 2023년 상반기쯤 시작될 것으로 알려졌다. 전체를 다 방류하기까지 길게는 수십 년이 걸릴 수도 있다는 얘기가 나온다. 국제원자력기구는 물속의 삼중수소 수치가 세계보건기구의 식수 기준을 훨씬 밑돌 것이라며 태스크포스의 조사 내용을 주변국과 시민 들에게 제공하겠다고 약속했다.

일본 정부는 안전 기준을 지키고 있다고 강조하며 국제원자력기구도 이를 뒷받침해주고 있다. 한국의 윤석열 정부는 일본 편에 서서 후쿠시마 오염수 방류에 동의해줬을 뿐 아니라, "오염수가 아니라 '처리수'"라면서 '일본 홍보대사' 역할을 자청했다. 한국인들의 걱정이 가시지 않는 것은 역사적 악감정 때문만은 아니다. 일본 정부는 후쿠시마산 농산물로 차린 밥상을 국제 행사에 올리는 식으로 홍보전에 골몰해왔다. 원전 사고가 나고 얼마 안 지났을 때부터 일본의 일부 학자와 연예인 들은 후쿠시마산 농산물이 안전하다는 선전에 뛰어들었으며, 심지어 '위험해도 먹어주자'는 캠페인까지 벌였다. 왜곡된 애국주의로 위험을 덮으려 했던 것이다. 그에 비하면, 일본 시민들의 상식적이고 비판적인 목소리는 크게 전달되지 않았던 것이 사실이다. 정부와 기업을 감시하고 문제를 드러내며 해결책을 요구하는 시민들의 목소리 대신 정부의 홍보만 들려 오니 불신이 가시지 않은 것이다. 환경과 안전을 지키는 가장 큰 힘은 민주주의다. 히라타 같은 사람들의 목소리가 일본 안에서부터 더 크게 울려 퍼지기를 기대하는 수밖에 없겠다.

16

재난 자본주의에 맞서다

달마 카르타헤나

재난을 돈벌이로 만드는 자본주의

2017년 9월, 카리브해의 푸에르토리코에 최고 등급인 5등급 허리케인 마리아가 들이닥쳤다. 삼천 명 가까이 목숨을 잃었고, 수도와 전기마저 끊겨 주민들은 마실 물조차 구하기 힘들었다. 집들이 무너지고 농작물의 80퍼센트가 파괴됐다. 면적 9,104제곱킬로미터, 인구 330만 명의 푸에르토리코는 플로리다주 마이애미에서 남동쪽으로 약 천육백 킬로미터 떨어진 미국령 섬이다. 15세기 말부터 스페인 식민지가 됐고 노예로 끌려온 아프리카인들이 섬을 채우기 시작했다. 원주민들은 제거되거나 동화됐다. 19세기 말 스페인과의 전쟁에서 이긴 미국이 이 섬을 차지했으며 1917년부터 푸에르토리코 사람들도 미국 시민으로 분류됐다. 그런데 섬과 본토 사이를 자유롭게 오갈 수는 있지만 연방 선거에서 투표할 권리는 없다. 연방 세금도 내지 않는다. 미국 땅인데 미국의 '주'는 아닌 이상한 지위인 것이다.

　　개발도 늦고 경제적으로 낙후된 이 섬은 오랫동안 재정 부족에 시달렸다. 부채가 늘자 미 정부는 예산 삭감과 민영화를 압박했다. 섬 당국과 주민들의 반대 속에서도 미 의회는 '푸에르토리코 감독관리경제안정법(PROMESA, Puerto Rico Oversight, Management, and Economic Stability Act)'을 만들었고 2016년 감독관리위원회를 설치했다. 섬 주민들이 뽑지도 않은 일곱 명의 위원 손에 섬의 운명을 넘긴 것이다. 주민들은 점령군처럼 군림하는 이 기구를 '라 훈타(La Junta)'라고 부른다. 훈타는 스페인어권에서 군부 정권을 가리키는 말이다. 라 훈타의 지시에 따라 섬 전력 당국의 예산은 대폭 줄었고 인력은 30퍼센트 감축됐다. 전기와 물, 교통과 통신, 교육과 의료 등 사회에 꼭 필요한 인프라를 유지할 예산과 인력을 줄이면 결국 재난이라는 부메랑으로 돌아오기 마련이다. "푸에르토리코의 모든 기관이 라 훈타의 맹공으로 이미 초토화되어 있던 시점에 때마침 마리아가 섬을 훑고 지나갔다. 푸에르토리코는 단순히 휘청거리는 차원을 넘어 완전히 주저앉아버렸다."[160] 캐나다의 저술가이자 환경운동가인 나오미 클라인(Naomi Klein)의 지적이다.

모두의 것을 기업들에 팔아넘기고, 결국 사람들에게 재난을 안겨주는 행태를 '재난 자본주의(disaster capitalism)'라 부르기도 한다. 푸에르토리코는 재난 자본주의의 대표적인 사례다. 하지만 마리아는 그 섬을 황폐하게만 한 것은 아니다. 재난 자본주의에 맞서는 사람들을 낳았고, 땅에 대한 고민과 미래를 위한 움직임도 낳았기 때문이다.

마리아가 섬을 초토화시키기 전에도 푸에르토리코는 식량의
85퍼센트를 수입했다. 주민의 44퍼센트가 빈곤선 아래에서 살
았고, 식량 불안이 상존했다. 마리아는 섬사람들로 하여금 미국
과의 불평등한 관계를 절감하게 만들었다. 허리케인 이후 땅과
먹거리, 환경과 기후를 고민하는 이들이 크게 늘면서 곳곳에 농
민들의 자생적인 모임들이 만들어졌다. 그런 움직임을 이끈 주
축 가운데 하나가 삼십 년 역사를 지닌 풀뿌리 농업 조직 보리쿠
아 생태농업기구(Organizacion Boricua de Agricultura Ecologica de Puerto
Rico)[161]다. 이들은 '식량 주권 여단'이라는 조직을 만들어 마리아
가 훑고 지나간 농촌 살리기에 나섰다. 온실을 고치고 밭을 정비
하고 씨를 뿌렸다. 전부터 운영해온 농장에서 생산한 먹거리를
농민들과 나눴다. 플로리다 농민 협회나 '땅의 세대' 같은 미국 본
토 농민단체들, 세계 농민단체 연합인 비아 캄페시나Via Campesina
도 힘을 보탰다.[162]

　섬 중부 오로코비스에 있는 보티하스 농업생태공동체학교
(Escuela Segunda Unidad Botijas)는 학생들에게 농업생태학을 가르치
는 곳이다. 보리쿠아 생태농업기구가 운영하는 이런 학교들은 학
생과 주민 들에게 여러 종류의 농작물을 함께 심는 법, 화학비료
를 덜 쓰고 농사짓는 법, 빗물을 모으는 법, 땅속의 질소를 붙잡아
주는 콩을 이용해 경작하는 법, 퇴비 만드는 법, 계란 껍질과 토착
식물 님neem에서 짜낸 기름으로 천연 살충제를 만드는 법 등을 가

르친다. 교육에는 친환경 농법뿐 아니라 먹거리를 소비하고 공유하는 과정까지 포함된다.

이 학교를 이끌어온 달마 카르타헤나(Dalma Cartagena Colon, 1957 혹은 1958~)에게 농업생태학은 땅과 함께 살아가는 방법이자 사람들이 배우고 깨우치게 해주는 도구이며 주권을 지키는 길이다. 미국 시민단체 시빌이츠(Civil Eats)와의 인터뷰에서 그는 농업생태학과 농민들의 교육, 정치적 훈련에 대해 "우리가 인간뿐 아니라 땅과 강, 공기, 모든 생물종을 위해 건강한 먹거리를 생산할 능력을 갖고 있음을 이해하는 일"이라고 설명했다. 이십 년 넘게 아이들에게 농업과 환경에 대해 가르친 달마는 "아이들은 건강한 음식을 생산하는 기술, 토양의 질을 향상시키는 식물을 키우는 기술을 배우고, 푸에르토리코의 주된 작물들에 대해 배운다."면서 "신기한 점은 그들이 배움을 통해 스스로 교사가 된다는 것"이라고 말한다. "땅과 가까워지면서 아이들은 스스로의 힘을 알게 된다. 건강한 먹거리를 얻는 법을 알 권리는 기본 인권이어야 한다. 이 기술은 우리의 손과 기억 속에 있어야 한다."는 것이다.

토착 먹거리 운동, 유기농 운동은 다소 낭만적으로 보이는 것이 사실이다. 하지만 땅과의 관계를 중시하는 보리쿠아의 작업들은 마리아 때 실제로 힘을 발휘했다. 허리케인으로 곳곳이 초토화되고 보리쿠아가 관여해온 농장들도 피해를 입었지만 복구 과정에서 농업생태학적 관점과 그간의 교육이 빛을 발한 것이다. 《마이애미 헤럴드》는 보티하스 학교에서 초등학생들이 무너진

학교 지붕을 고치고, 농지 피해를 조사하고, 폭풍에 망쳐진 작물로 퇴비를 만드는 모습을 소개했다.

허리케인이 지나가고 두 달이 지날 무렵 학생들은 마을 주민 이백여 명을 먹일 수 있을 만큼의 작물을 생산하고, 학교 식당에서 마을 공동체를 위한 식사를 제공하고 있었다. 카르타헤나의 말처럼 "아이들은 폭풍이 몰아치면 뭘 해야 하는지 알고 있었다." 학교 농장은 반년 가까이 마을 주민들을 먹여 살렸다.[163]

푸에르토리코의 농업에는 식민지 역사가 켜켜이 쌓여 있다. 스페인 점령 시절 이 섬의 농지 대부분은 하시엔다hacienda라 불리는 대농장들이 차지하고 있었다. 미국의 통치가 시작되면서 농장 주인이 미국인들로 대체됐다. 푸에르토리코를 방문한 적도 없는 농장주들이 먼 곳에서 섬 주민들을 부려 농사를 짓게 하고 이익을 챙겼다. 카르타헤나의 할아버지는 미국의 점령이 시작된 해에 태어나 남의 땅에서 담배 농사를 짓는 농부로 살았다. 1930년대까지만 해도 섬사람들이 먹는 식량의 65퍼센트가 섬에서 생산됐다. 20세기 중반이 되자 미국 기업들이 들어오고 산업화가 시작됐다. 농민들은 미국 기업들이 운영하는 공장의 노동자로 변했고 농업도 산업형으로 바뀌었다.

카르타헤나는 "어릴 때는 신발 한 켤레도 없었다. 하지만 나는 풍족하게 먹고 자랐다."고 회상했다. 그가 기억하는 어린 시절 할아버지의 집 부엌은 집에서 기른 과일과 약초와 뿌리가 서로 엉겨 붙은 채소로 가득했다. 돼지, 닭, 소를 키웠고 우유와 달걀을 가져다 먹었다. 그런 환경에서 자란 카르타헤나는 푸에르토리코 대학에서 농학을 공부했다. 하지만 당시의 농업 교육은 화학비료와 기계 장비를 이용해 산출량을 늘리는 것에 집중한 농업혁명, 이른바 '녹색혁명'에 바탕을 두고 있었다. 대학을 졸업하고 농무부에서 일하던 카르타헤나는 먹거리 대신 상업용 작물을 대량 생산하는 단작(單作) 농업의 위험성에 점점 눈뜨게 됐다. 푸에르토리코를 메운 커피 농장의 위험성이 눈에 보이기 시작했고, 다른 대안이 있어야만 한다고 생각하게 됐다. 그 위기감이 그를 농업생태학으로 이끌었다. "농업생태학은 새로운 것이 아니다. 조부모님이 하던 모든 일"이었다.

기후변화로 허리케인은 점점 강해지고, 홍수는 잦아진다. 이 때문에 카르타헤나의 길을 따르는 이들이 늘고 있다. 생태농업으로 허리케인을 피해 가지는 못하더라도, 재난 뒤에 더 잘 회복될 수는 있다는 것을 보리쿠아가 보여줬기 때문이다. 카르타헤나는 2020년 보티하스 공동체학교를 그만둔 뒤 '지구의 학교(Escuelita de la tierra)'를 운영하고 있다. 푸에르토리코 전역에 생태 농장 네트워크를 만드는 것이 그의 꿈이다.[164]

기후 위기로 재난의 규모가 갈수록 커지고 있으며, 피해 정도도 심각하다. 2019년 9월 허리케인 도리안Dorian이 푸에르토리코에서 멀지 않은 카리브해의 섬나라 바하마를 사십 시간 동안 휩쓸고 지나갔다. 지붕이 날아가고 집들이 무너지고 비행기와 자동차 들이 두 동강 나거나 물 위를 떠다녔다. 특히 아바코섬의 피해가 컸다. 아바코는 산호초와 맹그로브와 거북이 들로 유명했던 곳이지만 지금은 바닷가 저지대에 판잣집들이 늘어선 '머드(Mud, 진흙)' 마을로 알려져 있다. 정부는 판자촌을 없애겠다고 번번이 말했지만 허리케인이 닥친 순간에도 수천 명이 그곳에 살고 있었다.

바하마는 칠백여 개의 섬들로 이뤄진 나라로, 총 면적 일만 사천 제곱킬로미터에 인구는 35만 명이 조금 넘는다. 주민 90퍼센트는 아프리카계 후손이고, 5퍼센트가 채 안 되는 백인 주민들이 부유층을 형성하고 있다. 나라는 작지만 관광산업 덕에 1인당 실질 국내총생산은 연간 삼만 달러가 넘는다. 도리안의 위력이 셌지만 부촌인 베이커스베이 등의 빌라촌에 사는 사람들은 별 피해를 입지 않았다. 자체 보안 시설을 두고 담장을 둘러쳐 '게이티드 커뮤니티gated community'라 불리는 이런 주택단지 주민들은 위성통신을 이용한 경보 시스템으로 허리케인 경고가 뜨자, 살림살이가 들어 있는 컨테이너를 배에 싣고 피신했다. 반면 아바코 등지의 서민층과 빈곤층 주민 칠만여 명은 엄청난 피해를 입었다. 특히 허리케인에 물속으로 가라앉은 머드 판자촌의 모습은 위기 때 극명히 드러나는 '재난의 불평등'을 그대로 보여줬다. 미국 컬럼비아대 경제학자 애덤 투즈(Adam Tooze) 교수는 《파이낸셜타임스》에 기고한 글에서 "바하마 허리케인 피해는 '위험의 위계 구조'를 보여줬다."고 지적했다. 그는 "허리케인은 세계화를 거치며 형성된 이 섬나라의 불평등한 사회구조를 노출시켰다."며 "우리

모두의 미래를 보여주는 전조"라고 경고했다.[165]

마다가스카르의 '기후 기근'

지구를 반 바퀴 돌아 이번엔 인도양의 마다가스카르로 가보자. 아프리카 대륙 동해안에서 사백 킬로미터 떨어져 있는 섬나라다. 세계에서 네 번째로 큰 섬이고, 지구상의 다른 곳에서는 볼 수 없는 동식물이 포함된 독특한 생태계를 갖고 있다.

　　이 섬의 기후는 보통 5월부터 10월까지의 건기와 11월에 시작되는 우기 두 계절로 나뉜다. 하지만 이 섬나라는 최근 몇 년 동안 극심한 가뭄을 겪고 있다. 어떤 곳들은 몇 년씩 비가 오지 않았다. 마을마다 들판이 말라붙고 물이 모자라 작물을 키울 수 없게

마다가스카르의 바오밥 나무들

됐다. 사람들이 먹는 곡식이나 채소는 물론이고 가축에게 사료로 주기 위해 키우던 선인장 잎까지 말라붙었다.《로이터통신》의 2021년 10월 보도에 따르면, 남부 지역의 어느 마을에서는 보이는 것이 누런 흙과 선인장뿐이다.[166]

먹을 것조차 없어진 농민들은 소와 농지, 집까지 내다 팔고 있다. 학교에 못 가는 아이들도 늘었다. 유엔 세계식량계획(WFP)이 내주는 식량을 지원받아 연명하는 사람들이 칠십만 명에 이른다. 세계 여러 지역의 식량 위기 상황을 모니터링하는 '통합식량안보 단계 분류(IPC)' 프로그램은 식량 위기를 다섯 단계로 구분한다. 1단계 정상(Minimal), 2단계 경고(Stressed), 3단계 위기(Crisis), 4단계 비상(Emergency), 5단계 기근(Famine). 3단계 위기 이상인 지역을 살펴보면 아시아에서는 아프가니스탄과 예멘 일부가 해당

마다가스카르에 서식하는 큰낮도마뱀붙이(Giant Day Gecko)

된다. 이유는 뻔하다. 내전 탓이다. 그 외에는 전부 아프리카 국가들인데 역시 대개는 소말리아, 남수단 등 분쟁이나 정정불안이 이어져온 지역이다.[167] 그런데 마다가스카르에서는 식량 위기를 맞닥뜨린 사람이 130만 명에 이르렀다. 5세 이하 아이들 가운데 영양실조를 겪는 아이가 약 오십만 명에 이를 것으로 유니세프는 예상했다. 남부 몇몇 곳은 5단계, 즉 '기근'으로 치닫고 있다. 삼만 명이 굶어 죽을 수 있는 상황이라고 유엔 세계식량계획은 판단했다.[168]

분쟁도 없는 곳에 어떻게 기근이 닥친 것일까. 기후변화로 비가 적게 오고 강우 패턴이 바뀌었기 때문이다. 유엔 세계식량계획 현지 책임자는 "기후변화의 영향이 점점 더 커지고 있다."고 했다. 유엔은 "극심한 가뭄이 마다가스카르를 세계 최초의 '기후변화 기근'으로 내몰고 있다."고 진단했다.[169] 《로이터통신》이 인용한 미국 샌타바버라 캘리포니아대학 과학자들 연구로 봐도 마다가스카르의 강우 패턴은 점점 더 불규칙해지고 있고, 육 년 연속으로 평균 이하 강우량을 보였다. 곡식이 자랄 만큼 충분히 비가 온 것이 팔 년 전, 십 년 전인 마을도 있었다.

해마다 심해지는 가뭄에, 토양이 침식돼 모래 폭풍이 분다. 이삼십 년 동안 벌채를 계속하면서 황폐해진 탓도 있다. 먹을 것이 모자라고 일자리도 없어지자 '다할로dahalo'라 불리는 산적들이 판을 친다. 기후변화가 세계의 저개발 지역, 특히 열대 빈국들에 더 큰 피해를 줄 거라는 얘기는 너무 많이 나왔는데, 그것이 마다가스카르에서 실제로 일어났다. 기후 위기, 해수면 상승, 그로 인해 발생한 기후 난민, 식량 부족과 기근, 공동체 파괴, 분쟁 증가 등은 암울한 시나리오가 현실이 되고 있음을 보여준다.

부자 나라 빚을 대신 갚는 사람들

마다가스카르는 아름다운 생태계와 신기한 동물들의 나라로 유명하다. 면적 육십만 제곱킬로미터, 인도 아대륙에서 8,800만 년 전 떨어져 나온 것으로 지질학자들은 추정한다. 고립된 섬 특유의 생태계가 발달해 있고 종 다양성의 보고이기도 하다. 원주민들은 인도네시아 쪽에서 온 오스트로네시안계고 9세기부터 동아프리카인들도 이주해왔다. 주민이 늘어나면 환경 파괴와 생태계 붕괴를 피할 수 없다. 주변 모리셔스섬에서 도도새가 사라진 것처럼, 오랫동안 고립돼온 섬 생태계는 외부 충격에 특히 취약하다.

말라가시^{Malagasy}라고도 불렸던 이 섬은 1897년 프랑스 식민지가 됐고 1960년 독립했다. 2009년에 정치적 위기가 있었다. 마르크 라발로마나나(Marc Ravalomanana) 당시 대통령이 마구잡이로 권력을 휘두르다가 전국적인 시위가 일어난 것이다. 그는 시위대를 유혈 진압했지만 결국 권좌에서 쫓겨났다. 한국도 이 혼란에 책임이 있었다. 당시 한국 기업이 마다가스카르 농지의 거의 절반을 헐값에 장기 임대하는 계약을 체결한 것이다. 그에 대한 반발이 격렬한 시위를 부른 측면이 있었고, 한국같이 잘 사는 나라들의 빈국 '땅 빼앗기'가 이슈가 됐다.

2014년부터 정치적인 혼란은 가라앉았지만 경제 사정은 좋지 않다. 주된 산업은 농업과 생태관광 정도다. 세계 최빈국 가운데 하나로 1인당 연간 실질 GDP가 천오백 달러에 불과하다. 인구 2,700만 명 가운데 70퍼센트가 빈곤선 이하에서 살아간다.

세계탄소프로젝트The Global Carbon Project에 따르면 이 나라가 내놓는 이산화탄소는 전 세계 배출량의 0.01퍼센트도 안 되는데 부국들이 주로 일으킨 기후변화의 피해를 고스란히 떠안고 있다.[170] 안드리 라조엘리나(Andry Rajoelina) 대통령은 가뭄 피해 지역을 방문했을 당시 "기후변화는 마다가스카르에 큰 영향을 미치고 기근을 더욱 악화시킨다."면서 "마다가스카르는 기후변화의 희생자"라고 말했다. 국제엠네스티는 그 무렵 글래스고에서 열릴 예정이던 COP26 회의를 앞두고 마다가스카르의 가뭄을 언급하면서 "세계에서 이산화탄소를 가장 많이 내놓는 이들 때문에 일어난 실패로, 가장 가난하고 소외된 집단이 가장 큰 대가를 치르고 있다는 사실을 더 이상 받아들일 수는 없다."고 했다.[171] 유엔 세계식량계획의 데이비드 비즐리 사무총장도 이 섬을 방문한 뒤《AP통신》과의 인터뷰에서 기후변화로 몇 년 안에 닥쳐올 일들을 보여주는 경종이라고 지적했다. 그는 "마다가스카르의 상황은 너무 절망적이고 가슴 아프다."면서 "우리가 예상할 수 있는 일들의 시작일뿐"[172]이라고 말했다.

유엔 세계식량계획에 따르면 지난해 세계에서 3,800만 명이 기후변화로 거주지를 옮겨야 했다. 2050년까지 그렇게 집을 떠나야 하는 사람이 2억 1,600만 명으로 늘어날 수 있다고 비즐리 사무총장은 말한다. 유럽연합과 한국, 미국, 일본 같은 나라들은 2050년 탄소 중립을 목표로 내세우고 있지만 그때에는 이미 지구 상에 너무 많은 피해자가 생겨나 있을 것이라는 얘기다. 그마저도 중국과 러시아는 2060년, 인도는 2070년을 목표로 잡고 있다.

부자 나라들이 지원하지 않으면 빈국들은 기후변화 피해에서 벗어날 수가 없다. 나무가 많고 종 다양성이 풍부한 지역들은 대개 열대의 저개발국들이다. 그래서 생태계를 지키고 탄소 배출을 덜한 나라들에게, 부자 나라들이 시혜가 아닌 배상 차원에서 돈을 내야 한다는 목소리가 커지고 있다. 부자 나라들에 빚진 채무국이 아니라 그들이 입힌 피해에 대한 보상과 환경 보호에 따른 대가를 요구할 권리가 있는 채권국으로 봐야 한다는 것이다.

하지만 정작 기후변화 대응을 요구하는 환경운동가들의 목소리는 앞에서 많이 살펴봤듯이 자본의 이해관계와 배치될 때가 많고, 개도국 정부들은 흔히 기업 편에 서곤 한다. 그럴 때 환경운동가들은 핍박의 대상이 된다. 마다가스카르의 인권운동가이자 불법 벌목에 맞서 싸워온 환경주의자이기도 한 클로비스 라자피말랄라는 열대우림 보호 활동을 하다가 2020년에 기소됐다.

억압 속에서도 자연과 삶을 지키려는 목소리는 커지고 있다.

마리 크리스티나 콜로(Marie Christina Kolo, 1989~)는 이 섬나라의 젊은 여성 환경운동가다. 2015년 그는 마다가스카르와 이웃한 프랑스령 레위니옹, 코모로 등의 젊은이들과 함께 인도양 기후 네트워크Indian Ocean Climate Network를 만들었다. 유엔 기후회의에 청소년 대표로 참석하기도 했다. 2016년부터는 그린엔쿨Green'N'Kool[173]이라는 사회적 기업을 만들어 취약한 여성들을 돕고 청소년들에게 환경 문제를 가르치며 공동체를 구축하는 작업을 하고 있다.

17 작은 노력이 기회를 만들어낸다

이사투 시세이, 이칼 앙겔레이, 파티마 지브렐

쓰레기 가운데서 먹고사는 사람들

아프리카 동쪽 인도양에 닿아 있는 에티오피아 수도 아디스아바바 외곽에 코레^{Kore}라는 마을이 있다. 현지 부족 언어인 암하라^{Amhara} 말로 '더럽다'는 뜻이라고 한다. 마을이 그런 이름으로 불리기 시작한 것은 1960년대로 거슬러 올라간다. 수도에 사는 수백만 주민들이 내다 버린 쓰레기를 모아 이 마을에 쌓아두기 시작한 것이다. 갈 곳 없고 달리 먹고살 길도 마땅치 않았던 사람들은 쓰레기를 뒤져서 쓸 만한 것을 주워 팔기 시작했다. 2014년에 정부가 쓰레기산을 없애려고 했지만 무산됐다. 다른 곳 주민들의 반대 때문에 적치장을 새로 찾기도 힘들었거니와, 코레 마을에 사는 오백여 명에게는 쓰레기 더미가 곧 일터고 자원이고 삶의 수단이었기 때문이다. 2017년에 쓰레기산이 무너져 113명이나 숨졌지만 여전히 누군가는 거기서 생계를 이어간다.[174]

중미 온두라스의 산페드로술라^{San Pedro Sula}. 치안이 좋지 않은 이 나라에서도 유독 갱들이 설쳐대고 살인율이 높은 곳이다. 이곳 풍경을 구성하는 것도 쓰레기들이다. 쓰레기산이 솟아 있고 여기저기서 폐기물 태우는 검은 연기가 솟아오른다. 덤프트럭이 쓰레기를 싣고 와 쏟아부을 때마다 새와 개, 소와 아이 들이 모여들어 먹을 것을 찾아 뒤진다.

세계은행에 따르면 매년 세상에서 버려지는 쓰레기의 양은 이십억 톤이 넘는다. 강과 바다에 흘려보내거나 대기 중으로 내뿜는 것들 말고, 우리 눈에 보이는 쓰레기 즉 '고형 폐기물'만 따진 양이다. 어떤 것들은 땅에 묻혀 천천히 썩거나 태워진다. 하지만 쓰레기의 상당수는 어딘가에 쌓일 수밖에 없다. 누군가는 버리고, 달리 살 길이 없는 또 다른 누군가는 버려진 것들을 모아 먹고산다. 필리핀과 이집트에도 이런 쓰레기 마을들이 있다. 쓰레기 더미에 터를 잡고 생계를 유지하는 사람이 세계에 천오백만 명이나 된다는 추산도 있다.[175] 사회가 외면한 이들이 사회의 폐기물을 뒤지며 힘겹게 삶을 이어간다. 2021년 치러진 도쿄 올림픽 복싱 종목에서 남자 플라이급 은메달을 딴 필리핀 선수 카를로스

투르카나 호수

팔람도 넝마주이 출신이다.[176] 하지만 쓰레기 마을의 인생 역전은 예외적인 사건일 뿐이다.

가난과 쓰레기는 세계화된 지구의 두 얼굴이다. 아프리카와 아시아의 몇몇 곳들, 한국보다 덜 개발되고 소득이 적은 지역들을 돌아다니다 보면 가난의 역사와 본질 등을 생각해보게 된다. 가난은 돈이 없다는 것이고, 물건을 원하는 대로 사서 쓰지 못한다는 것이다. 적어도 전근대 사회에서는 그랬을 것이다. 지금은 다르다. 세계화는 가난한 지역이라고 해서 피해 가지 않는다. 상품들은 세계 어디로든 쏟아져 들어간다. 값싸고 질 낮은 상품이 넘쳐나고, 그것들이 고스란히 쓰레기가 된다. 그러니까 지금의 세계에서 가난은 물건이 없는 것이 아니라, '쓰고 버린 물건을 처리할 인프라가 없는 것'에 더 가깝다.

쓰레기를 처리하기 위해선, 누군가 그걸 분리해서 정해진 장소에 버려야 한다. 또 다른 누군가는 그것을 모아서 가져가야 한다. 태우거나 묻거나 재활용할 수 있게 처리하는 사람도 있어야 한다. 누군가는 리사이클해서 자원으로 순환시켜야 한다. 법이 있고 장비가 있고 사람들이 있고 시스템이 있어야 한다. 버리는 것에도 이토록 대단한 행정력과 돈이 필요하다.

쓰레기를 처리할 인프라를 제대로 갖추지 못한 지역에서, 도시의 풍경은 코레가 되고 산페드로술라가 된다. 유엔 해비타트 UN HABITAT에 따르면 세계에서 삼십억 명 이상이 폐기물 처리 시스템이 없거나 부족한 처지에서 살아가고 있다.[177]

감비아는 서쪽으로 대서양에 면해 있으며 동쪽과 남쪽, 북쪽 삼면은 세네갈에 에워싸여 있다. 몇몇 섬나라들을 빼면 아프리카 대륙 본토에서 가장 작은 나라다. 넓이는 일만 제곱킬로미터가 조금 넘는 정도고 인구는 220만 명이다. 포르투갈과 영국의 식민 통치를 받다가 1965년 독립했다. 관광산업과 소규모 제조업이 있기는 하지만 주민 대부분이 농업과 어업에 의지해 살아간다. 구매력 기준으로 2020년 1인당 GDP가 이천이백 달러에 불과한 빈국이고 인구 절반이 빈곤층이다.

서아프리카의 감비아의 사회활동가 이사투 시세이(Isatou Ceesay, 1972~)는 '재활용의 여왕'이라는 별명으로 유명하다. 북부의 은자우에서 태어난 그는 어릴 적 잠깐 학교를 다닌 것 외에는 정규 교육을 받지 못했다. 그가 사는 은자우는 감비아 강변의 작은 마을인데도 쓰레기의 물결을 피할 수는 없었다. 시세이는 1997년 다른 여성 네 명과 함께 은자우 재활용 센터를 만들면서 '쓰레기와의 싸움'을 시작했다. 처음에는 플라스틱을 비롯한 쓰레기를 줄이고 재활용하는 일이 왜 중요한지 마을 사람들에게 가르치고 재활용 방법을 교육하는 것이 목표였다. 그러나 시간이 지나면서 가난한 마을 여성들에게 글을 가르치는 것을 비롯해, 수입원을 만들어주고 삶을 개선하는 쪽으로 점차 확대되었다. '비닐봉지 하나(One Plastic Bag)'[178]라고 불리는 재활용 운동을 통해 플라스틱 쓰레기를 자원 삼아 물건을 만들어 파는 법을 개발하고 가르치게 된 것이다.

회원들은 쓰레기를 모아 센터로 가져와서 유기물질과 종이, 플라스틱, 금속, 유리 등을 분류한다. 유기물은 퇴비로 만들고, 금속제 쓰레기는 리사이클링 업체들에 판다. 비닐은 모아서 매트와 지갑으로, 고무는 목걸이 등으로 '업사이클링'한다. 버려지는 것들에 가치를 덧대 상품으로 만드는 것이다. 센터 사람들이 재활용만 하는 것은 아니다. 마을 여성들이 꿀이나 왁스, 옷감 등을 함께 생산해 팔 수 있도록 돕기도 한다. 시세이와 은자우 센터 사람들에게 환경은 곧 여성들의 삶의 조건과 연결돼 있다.

처음 이 일을 시작했을 당시, 시세이의 어머니조차 '남의 쓰레기를 처리하는 데에 인생을 건' 딸을 보며 제정신이 아닌 줄 알았다고 한다. 하지만 어느새 그의 활동은 여성들이 연중 꾸준히 조금씩이라도 돈을 벌 수 있게 해주고, 수입과 지출을 계획할 수 있도록 해주며, 농한기의 배고픔을 피할 수 있게 해주고, '사업'에 눈뜰 수 있게 하는 '은자우 리사이클링 및 소득 창출 그룹(Njau Recycling and Income Generation Group)'이라는 큰 프로젝트로 성장해 있었다. 이 프로젝트에 전국 네 개 지역의 일만 명 넘는 사람들이 연결돼 있다.[179] 코로나19 때문에 감비아 경제의 5분의 1을 차지하는 관광업은 큰 타격을 받았고, 경제가 위축되면서 소농 혹은 소상공인인 여성들의 삶은 더 팍팍해졌다. 팬데믹 이후 시세이는 이들에 대한 정부 지원을 늘리기 위해 목소리를 높이고 있다.[180]

투르카나Turkana 호수는 케냐 북부에 있으며 북쪽으로는 에티오피
아와 이어진다. 사막에 위치한 호수들은 말라붙었다가 물이 차기
를 주기적으로 되풀이하는 경우가 많지만 투르카나는 언제나 물
이 차 있는 호수다. 사막에 있는 것 중 세계에서 가장 큰 영구 호
수고, 세계에서 가장 큰 '알칼리 호수'로 유명하다. 한마디로 소금
물이란 얘기다. 면적이 13만 제곱킬로미터가 넘는다. 케냐는 나
일악어들이 많이 사는 이 호수 일대를 국립공원으로 지정했다.
유네스코 세계문화유산으로도 등록돼 있다. 주변에는 고인류 화
석이 발견된 고고학 유적들이 있고, 악어뿐 아니라 하마와 뱀, 물
고기 등 고유종들이 서식한다.

오모강과 투르크웰강, 케리오강에서 들어오는 물이 호수를
채운다. 들어오는 물은 있지만 흘러 나가는 물은 없다. 주변 지역
이 덥고 건조하기 때문에 물이 자연적으로 증발하면서 수량이 유
지되는 것이다. 그런데 주변에서 관개농업에 쓰려고 물을 많이
빼 간 데다, 사막화가 심해지면서 1975년부터 1993년 사이에 호
수의 수위는 십 미터 이상 낮아졌다. 이 오랜 생태 시스템은 특히
댐 건설로 위기를 맞고 있다. 에티오피아가 이 호수로 들어오는
오모강에 기베 3호Gibe III라는 대규모 수력발전용 댐을 지었기 때
문이다. 호수에 기대어 살아가는 토착민 농부, 목동, 어부 들은 이
십만 명에 이른다. 댐 때문에 투르카나 호수의 물은 더 줄어들 것
이고, 가뜩이나 가난 속에 살아가는 오모강 계곡 토착민들의 삶

이칼 앙겔레이(2017)

이 그만큼 더 어려워질 것이 뻔하다. 하지만 에티오피아 정부는 댐을 지으면서 이들의 의견을 묻지 않았고, 항의에 귀를 기울이지도 않았다.

　　이칼 앙겔레이(Ikal Angelei, 1981~)는 투르카나 호수와 가까운 시골 마을 키탈레Kitale에서 태어나 자랐다. 아버지는 국회의원이었고, 1980년대와 1990년대 투르크웰강에 지어지던 댐 건설에 대하여 항의 운동을 벌였다. 인류학 연구 센터인 투르카나 분지 연구소에서 일하던 앙겔레이는 과학자들이 기베 3호 댐 건설을 걱정하는 것을 듣고서 뭔가 해야 한다고 결심했고, 아버지의 뒤를 이어 토착민을 위한 싸움에 나섰다. 지역사회와의 협의도 없이 대규모 건설을 추진하는 것에 분노해 2008년 '투르카나 호수의 친구들(FoLt, Friends of Lake Turkana)'[181]이라는 환경단체를 만들고 주민들의 목소리를 모으기 시작했다.

앙겔레이는 먼저 호수 주변에 흩어져 살아가던 토착민마을 들을 하나로 모으기 시작했다. 몇몇 부족은 아예 댐에 대해 알지 도 못하는 상태였다. 그런 부족 마을의 원로와 지도자들에게 댐 건설 계획과 그에 대한 우려들을 알리고, 부족들의 뜻을 모아 '투 르카나 호수 사람들의 선언'[182]을 발표했다. 케냐 정부는 에티오피 아가 댐을 지어 발전을 하게 되면 전력을 구매하기로 계약한 상 태였다. 앙겔레이와 '호수의 친구들'은 케냐 정부를 향해 구매 계 약을 재검토할 것을 요구했고, 지역 의원들에게 환경 파괴가 가 져올 장기적인 피해를 알리는 설득 작전에 나섰다. 이런 캠페인 에 힘입어 케냐 의회는 2011년 8월 케냐 정부가 에티오피아와 별 개로 독립적인 환경평가를 수행할 것을 요구하는 결의안을 통과 시켰다. 유네스코 세계유산위원회도 추가 조사가 이뤄질 때까지 댐 건설을 보류했다.[183]

앙겔레이는 기베 3호 댐 자금을 지원해주던 세계은행과 유 럽투자은행(EIB), 아프리카개발은행(ADB) 등 3대 금융기관에도 검토를 요청했다. 토착민 권익을 옹호하는 국제기구인 서바이벌 인터내셔널Survival International 등은 국제 청원을 조직하는 등 관심 을 호소하고 나섰다.[184]

이런 노력에도 불구하고 2006년 지어지기 시작한 댐은 결국 완공돼 2015년 가동을 시작했다. 국제금융기구들이 한발 물러섰

으나 중국수출입은행(中國進出口銀行)이 대규모 자금을 지원한 탓이 컸다. 앙겔레이와 호수의 친구들은 호수 생태계를 보호하고 토착민 여성들의 삶을 개선하며 주민들의 환경 의식을 높이고 환경 정의를 추구하는 싸움을 계속하고 있다.

소말리아의 나무를 지켜라

아프리카 동부의 소말리아. 이슬람 극단 세력의 횡포와 해적들로 악명 높은 나라, 서방의 전문가와 언론 들이 '실패한 국가(failed state)'로 낙인찍은 나라다. 파티마 지브렐(Fatima Jibrell, 1947~)은 소말리아 사나그의 유목민 마을에서 태어났다. 아버지는 미국인 선원이었다. 지브렐은 소말리아에서 열여섯 살이 될 때까지 영국계 기숙학교에 다녔고, 그 뒤 미국으로 가서 아버지와 합류했다. 1960년대 말 다시 소말리아로 돌아왔고, 외교관 남편과 결혼해 아이들을 낳아 키웠다. 남편이 이라크로 발령받자 함께 중동으로 옮겨 갔다. 시리아 다마스쿠스대학에서 공부하다가 1980년대에는 남편과 함께 미국으로 옮겨가 사회복지학 석사 학위를 받았다. 미국 시민권도 얻었다. 하지만 그의 고향은 언제나 소말리아였으며 1990년대 초반 고국으로 돌아갔다.[185]

어릴 적 그의 어머니는 아이가 사자가 사는 키 높은 풀밭을 돌아다니다가 위험에 빠질까 봐 오두막에 가둬놓고 키웠다고 한다. 그러나 수십 년 세월이 흐르는 동안 소말리아의 모습은 너무도 달라졌다. 나무는 땔감으로 쓰이기 위해 베이고 사막화로 인해 땅은 점점 메말라갔다. 풀과 사자가 사라진 곳들은 점점 마른 땅이 되었다.

1991년 내전으로 정부가 무너지면서 소말리아인들의 삶은 더욱 혼란스러워졌다. 소말리아 환경 악화의 또 다른 이유는 가축 수출길이 막힌 것이었다. 사우디아라비아 등 걸프 산유국들이 가축 수입을 중단해버리자 가난한 목축민들은 나무를 베어다 숯을 만들어 걸프 지역 국가들에 팔기 시작했다. 걸프에서는 석유를 '검은 금'이라 부른다. 이렇다 할 자원이 없는 소말리아 사람들에게는 아카시아나무로 만든 숯이 그나마 가축 대신 수출 품목을 대체할 '검은 금'이었다. 오십 년에서 길게는 오백 년 된 아카시아 숲들이 사라져갔다. 또 숯을 만들려면 나무를 태워야 했다. 관목 덤불과 풀까지 모두 베어내 숯가마에 불을 때니, 환경 파괴는 말도 못하게 심했다.

지브렐은 아프리카개발솔루션(ADESO, African Development Solutions)[186]이라는 기구를 만들어 아카시아 벌목과 숯 수출을 중단하도록 촉구하는 운동을 시작했다. 소말리아 북동부, 아덴만에 인접한 푼틀란드에서 숯 생산의 피해를 알리는 캠페인을 하기 위해 젊은이들을 모아 훈련시켰고 1999년에는 주요 도시에서 평화 행진을 조직했다. 이듬해 푼틀란드 지방정부는 숯 수출을 금지시켰다. 아프리카개발솔루션은 국내 숯 수요를 줄이기 위해 태양열 조리기를 보급하는 운동도 했다.

환경이 악화되면서 유목 부족들은 서로 갈라져 싸우고 있었다. 지브렐과 아프리카개발솔루션 직원들은 캠페인 과정에서 수많은 위협을 받았지만 부족들 사이를 오가며 여성과 젊은이 들을 가르치고, 바위로 소규모 댐을 만들어 물 부족에 대응하는 풀뿌리 운동을 일으켰다. 짧은 우기 동안 물을 모으고 건조한 땅에 식물이 자라도록 돕는 프로젝트였다. 고향인 사나그의 마을들과 협력해 농촌 연구소를 만들고 외국 환경단체들의 도움을 받아 자원과 평화의 관계, 취약한 자원을 세심하게 활용하는 법, 보건의료와 가축 관리법을 가르쳤다.

2013년 그는 아프리카개발솔루션에서 은퇴했지만 딸이 맡아서 운동을 이어가고 있다. 관심을 기울이고 있는 것은 소말리아 연안의 어업을 회복하는 프로그램이다. 소말리아는 아프리카에서 두 번째로 긴 해안선을 가지고 있지만, 외국 어선들이 마구잡이로 들어와 물고기를 남획하면서 정작 지역민들은 생선을 구하기 힘들어졌다. 게다가 유럽 부자 나라 선박들이 소말리아 근해에 유독성 폐기물을 불법 방류하는 일이 많아 어업 자원이 말라붙고 있다. 아프리카개발솔루션은 '지속 가능한 어업'을 위해 어민 공동체들을 훈련시키고, '바닷가 덤불숲' 맹그로브와 산호초를 보호하고, 불법 조업을 막는 활동을 하고 있다.

아프리카 환경운동의 미래들

아프리카 곳곳에서 이들처럼 땅과 삶을 바라보는 인식을 바꿔나가는 여성들이 많아지고 있다. 특히 '지속 가능한 개발'의 중요성에 눈뜬 젊은 여성들의 활약이 세계의 주목을 받고 있다. 이들이 보기에 기후변화는 세계의 다른 어느 곳보다도 아프리카에 더 큰 숙제를 안기는 이슈다. 상대적으로 경제 발전 속도가 느린 상황에서 개발과 보전이라는 두 마리 토끼를 모두 잡아야 하기 때문이다. 행정 당국의 관심과 인식은 미흡하고, 정치·사회적으로 참여할 통로도 부족하다. 전근대적인 부족 문화가 남아 있는 경우도 많고, 무엇보다 돈과 기술이 부족하다. 하지만 그렇기 때문에 시세이의 소박한 프로젝트처럼 제한된 기술 수준과 자원으로도 경제적 기회를 만들어낼 수 있는 것 또한 사실이다.

케냐의 완주히 은조로게(Wanjuhi Njoroge, 1989~)는 나이로비대학과 스트라스모어대학에서 사회학과 경영학을 공부한 후 지역사회에서 코딩을 가르치는 사회적 기업 루트에드 아프리카RootEd Africa를 세웠다. 2017년에는 통신 회사 사파리콤Safaricom과 제휴해 도서관도 지었다. 루트에드는 여성들에게 디지털 기술과 경제를 가르쳐 구직을 돕고, 지역 농민들이 환경친화적인 농업을 지향해가도록 지원한다.

이마쿨라테 아켈로(Immaculate Akello)는 우간다의 변호사이자 기후활동가다. 지역 공동체의 환경권과 '환경 민주주의'를 옹호하는 청년 조직 '세대 관여 네트워크(Generation Engagement Network)'를 만들어 활동하고 있다. 이 네트워크는 기후변화의 최대 피해자인 가난한 농촌 여성들을 위해 과실수 재배와 숲 가꾸기 활동을 하고 있다. 유엔은 그런 아켈로를 차세대 아프리카 여성 활동가로 뽑았다. 그는 "기후변화, 여성에 대한 폭력, 성별 교육 격차, 성별 임금격차는 우리 시대의 가장 심각한 네 가지 이슈"라고 말한다. 청년들이 나서서 이런 격차를 극복할 법과 정책을 요구하고, 억압적인 법을 폐지하도록 의회를 압박해야 한다는 것이다.[187]

페미니스트이자 환경운동가인 에티오피아의 하나 키다네(Hana Kidane), 여성들의 권익과 기후 정의를 위해 일해온 짐바브웨의 치도 니야루와타(Chido Nyaruwata) 등도 주목받는 여성 활동가다. 아프리카 여성들은 '아프리카 여성 환경주의자 네트워크(NAWE, Network of African Women Environmentalists)'를 만들어 국제 연대에도 적극 나서고 있다.[188]

18 우리의 목소리는 막을 수 없다

어우훙이와 중국의 청년 세대

스웨덴의 환경운동가 그레타 툰베리(Greta Thunberg, 2003~)는 "기후변화가 지구를 위협하는데 학교에 가는 것은 무의미하다."며 2018년 9월 등교 거부 투쟁을 했다. 세계에서 툰베리를 비롯한 미래 세대의 호소가 이어졌고, 중국도 예외가 아니었다.

툰베리의 호소에 응답해 중국 최초의 기후 파업을 조직한 어우훙이(歐泓奕, Howey Ou, 2002~)는 남부의 광시좡족 자치구에 있는 구이린(桂林)에서 태어난 젊은 운동가다. 그는 십 대 후반을 환경문제와 씨름하며 보내왔다. 그의 관심사의 궤적을 따라가보면, 기후 위기 시대를 살아가야 할 미래 세대의 위기감이 어떻게 행동으로 발전해갈 수 있는지 알 수 있다.

열여섯 살 어우훙이, 기후 파업을 시작하다

처음 관심을 가졌던 것은 플라스틱 쓰레기였다. 우연히 도서관에서 미국 잡지 《내셔널 지오그래픽》에 실린 해양 플라스틱 쓰레기 기사를 읽고 심각성을 알게 된 것이다. 그 후로 환경 전반에 대한 관심이 커졌지만, 처음엔 뭘 어떻게 해야 할지 알 수가 없었다. "방을 나갈 때 불을 꺼야 한다는 것, 되도록 물과 전기를 아껴야 한다는 것말고는 아는 게 없었다. 기후변화가 뭔지도 잘 몰랐고 2015년 파리협약이 체결된 뒤에야 그 얘기를 들을 수 있었다." 미국의 진보적 가톨릭 매체인《내셔널 가톨릭뉴스》의 환경 프로젝트 '어스비트'와의 인터뷰에서 어우홍이가 한 말이다. "우리가 일상적으로 하는 많은 일이 지구를 해치고 있다는 것을 깨달았고, 뭔가 해야 한다는 것을 알게 됐다." 그것이 채식주의로 이어졌다. 무엇이 지구에 친화적인지를 고민했지만 채식으로 전환하는 데는 꼬박 일 년이 걸렸다. 인식은 그를 행동으로 이끌었다. "중국에는 기후과학자가 한 명 더 필요한 게 아니다. 과학적으로는 모든 게 명확하다. 중국에 필요한 것은 변화를 추진하고 정부와 대중의 행동을 촉구하는 기후운동가다."[189]

어우홍이는 자신에게 영향을 준 사람으로 다큐멘터리〈불편한 진실An Inconvenient Truth〉을 만든 전 미국 부통령 앨 고어와 툰베리를 꼽는다. 열여섯 살 툰베리가 기후 위기를 깊이 인식하고 있는 걸 보고 놀랐고, "나도 그렇게 할 수 있다."고 생각했다고 한다.[190] 2019년 5월 말 열여섯 살 어우홍이는 구이린 시청 앞에서 기후변화 대응을 요구하는 피켓을 들고 시위를 했으며 등교를 거부하는 '파업'에 들어갔다.[191]

일주일간 이어진 시위는 결국 공안(경찰)에 저지당했다. 당국은 그가 다니던 학교와 부모 양측을 압박했고, 그가 다른 환경운동가나 단체와 연결되지 못하게 하려고 안간힘을 썼다. 지방 교육 당국은 그의 부모에게 전화해 기후 활동을 중단할 것과 외국 언론과 인터뷰하지 말 것을 요구했다. 압력을 받으면서도 어우훙이는 그해 9월 '생존을 위한 나무 심기(为生存植树)' 캠페인을 시작했다. 용돈을 모아 나무를 사서 구이린 주변에 심었다. 금요일마다 거리로 나와 시위를 하고, 다큐멘터리 상영회 같은 모임을 만들었다.

학교 측은 이런 활동을 그만두지 않으면 다시 교실로 돌아올 수 없다고 압박했다. 심지어 다시 학교에 나오려면 심리검사를 받아야 한다고 했다.[192] 어우훙이를 고집 센 문제아로 몰아가려는 의도였다. 소셜미디어 위챗 계정은 차단됐다. 시위를 해본 적도, 본 적도 없었기 때문에 걱정이 많았지만 "생각한 것만큼 무섭지는 않았다."고 그는 말한다. 집에서 나와 혼자 살기 시작했고, 독학으로 영어를 공부했다. 2020년 9월 '지구 기후 파업의 날'에 상하이의 쇼핑가인 난징루에서 시위한 뒤에는 경찰서로 끌려갔다. 그날 바로 석방되긴 했지만 공안의 강요로 '자아비판' 서한을 써야 했다. 이 사실이 알려지자 툰베리는 "액티비즘은 범죄가 아니다. 이 행성의 미래를 위한 평화로운 활동이 불법이 돼서는 안 된다."며 공개적으로 중국 당국을 비판했다.

어우훙이의 활동에 자극받아 난징을 비롯한 몇몇 대도시에서 십 대 활동가들이 생겨났지만 정부 눈치를 보는 단체들은 그가 환경 행사에 참가하는 것조차 거부했다. 선전에서 열린 중국

2021년 프랑스 동부 도시 생로랑에서 단식 투쟁 중인 어우훙이

청소년기후행동네트워크 연례 회의에서는 주최 측이 자원봉사
하러 간 어우훙이를 돌려보내기도 했다.[193] 시진핑 중국 국가주석
이 유엔총회에서 중국이 2060년까지 탄소 중립을 달성하겠다고
야심 차게 선언[194]한 지 이틀 만에 벌어진 일이었다. 어우훙이는
휴대전화 보안과 암호화부터, 심각한 일이 벌어졌을 때 변호사에
게 연락하는 것까지 스스로를 보호할 방법들을 익혀야 했다.

목숨을 건 투쟁, 싼샤댐에 반대한 다이칭

티베트에서 발원한 누강(怒江, Salween River) 댐 건설에 반대한 언론
인 겸 환경운동가 왕융첸(汪永晨)과 베이징 올림픽 환경 고문으로
도 일했던 환경철학자 겸 운동가 랴오샤오이(廖曉義) 등 '선배' 여
성 환경운동가들이 없지는 않았다.[195]

　　가장 유명한 사람은 싼샤댐(三峽大壩, Three Gorges Dam) 반대
운동으로 세계적인 명성을 얻은 다이칭(戴晴, 1941~)이다. 쓰촨성
충칭에서 태어난 다이의 본명은 푸닝(傅凝)이다. 아버지 푸다칭
은 지식인이자 공산당원이었다. 1944년 일본군에 의해 부모를 잃
고, 중국 주요 정치인이자 인민해방군 장성이었던 아버지 친구
예젠잉 밑에서 컸다. 다이는 하얼빈 군사공병학교를 졸업하고 석
유 엔지니어링과 미사일 기술 분야의 훈련을 받았다. 이십 대 때
단편소설을 써서 잠시 인기를 얻기도 했지만 생계를 위해 유도탄
기술자가 됐다. 대륙 간 탄도 미사일을 전문적으로 생산하는 극

비 공장에서 일했다고 한다. 그러나 1966년에서 1976년 중국에는 문화대혁명이라는 광풍이 몰아쳤고 지식인들은 '인민의 적'으로 규정됐다. 다이도 남편과 함께 시골로 보내져 농민으로 일했다. 그들은 딸 왕샤오자가 살고 있는 베이징을 떠나야 했다. 문화대혁명이 끝난 후 다이는 잠시 장비 분야에서 일하다가 공산당 언론인 《광밍르바오廣明日報》의 기자가 됐다.

혁명가의 딸로 태어나 군 장성의 의붓딸로 자랐고 군사 분야에서 일했던 다이는 젊은 시절 '애국자'였다. 하지만 문화대혁명을 경험하며 점차 세상을 다른 시각으로 보기 시작했다. 기자로 일하면서 중국 언론에서는 처음으로 천체물리학자 팡리즈(方勵之) 같은 반체제 인사들의 견해를 보도한 것도 그의 변화를 보여주는 일이었다. 팡리즈는 중국을 대표하는 학자였지만 1980년대 후반 젊은이들 사이에 퍼져가던 민주주의 요구를 지지해 '반체제 인사'로 낙인찍혔다. 하지만 다이를 공산당에 반대하는 투사로 만든 결정적인 계기는 싼샤댐 프로젝트였다.

양쯔강에 거대한 댐을 짓는다는 발상은 20세기 초반부터 있었지만 본격화된 것은 공산혁명 이후였다. 1949년 현대 중국을 세운 마오쩌둥(毛澤東)은 집권 초반부터 양쯔강 댐에 관심을 보였으나, 참담한 실패로 끝난 경제 프로그램 '대약진 운동'과 뒤이은 문화대혁명 등으로 실행에 옮기지 못했다. 마침내 양쯔강 댐 구상이 본격화된 것은 마오쩌둥 사후인 1980년대에 이르러서였으며, 전국인민대표대회(전인대)가 1992년 댐 건설 계획을 승인했다. 명목상 중국의 의회 격인 전인대는 공산당 결정을 추인해주는 거수기로 여겨지곤 하지만 이 계획은 유독 논란거리였다. 당시 대표 2600여 명 가운데 기권과 반대가 840여 명에 이르렀다. 그럼에도 이 년 뒤인 1994년 싼샤댐은 착공됐고 2006년 완공됐다. 싼샤는 충칭의 쿠이먼(夔門)에서 시작해 192킬로미터에 걸쳐 이어지는 취탕샤(瞿唐峽), 우샤(巫峽), 시링샤(西陵峽)라는 세 개의 협곡을 가리킨다.

세계 최대 수력발전용 댐의 건설은 중국의 전기 사정에는 도움이 되겠지만 환경 측면에서는 엄청난 파괴를 가져올 게 뻔했다. 더구나 그 지역에 사는 사람들의 강제 이주가 불가피했다. 기자로서 지역사회 사람들의 삶에 관심을 갖고 있던 다이는 비극적인 시나리오를 그릴 수밖에 없었다. 거대한 댐은 주변 하천과 지하수를 말라붙게 하고, 사막화가 빨라질 것이며, 모래바람이 한국이나 일본을 넘어 미국 서부에까지 영향을 미칠 만큼 심해질 것이고, 결국에는 중국의 양대 강인 양쯔와 황허(黃河)의 수자원마저 고갈시킬 수 있다는 것이 다이를 비롯한 댐 반대론자들의 주장이었다. 이런 우려들 중 일부는 현실이 됐다. 120만 명 이상이 살던 곳을 떠나야 했고, 숲과 야생동물 서식처가 매몰됐다. 그 뒤에 중국 정부가 유엔 등의 지적을 받아들여 인공조림에 나서면서 중국 숲의 전체 면적은 늘었다. 하지만 거대한 댐 때문에 산사태와 지진 우려가 커졌다는 얘기가 나온다. 2008년의 쓰촨 대지진을 비롯해 지진이나 홍수 같은 재난이 일어날 때마다 "싼샤댐 공사로 지반이 약해져 피해가 커졌다."는 주장이 반복되고 있는 것이다.

　다이는 1986년 과학자들이 댐 건설 여부를 타진하기 위해 현장 시찰에 나선 것을 보도하면서 이 문제에 관심을 갖게 됐다. 전환점이 된 것은 이듬해의 홍콩 방문이었다. 아직 중국에 귀속되기 전이던 홍콩에서 기자와 지식인 들은 싼샤댐 프로젝트에 대해 자유롭게 의견을 말할 수 있었다. 중국인들은 잘 알지도 못하거나 입을 다물고 있는 문제를, 아직은 '외국'이었던 홍콩 사람들이 걱정하며 토론을 벌이고 있었던 것이다. 다이는 중국인들에게도 댐에 대해 알려야 한다는 사명감을 느꼈고, 프로젝트에 반대하는 목소리를 공개적으로 내기 시작했다. 1989년 그는 댐이 가져올 영향을 예측한 자료들을 모아 『장강(양쯔강) 싼샤댐 공사를 진행해야 하는가 是否该进行长江三峡水坝的工程』라는 책을 냈으며 이 책은 『양쯔, 양쯔! Yangtze! Yangtze! 』라는 제목으로 영어로도 번역됐다. 그러나 정작 중국에서는 톈안먼(天安門) 민주화 시위 뒤 억압이 심해지면서 금서가 됐다. 6월 4일 톈안먼의 시위대는 탱크와 군화에 짓밟혔고, 다이는 그다음 날 공산당을 탈당했다. 체포됐고, 10개월 동안 감옥에 갇혔다. 중국에서 더는 그의 책을 출간할 수가 없었다. 이듬해 출소한 그는 그 뒤로도 줄곧 베이징에 살면서 민주주의와 환경을 위해 목소리를 내고 있다.[196]

중국에 '환경단체'가 처음 생겨난 것은 1994년이다. 그 전해인 1993년 중국은 올림픽 유치에 나섰고, 국제올림픽위원회(IOC) 관계자들이 베이징을 방문했다. 당시 중국 관리들은 "중국에 환경 관련 비정부기구 혹은 NGO 들이 있느냐"는 국제올림픽위원회 측 사람들의 질문에 어떻게 대답해야 할지조차 몰랐다고 한다. 그 충격 덕분이었는지, 1994년 3월 31일 중국 최초의 환경 비정부기구가 등록됐다. 중국문화학원 산하의 '목색문화학원'이라는 단체였다. 지금은 '자연의 벗(自然之友, Friends of Nature)'이라는 이름으로 불리는 기구다. 청 말기의 개혁가 량치차오(梁啓超, 1873~1929)의 손자 량충제(梁从诫)가 이 단체를 이끌고 있다.

이를 시작으로 환경단체들이 줄줄이 설립됐고, 2001년이 되자 중국 전역에 이천 개 이상으로 불어났다. 베이징 올림픽 때에는 량충제를 비롯한 환경 비정부기구 '1세대'들이 환경 고문을 맡기도 했다. 하지만 중국 정부나 지방 당국의 비협조적인 태도와 관료주의, 비민주적인 속성과 폐쇄성은 환경운동의 장애물이 되기 일쑤다. 시민들의 후원이 자리 잡지 못한 상황에서 자금을 조달하기도 쉽지 않다. 벌목이나 개발 앞에서 환경을 지키자는 주장은 쉽사리 밀려나며, 환경단체들의 정치적 영향력은 약하기만 하다. 환경 분야에서 가장 유명하며 주요 정치기구인 중국인민정치협상회의(정협) 위원인 량충제조차 분개했을 정도다.[197]

세계 최대 에너지 소비국이자 탄소 배출국인 중국은 많은 인구에 넓은 땅덩이만큼이나 여러 종류의 환경 문제를 안고 있다. 물 부족과 수자원 오염, 토질 악화와 해안 침식은 심각하고, 기후 변화의 영향으로 서부 지역의 사막화가 계속 진행 중이다. 환경 파괴로 연간 국내총생산 GDP의 10퍼센트에 해당하는 경제 손실을 입는다는 추정치도 있다. 무엇보다 시민들에게 직접적인 영향을 주는 것은 대기오염이다. 대기오염으로 매년 110만 명이 예상 수명보다 일찍 숨진다는 연구도 있다.[198] 중국 국가기후센터의 2020년 보고서에 따르면 중국의 평균 기온과 해수면은 세계 평균보다 빠르게 높아지고 있다.

상하이를 비롯한 몇몇 해안 도시들은 지구의 평균기온이 현재와 같은 속도로 상승하면 물에 잠길지 모른다. 이번 세기 안에 지구 평균 기온이 2도 올라가면 중국 해안에 사는 4,300만 명이 삶터를 잃을 것이라는 경고도 나온다.[199]

지구 전체의 온도가 2100년까지 1.5도 넘게 상승하지 못하도록 묶어둔다는 파리협약의 목표를 달성하려면 미국뿐 아니라 중국도 노력해야만 한다. 중국은 석유와 천연가스도 많이 쓰지만 석탄 역시 많이 태운다. 세계 석탄 소비량의 절반을 차지한다. 다만 경제 발전 속도가 느려지면서 연간 탄소 배출량 증가율은 둔화되는 추세다. 아마도 2030년쯤 최대치에 이른 뒤 차츰 줄어들 것으로 예상된다.

중국 정부도 환경 문제의 심각성을 알고 있고, 기후 문제에 적극 대응하는 쪽으로 방향을 바꿔왔다. 세계 숲 면적의 5분의

1이 중국에 있으며 당국의 노력으로 점점 숲 넓이가 넓어지고 있다.[200] 칭화대 총장을 지낸 환경공학자 천지닝(陳吉寧)이 2017년 베이징 시장에 발탁된 것도, 대기오염 문제를 해결하겠다는 의지의 표현이다. 시 주석은 2060년까지 탄소 중립을 이루겠다고 선언했고, 2030년까지 총 에너지 소비량의 25퍼센트를 재생 가능 에너지로 충당하겠다고 약속했다. 태양광과 풍력 산업도 키우고 있다. 중국 3대 국영 석유 회사인 페트로차이나, 시노펙, 중국해양석유공사(CNOOC)는 2050년까지 '탄소 제로'를 이루겠다고 약속했다.[201]

하지만 대중의 인식보다는 정치적 의지에 의존하는 하향식 접근법이라는 비판이 나온다. 환경 및 기후 문제와 관련된 중국의 대응이 톱다운으로 정해지는 것은 당국의 통제 탓도 있고, 시민들의 인식 수준이 아직 낮은 탓도 있다. 수십 년간 중국 경제가 커지고 사람들의 생활수준은 높아졌다. 바꿔 말하면 소비가 늘었다. 하지만 그것이 환경에 미칠 영향을 인식하는 어우홍이 같은 젊은이들이 아직 많지 않다. 홍콩 《사우스차이나모닝포스트》 같은 언론들은 중국의 발전 모델에 더 크고 근본적인 변화가 있어야 한다고 지적한다.

인식이 부족한 것은 부분적으로는 기후변화와 그 영향에 대한 언론 보도가 매우 제한돼 있기 때문이다. 특히 시 주석 집권 뒤 다른 모든 분야에서 그렇듯이 환경과 기후변화 문제에서도 시민들의 자유로운 활동에 대한 억압이 심해졌다. 당국이 무서워하는 것은 환경과 관련된 요구가 아니라 시민들이 스스로 행동하는 것 그 자체다. 그나마 후진타오(胡錦濤) 주석 시절에는 환경단체들이 에너지 낭비나 무분별한 댐 건설에 반대하는 운동을 할 수 있었지만, 시 주석 집권 뒤 중국 시민사회의 활동 공간이 급격히 줄었다.[202] 어우홍이는 "정부의 우선순위는 경제성장과 개발에 있다. 그런데 이런 종류의 시민불복종은 시민들이 정부의 기후 대응에 문제가 있다는 것을 깨닫게 만든다. 정부는 사람들이 통제 밖으로 벗어나는 것을 원치 않으며, 그러니 압박을 받는 것은 피할 수 없다고 본다."고 말한다.

중국 내부에서는 숲이 늘고, 기후변화와 환경에 대한 인식이 조금씩이라도 커져가고 있는 게 사실이다. 하향식이고 중앙집권적일지언정 중국 정부가 글로벌 기후변화 대응 체제에 협력하고 있는 것은 지구의 모든 이에게 다행인 일이다.

"나는 멈추지 않을 것이다."

하지만 중국이 중국 밖에서 벌이는 개발 프로젝트들은 또 다른 문제다. 2018년 세계경제포럼은 '녹색으로 가는 중국'을 칭찬하는 글을 싣고 환경 문제 개선을 위한 중국의 노력을 높이 평가했다. 중화학공업 중심의 산업화에서 어느 정도 성과를 거둔 중국의 경제 정책이 친환경 쪽으로 전환되고 있다는 내용이다. 그 근거로 세계경제포럼 측은 석탄을 줄이고 대기 질을 개선하려는 노

력, 환경 규제 강화, '녹색 경제'를 위한 육조 사천억 달러 규모의 대대적인 투자 등을 들었다.[203]

어느 정도는 사실이지만, 우려의 목소리도 여전히 크다. 시진핑 정부가 야심 차게 추진해온 '일대일로(一帶一路, Belt and Road Initiative)' 프로젝트만 봐도 그렇다. 이는 유라시아, 오세아니아와 아프리카 육십여 개국에 걸쳐 교통, 통신, 에너지 네트워크를 구축하는 광대한 구상이다. 육상과 해상으로 이어질 이 경제 회랑을 따라 철도와 고속도로와 항구 들이 지어질 예정이다. 그런데 그 통로들 가운데 상당수는 생태학적으로 민감한 지역을 통과한다. 유라시아의 상호 연결성이 높아지는 것은 좋은 일이지만 자연의 측면에서 보면 생태학적 해체가 될 수 있다. 동식물만이 아니라 토착민의 생존을 위협할 수도 있다.

세계자연기금은 2017년 보고서에서 이때까지 확인된 일대일로 계획에 따르면 1700여 곳의 생물 다양성 지역을 통과하게 될 것이라고 분석했다. 호랑이와 영양 등 멸종 위기에 처한 생물 265종이 악영향을 받을 것이고, 밀렵과 삼림 벌채가 늘어날 수 있다고 했다.[204]

중국개발은행 등의 지원을 받아 중국 기업들이 이집트와 파키스탄, 인도, 방글라데시, 인도네시아 등 세계 삼십여 개국에 140개가 넘는 석탄 화력발전소를 짓고 있으며 이 추세대로라면 기후 대응을 억제하기 힘들어질 것이라는 경고도 나온다. 중국의 일대일로 계획 가운데 상당 부분이 석탄 산업 수출에 초점을 맞추고 있는데, 이는 중국의 '과잉생산'과 개발도상국의 수요가 맞아떨어지는 분야가 석탄이기 때문이다. 중국의 석탄 산업은 포화 상태를 넘어 점점 과잉생산으로 향하고 있고, 중국 내의 환경 규제는 강화되고 있다. 외국에 석탄 화력발전을 수출한다면 중국 산업 부문의 손실을 만회할 수 있다. 중국의 오염 산업이 다른 나라로 아웃소싱되고 있다는 지적이 이미 나온 바 있다.[205] 일례로 수익성이 떨어져 문을 닫게 된 중국 허난성의 석탄 공장은 해체된 뒤 1600킬로미터 떨어진 캄보디아의 시아누크빌 근교로 옮겨가 재조립됐다.

이런 상황에서 어우훙이 같은 이들의 작은 목소리가 큰 울림을 만들어낼 수 있을까? 그저 중국 지도부의 의사결정에 세계 수십억 인구의 미래를 맡겨두고 있어야 하는 것일까? 중국의 발자국을 더 푸르게 만들 아래로부터의 길은 좁기만 한 것일까?

어우훙이가 벌이고 있는 싸움과 그가 받고 있는 압박을 보면 앞날은 흐리기만 하다. 그래도 어우훙이는 희망을 이야기한다. 십 대 활동가의 외로운 싸움을 격려하는 주민과 학생 들이 있기 때문이다.

"앉아서 눈을 감고 자연과의 관계를 다시 생각해보라. 자연이 어떻게 우리를 지탱해주며 영양을 공급해주는지 생각해보라. 다른 사람들이 지구를 걱정하도록 영감을 줄 수 있다면 변화를 일으킬 수 있다고 생각한다. 그러니 나는 멈추지 않을 것이다. 중국이 파리협약을 지킬 때까지 매주 금요일마다 시위하고 다큐멘터리를 틀 것이다. 언젠가는 전국을 돌면서 지구를 위해 싸우는 모든 사람을 만나고 싶다." [206]

19   지속 가능한 미래의 틀을 만들다

그로 할렘 브룬틀란

2021년 11월 9일, 영국 글래스고의 유엔 COP26 회의장에 거대한 인형이 등장했다. 인형의 이름은 '리틀 아말Little Amal'. '아말'은 아랍어로 '희망'을 뜻한다. 영국과 남아프리카공화국 회사가 공동 제작한 아말은 인류의 이주와 문화적 다양성을 '축하'하기 위한 이벤트로 선보여졌다. 내전을 피해 시리아에서 유럽으로 옮겨 간 수많은 난민 소녀처럼, 3.5미터 높이의 거대한 인형 아말은 시리아-터키 국경에서부터 출발해서 유럽 대륙을 횡단해 글래스고에 입성했다. 65개 마을과 도시를 지나 만삼천 킬로미터를 이동하는 여정에 다섯 달이 걸렸다. 세 명의 조종사가 안팎에서 인형을 움직여 이동시켰다.

글래스고에 나타난 난민 소녀 아말

작은 해협을 사이에 두고 영국과 마주 보는 프랑스 북부의 항구 도시 칼레에는 '정글'이라고 불리는 악명 높은 난민촌이 있다. 영국으로 가려는 이주민, 난민 들이 집결해 사는 판자촌이다. 프랑

영국 브라이튼 항구에서 사람들과 인사하는 난민 소녀 인형, 리틀 아말

스 정부는 수시로 정글을 밀어 없애지만 해협을 건너려는 이들이 이내 다시 몰려들곤 한다. '리틀 아말'은 2015년 제작된 연극 <정글>의 캐릭터다. 연극은 칼레의 난민수용소에 대한 이야기를 다뤘다. 여기서 아이디어를 얻어 제작한 인형 아말은 아홉 살 난 시리아 난민 소녀로 설정됐다. 퍼포먼스를 준비한 '더 워크(The Walk)' 프로젝트 팀은 엄마를 찾아 혼자 걸어서 유럽으로 향하는 소녀를 콘셉트로 이벤트를 진행했다.

리틀 아말은 당사국총회 본회의장 계단을 올라 남태평양 사모아섬의 기후운동가 브리아나 프루안(Brianna Fruean, 1998~)과 만나 포옹하고 선물을 교환했다. 프루안은 아말에게 희망과 빛을 상징하는 꽃 한 송이와 씨앗 한 봉지를 건넸다. "우리 둘은 다른 곳에서 각기 여행을 떠났지만, 여성과 소녀 들을 제도적으로 소외시키는 망가진 세계에 살고 있다는 점은 같다."[207] 프루안의 말이다.

이날 이벤트는 당사국총회 의제 가운데 여성을 주제로 한 행사에 맞춰 열렸다. 유엔 자료를 보면 기후와 관련된 재난이나 정정불안으로 살던 곳에서 밀려난 사람들의 80퍼센트가 여성이다. 개발도상국의 여성들은 주변 환경의 변화에 가장 먼저 반응하는 사람들이다. 물을 긷고, 가축을 키우고, 강과 시내에서 먹을 것을 구하고, 땔감을 모으며 생태계와 일선에서 교류하는 사람들이다. 숲이 줄고 물이 마르면 여성들은 가족을 먹여 살리기 위해 더 먼 거리를 움직여 다녀야 한다. 환경이 나빠지면 모두에게 해가 되지만 특히 아이를 임신하고 낳아 키우는 여성들에게는 치명적인 영향을 미칠 수 있다.

아말이 연단에 오른 날, 낸시 펠로시 미국 하원의장은 당사국총회 참석자들에게 "급변하는 기후에 대처하는 것은 원주민 공동체, 개도국과 여성 등 가장 취약하고 영향을 많이 받는 사람들을 위한 정의와 평등의 문제"라고 했다. 그 말대로, 기후 대응과 '여성의 목소리'를 키우는 일은 곧 정의와 평등을 확대하는 일이다.

기후활동가들은 기후변화나 환경 파괴가 토착민, 특히 여성에게 더 나쁜 영향을 미친다고 계속 지적해왔다. 환경 파괴에 맞선 싸움에서 토착민 여성들이 유독 많이 부각되는 것도 바로 그 때문이다. 그러나 여성이 지구의 생존과 발전에 기여하고 있으며, 목소리를 내야 한다는 인식은 아직 뿌리내리지 못하고 있다. 근대 이전의 문화가 많이 남아 있는 빈국의 가난한 시골 마을일수록 여성을 배제하는 경향이 더 심각하다.

미국의 민간단체인 열린사회재단(Open Society Foundations)에 따르면 전 세계 토지 소유자 가운데 여성은 13.8퍼센트에 불과한데, 이는 자원의 지속 가능한 활용과 관리에서 여성들의 역할을 늘리는 데에 큰 장벽이 되고 있다. 어느 나라에서나 여성 의원 비율은 적고, 세계 평균을 따지면 네 명 중 한 명에도 못 미친다. 전 세계 환경 관련 분야에서 여성은 정부 고위직의 12퍼센트만을 차지한다는 통계도 있다.[208] 안토니우 구테흐스 유엔 사무총장도

2022년 3월 여성지위위원회(CSW, Commission on the Status of Women) 회의 개막 연설에서 "기후변화협약에 따른 의사결정에서 여성이 차지하는 비중은 3분의 1, 세계 각국 환경부 장관 가운데 여성의 비율은 15퍼센트에 불과하다."고 말했다. 192개국의 에너지 정책 프레임을 들여다봤더니 젠더를 고려한 정책을 포함시킨 나라는 3분의 1뿐이며 특히 금융 분야에서는 여성이 거의 고려되지 않는다고도 지적했다. 유엔은 2000년대를 앞둔 '밀레니엄 전환기'에 젠더 평등을 비롯한 여러 계획을 만들어 수행해왔지만 여전히 "우리는 남성이 지배하는 문화와 세계에 살고 있으며 여성을 배제하고 그들의 목소리를 지우는 가부장적인 밀레니엄이 계속되고 있다."[209] 다름 아닌 유엔의 '남성' 사무총장이 한 말이다.

브룬틀란의 도전

"2000년 이후까지 지속 가능한 개발을 달성하기 위한 장기적인 환경 전략을 만든다."
"국제사회가 환경 문제에 더욱 효과적으로 대처할 수 있는 방법과 수단을 검토한다."
"환경에 대한 배려를 개도국 등 여러 국가 간의 협력을 늘리는 수단으로 만들 방안을 고안한다."
"수십 년에 걸친 공동 목표에 대한 인식을 공유할 수 있도록 기본 틀을 만든다.”

유엔총회의 요청에 따라 세계환경개발위원회(WCED, World Commission on Environment and Development)가 ‘변화를 위한 글로벌 어젠다’를 정식화해놓은 내용이다. 지금 그 내용을 들여다보면 너무나 당연한 이야기처럼 들린다. 이런 과제들을 정리해놓은 것은 지금으로부터 한참 전인 1987년의 일이다.

　　1983년 12월 유엔 사무총장의 제안으로 독립적인 위원회가 구성됐고, 노르웨이 총리였던 그로 할렘 브룬틀란(Gro Harlem Brundtland, 1939~)이 위원장을 맡았다. 브룬틀란은 국제사회에서 명망 높은, 북유럽을 대표하는 여성 정치인이다. 그는 삼년간의 연구 작업 끝에 내놓은 보고서 서문에서 “처음 위원장을 맡아달

1975년 당시 노르웨이 환경부 장관이었던 그로 할렘 브룬틀란과 동생 라스 할렘

라는 요청을 받은 뒤 이것이 작은 임무가 아니며, 정당 대표로서의 내 일상적인 책무는 모두 그만둬야 한다는 것을 깨달았다."고 회고했다. 국제사회의 기후 대응, 지속 가능한 발전 등은 지금에야 모두 공자님 말씀처럼 들리는 소리지만 브룬틀란은 그런 틀을 만들어달라는 얘기를 듣고서 "유엔총회의 요구는 너무 비현실적이고 야심 찬 것 같았다."고 한다.

　남성 유엔 사무총장, 남성 유엔 환경 수장, 남성 유엔총회 의장, 남성, 남성, 남성…. 이들 사이에서 브룬틀란은 도전을 받아들였다. 미래를 마주하고 다음 세대의 이익을 지키는 도전임이 분명했기 때문이다. 브룬틀란이 이끄는 위원들은 각국 외교 장관부터 재무 관리, 농업과 과학기술 정책 입안자 등 다양한 분야의 인물들로 구성됐다.

　이들의 토론과 검토를 정리한 보고서에서 브룬틀란은 세계 경제가 성장하면서 낙관적인 분위기였던 1960년대, 점점 국가 간 이익이 우선시됐지만 그럼에도 국제 협력과 여러 국제적인 규범 면에서 발전이 이뤄졌던 1970년대를 회상한다. 1980년대에 들어와서 더욱 악화된 지구환경과 그로 인해 생태학적·경제적 덫에 걸린 개도국들의 문제를 지적한다. 당시는 아프리카의 기아가 세계의 주된 화두 가운데 하나였다. 인도의 보팔에서는 1984년 미국 기업의 화학 공장이 폭발해 주변 지역에 재앙을 일으켰다. 이 년 뒤 당시 소련 땅이던 체르노빌에서는 핵발전소가 폭발했다. 인류의 미래가 점점 어둡게만 보였던 그 시절에 브룬틀란과 전문가들은 오대륙을 돌며 공청회를 열었고, 채무 위기와 개도국 투자 침체, 재난을 당한 이들의 만성적인 피해 같은 것들을 조사했다. 인구와 환경의 압력, 환경과 개발의 연관성, 인권과 빈곤 등은 하나로 엮여 있었고, 풀기 어려울 것만 같았다. 그럼에도 풀어야 했다. 무엇보다, '지속 가능한' 방식으로. 그 과정은 세계의 경제 시스템 전체와 관련돼 있을 것이었다. 1987년 10월 유엔총회에서 채택된 위원회의 보고서는 구체적인 수치로 볼 수 있는 정책 제안이라기보다는 국제사회가 논의할 수 있는 '기본 틀'을 만들고 용어와 개념을 명확히 정리한 것에 가깝다.

브룬틀란은 서문에서 말했다. "삼 년간 함께 일하고, 여행하고, 듣고, 토론한 후, 우리는 만장일치의 보고서를 제출한다. 부모와 정책 결정권자 들에게 시급한 메시지를 제대로 전달하지 못한다면, 더 나은 삶에 필요한 환경을 누릴 우리 아이들의 기본권을 침해할 수 있다. 우리의 말을 젊은이와 노인의 마음에 닿을 수 있는 언어로 옮겨내지 못한다면 그간의 발전 경로를 바로잡는 데에 필요한 사회적인 변화를 감당해내기 힘들어질 것이다."[210]

우리 모두의 미래

〈우리 모두의 미래Our Common Future〉라는 제목이 붙은 이 보고서의 공식 명칭은 '세계환경개발위원회 보고서'지만 보통 '브룬틀란 보고서'라고 부른다. 브룬틀란은 한 나라의 정치인이자 국가수반이었을 뿐 아니라, 세계 부자 나라들과 가난한 나라들 간의 격차를 줄이기 위해 앞서 유엔에 설치됐던 브란 위원회(Brandt Commission), 안보와 군축을 다룬 팔메 위원회(Palme Commission) 등에서 활동하며 이미 국제 무대 정치 경험을 쌓아온 사람이었다. 인류 모두의 생존을 모색하고 공동의 이익을 지키는 틀을 만드는 문제에서는 베테랑이었던 셈이다.

브룬틀란은 1980년대와 1990년대에 노르웨이 총리를 세 차례 역임했다. 1998년에서 2003년에는 세계보건기구 사무총장을 지냈다. 2020년 미국 도널드 트럼프 정부가 코로나19 시기에 세계보건기구를 탈퇴하고 기여금도 끊겠다고 하자 전직 수장으로서 강하게 비난하기도 했다. 2007년부터 2010년까지는 유엔 사무총장 기후특사를 지냈다.

원래 의사 출신인 그는 1974년 노동당 정부에 환경 장관으로 입각했다. 그가 1996년 세 번째이자 마지막 총리 임기를 끝내고 국내 정치 무대를 떠난 것이 노르웨이 안에서는 놀라운 일로 받아들여졌다고 한다. 인기가 높았고 국민들의 '어머니' 같은 위상을 갖고 있었기 때문이다. 그러나 브룬틀란은 공중 보건과 지속 가능한 개발이라는, 인류를 위한 더 큰 책무를 택했다. 모두의 미래를 위한 녹색 틀을 만드는 과정을 여성 정치인 브룬틀란이 주도한 것은 의미 있는 일이다.

'녹색'엔 '여성'이 필요하다. 하지만 여전히 유엔이나 각국 환경 관료는 남성들이다. 단적인 예가 유엔 체제 안에서 환경과 관련된 정책을 조율하는 유엔환경계획이다. 이 기구는 1972년 6월 스웨덴 스톡홀름에서 열린 유엔 인간환경회의(United Nations Conference on the Human Environment)를 계기로 설립됐다. 첫 사무총장은 회의를 주도한 캐나다의 모리스 스트롱(Maurice Strong)이었고, 이어 이집트의 모스타파 톨바(Mostafa Tolba)가 자리를 물려받았다. 1992년부터 1998년까지 여성 수장인 캐나다의 엘리자베스 다우즈웰(Elizabeth Dowdeswell)이 이끌긴 했으나 그 후 이십 년간 남성이 대표 자리를 지켰다. 그러다가 탄자니아의 여성 미생물학자이자 환경과학자인 조이스 음수야(Joyce Msuya) 권한대행이 등장했고 2019년부터는 덴마크 여성 잉에르 안데르센(Inger Andersen, 1958~)이 이끌고 있다. '여성의 목소리'를 최대한 반영해야 한다는 문제의식이 퍼지면서 근래에는 여성이 수장을 맡은 유엔 산하 기구들이 늘어가는 추세다.

안데르센은 경제학자지만 환경과 관련된 경제 정책에 천착해왔다. 그의 국제 활동의 출발점은 아프리카 북동부의 수단이었다. 그곳에서 1982년 영국 정부가 후원하는 프로그램에 속해 영어 교사로 일했고 삼 년 뒤 가톨릭교회가 후원하는 수단 지원 프로그램 '수단에이드SudanAid'에 합류했다. 내전과 정치적 불안에 더해 가뭄이 겹친 수단에서 기근을 맞은 사람들을 돕고 피란민이 된 이들의 재정착을 지원했다. 유엔의 수단 사무국에서 12년 동안 일하면서 사막화에 대응하는 방법을 고민했고, 1992년에는 아랍 22개국의 환경 문제에 대한 유엔 정책을 총괄했다.

1999년 세계은행으로 옮긴 뒤에도 기후변화의 직격탄을 맞아 빠르게 사막으로 변해가는 중동과 북아프리카를 지원하는 프로그램들을 주관했다. 이후 세계자연보호연맹 사무총장을 지내고 유엔환경계획으로 자리를 옮겼다. 국제 무대에서 그는 입바른 소리를 잘하는 사람으로 유명하다. 2014년 이스라엘이 팔레스타인 가자 지구를 침공해 재앙을 일으키자 이를 직설적으로 비판하고, 팔레스타인 사람들의 이동의 자유를 촉구한 것이 그런 예다.

기후 위기의 최전선, 그곳에 여성들이 있다

서아프리카의 코트디부아르에서는 여성이 농업 노동력의 거의 70퍼센트를 차지하는데 자기 명의의 땅을 가진 여성은 단 3퍼센트뿐이다. 코트디부아르는 카카오와 커피로 유명하지만, 피부 보습제로 쓰이는 시어버터도 많이 생산한다. 시어버터는 시어나무의 열매를 갈아 기름을 추출해 만든다. 시어버터를 만드는 작업은 대개 여성이 하는데, 워낙 노동 집약적이고 고된 일이다. 전통적으로 시골 여성들이 이 일을 해왔으나 현대적인 경영이나 품질 관리와는 거리가 멀었다. 생산품이 국제 품질 기준을 충족시키지 못할 때가 많아 팔기 힘들고 수익률도 낮다.

유엔과 코트디부아르 정부는 2017년부터 시어버터 산업을 키우기 위해 '스마트 농업' 프로그램을 공동 운영하고 있다. 북부 코르호고 지역에서 협동조합에 가입한 여성들에게 더 좋은 시어버터를 제조할 수 있는 설비를 제공해주고 제조법을 교육시키고 있다. 이 지역에 사는 육십 대 여성 블라 폴린 니누에는 네 딸을 키우고 학교에 보내기 위해 평생 고군분투했다. 가난한 농민 여성으로 살아온 니누에는 이제 유엔과 정부의 프로그램에 참여해 유기농 시어버터 화장품 만드는 법을 배우고 있다. 이 프로그램은 단순히 가난한 시골 여성들을 돕기 위한 것만은 아니다. 벌목으로 시어나무들이 점점 줄고, 숲은 갈수록 황폐해지고 있다. 정부의 캠페인에 따라 니누에가 살던 마을의 지주는 토지를 기부했다. 적어도 그 땅에서는 시어 숲이 사라지는 것을 막을 수 있다. 벌채를 막고 환경을 지키는 것과 보습제를 만들어 팔 꿈에 부푼 여성들의 삶은 한데 이어져 있다.[211]

유엔여성기구(UN Women)는 "여성은 새로운 농업 기술을 먼저 도입하고 위기에 가장 먼저 대응하는 사람들이며, 기후 위험을 관리하기 위한 귀중한 통찰력과 해결책을 가진 사람들"이라고 말한다. 지속 가능한 지구를 만들려는 노력 속에서 여성의 권한을 키우려는 국제 규범들이 차츰 늘고 있다. 예를 들면 유엔여성기구는 다른 기구나 회의체들과의 협상을 거쳐 기후변화, 사막화, 생물 다양성 세 개 분야 유엔 협약에 여성들의 적극적인 참여와 역할을 집어넣게 했다.[212]

그러나 아직 갈 길은 멀다. 코로나19 팬데믹이 시작된 뒤인 2020년 6월 유엔환경계획과 유엔개발계획(UNDP), 유엔평화구축업무국(UNDPPA)이 함께 펴낸 보고서는 기후변화와 분쟁의 영향을 받는 지역사회를 복원하려면 젠더 불평등과 위기의 연관성을 고려해야 한다고 강조하고 있다. 제목은 〈젠더, 기후, 안전: 기후 변화의 최전선에서 지속 가능하고 포용적인 평화를 세우는 법〉이다. 팬데믹은 모두를 힘들게 했지만 여성들의 현실은 특히 심각하다. 수단과 네팔, 파키스탄과 시에라리온 등 아시아와 아프리카를 비롯해 세계의 저개발국에서 여성들은 환경 악화와 전염병, 경제 침체로 위험한 상황을 맞았다. 보고서는 기후변화와 사회 갈등, 전염병이 상호작용해 삶을 악화시키는 상황에서 여성에 대한 폭력을 줄이고 여성의 결정권을 늘리며 먹고살 길을 찾게 해주는 것이 '사회를 더 안전하게 재건하는 강력한 힘'임을 강조하고 있다.[213]

20 세계의 툰베리들이 말한다

미래를 앞당기는 젊은 활동가들

"나는 여기가 아니라 학교에 있어야 했습니다.

그런데 당신들이 내 어린 시절과 꿈을 앗아 갔습니다.

당신들은 우리를 실망시켰습니다. 미래 세대의 눈이 당신들을 향하고 있습니다.

우리를 실망시킨다면 결코 용서하지 않을 것입니다." [214]

2019년 9월 미국 뉴욕의 유엔 본부에서 열린 '기후행동정상회의'의 주인공은 단연 스웨덴 소녀 그레타 툰베리였다. 2003년생 어린 활동가는 유엔 연단에 올라 각국 정상들을 향해 "당신들이 이야기하는 것은 돈과 경제성장이라는 동화뿐"이라고 일갈했다.

"당신들은 우리를 실망시켰습니다."

파키스탄 소녀 말랄라 유사프자이(Malala Yousafzai)는 여성 교육을 금지하는 이슬람 극단주의에 맞서 싸웠다. 21세기 세계 일부 지역에서 벌어지는 여성 탄압의 실태를 고발하고 '교육받을 권리'

'기후를 위한 학교 파업', 그레타 툰베리(2018)

에 대한 관심을 환기시켰다. 툰베리는 기후 대응과 환경 문제에서 말랄라에 필적하는 관심을 끌어모았다. 지금은 툰베리를 빼고는 기후 위기를 말할 수 없을 정도로, 그의 이름은 '미래 세대'의 대표가 돼버렸다.

툰베리가 처음 기후 전사로 나선 것은 2018년 여름이었다. 기후 위기를 해결할 의지조차 없어 보이는 기득권 정치인과 엘리트, 기성세대 모두를 향해 목소리를 높이며 등교를 거부함으로써 '기후 파업'을 실천한 소녀. 스웨덴 수도 스톡홀름의 의사당 앞에서 시작된 그의 외침은 전 지구적인 메아리를 일으켰다. 그해 가을 유엔 무대에서 기후 대응을 촉구하는 연설을 한 뒤에는 세계 곳곳에서 그의 요구에 호응한 미래 세대들의 학교 기후 파업이 이어졌다. 탄소를 내뿜는 비행기를 타지 않기 위해 태양광으로 움직이는 배를 타고 유럽에서 뉴욕까지 여행한 툰베리의 행보는 기성 정치권에서는 찾아볼 수 없는 것이었다.

한 해가 지나는 동안 그가 말하고 행동하는 모든 것이 세계 주요 언론들의 관심사가 되었다. 2019년 유엔 회의장에서 연설한 내용은 새로운 것은 아니었고, 그가 언제 어디서나 얘기해온 것들의 연장선 상에 있었다. 그럼에도 그의 뉴욕 연설이 이목을 집중시킨 것은 도널드 트럼프 당시 미국 대통령과 대비됐기 때문이다. 이날 회의는 각국 정상과 정부 대표, 기업과 시민사회 대표단, 국제기구 관계자 들이 모여 2021년 파리 기후변화협약 시행을 앞두고 행동 계획을 공유하는 자리였다.

기후변화 대응 따위는 나 몰라라 하며 파리협약 탈퇴를 시전해 보인 트럼프도 이날만큼은 세계의 여론을 의식해 기후 회의에 깜짝 참석했다. 하지만 아무 말 없이 지켜만 보다가 14분 만에 자리를 떴다. 그 뒤 툰베리가 '레이저 눈빛'으로 최강대국 미국의 대통령을 쏘아보는 사진이 세계로 전송되면서 화제가 됐다.

세계에 기후변화 대응을 촉구하며 '미래 세대 시위'에 불을 붙인 툰베리는 당시 열여섯 살이었다. 그의 요구에 대한 73세 트럼프의 반응은 '조롱'이었다. 툰베리는 연설에서 "우리는 대규모 멸종이 시작되는 시점에 와 있고, 사람들은 고통받으며 죽어가고 있다. 생태계가 붕괴하고 있다."고 했다. 트럼프는 트위터에 올린 글에서 이 연설 일부분을 인용한 뒤 툰베리가 "밝고 멋진 미래를 기대하는 아주 행복한 어린 소녀로 보였다."고 적었다. 기후변화의 암울한 전망을 경고한 환경운동가를 '꿈 많은 어린 소녀'로 치부하며 비꼰 것이다.

미국의 '기후변화 부인론자'들도 비난 대열에 가세했다. 어떤 우익 정치평론가는 "자기 부모와 국제 좌파들에게 이용당하고 있는" "정신적으로 병든 스웨덴 아이(a mentally ill Swedish child)"라고 비난했다.[215] 이 평론가의 막말을 거르지 않고 내보낸 우파 언론 《폭스뉴스》는 거센 비난이 쏟아지자 결국 사과했다. 미래 세대의 목소리를 기득권 세대는 조롱과 무시로 묵살하려 하고 있음을, 그럼에도 반향은 갈수록 커지고 있음을 보여준 사건이었다.

"세계는 스웨덴의 인종주의를 기억할 것이다."

툰베리의 호소에 동참한 것은 미래 세대들만이 아니었다. 그해 가을 미국 수도 워싱턴 D.C.에는 "매주 금요일마다 체포되겠다." 면서 정부의 나쁜 선택을 규탄하는 시위를 벌인 이들이 있었다. 그 가운데 가장 눈길을 끌었던 사람은 배우 제인 폰다(Jane Seymour Fonda, 1937~)였다. 1960~1970년대 할리우드 최고 스타 가운데 한 명인 폰다는 이스라엘의 팔레스타인 침공 같은 국제분쟁이나 페미니즘 이슈 등에서 거침없이 목소리를 내온 인물이다.

1960년대에 베트남전 반대 운동에 열성적으로 참여해 '하노이 제인'이라는 별명이 붙었을 정도로 정치적 견해를 공개적으로 밝혀왔다. 폰다는 툰베리에게 감명받았다면서 워싱턴 D.C.의 의사당 앞에서 기후 대응을 촉구하는 시위에 참여했고, '불법 시위'를 했다는 이유로 체포됐다. 팔십 대 고령의 배우가 경찰에 끌려가는 모습을 담은 사진은 세계로 퍼졌다. 폰다는 곧바로 풀려났지만 트럼프 정부에 그린 뉴딜을 요구하는 시위를 계속해서 벌였고 몇 번이나 체포됐다.

그런데 이것이 단순히 트럼프의 문제였을까? 혹은 미국만의 문제였을까? 기후 대응과 환경 문제가 그렇게 단순하다면 얼마나 좋을까. 앞의 여러 장들에서 살펴봤듯이 기후 환경 문제는 땅과 개발 이권 문제, 여성 억압이나 토착민 차별 같은 온갖 이슈들과 겹겹이 얽혀 있다. 툰베리의 나라 스웨덴만 봐도 그렇다. 스웨덴 정부는 2022년 3월 흔히 라플란드Lappland로 불리는 북부 지역에서 살아온 소수민족 사미^{Sami}족의 땅에서 영국 기업이 철광석을 캐낼 수 있도록 허가를 내줬다. 런던에 본사를 둔 베오울프 마이닝$^{Beowulf\ Mining}$은 십 년 가까이 이 광산을 눈독들여왔지만 사미족과 환경운동가들의 거센 반대에 부딪혀 성사되지 못했다. 철광이 묻힌 사프미^{Sapmi} 지역의 갈록^{Gallok} 일대는 사미족 문화유적지이기도 하다. 하지만 스웨덴 정부는 결국 외국 기업의 편에 섰다. 갈록 광산 개발에 반대해온 녹색당이 집권 연립정부를 떠나자마자 내린 조치였다. 베오울프는 광산 개발에 필요한 자금도 모자란 상태인데다, 조세 피난처를 악용했다는 의혹에 휩싸여 있는데도 정부는 그런 결정을 내렸다. 정부는 "광산이 공공의 이익에 부합한다."고 주장했다. 사미족이 순록을 키우며 살아온 땅을 파헤치도록 허가해놓고는 "순록 사육에 미치는 영향을 최소화하기 위한 여러 조건이 달려 있다."고 변명했다. 목축지를 잃게 된 목동

썰매와 순록, 개와 함께 있는 라플란드 사미족 가족(1930년경)

들에게는 보상하겠다고 했고, 파헤친 땅은 복구할 것이라고 약속했으며, 서식지를 잃는 동물들을 다른 곳으로 이동시킬 수 있도록 예산을 투입하겠다고 했다. 약속은 거창하지만 환경 파괴가 일어날 것임을 정부 스스로 인정한 것이나 다름없었다.

툰베리가 이런 일에 입을 다물고 있을 리 없다. 그는 정부가 자국의 소수민족 지역을 식민지처럼 다룬다면서 이런 결정을 내린 당국의 "인종주의"를 비판했다. 툰베리는 트위터에 적었다. "스웨덴이 근시안적이고 인종차별적이고 식민주의적이고 자연에 적대적임을 오늘 확인했다."[216] 스웨덴이 환경과 인권에서 선도적인 국가인 양 굴지만 국내에서는 토착민의 권리를 침해하고 자연과의 전쟁을 계속하고 있다면서 "세계가 이를 기억할 것"이라고 했다. 국제앰네스티와 사미 자치의회, 유엔 기구들도 스웨덴 정부의 결정에 유감을 표했다.

환경단체가 아니라 절규

세계의 청소년들 사이에서 기후 대응에 대한 관심을 불러일으킨 툰베리는 기후변화와 싸우기 위한 지침을 모은 책을 펴냈다. 2022년 10월 발간된 책의 제목은 『기후 책The Climate Book』이다. 책은 '기후의 작동 원리', '지구는 어떻게 변화하고 있는가', '우리에게 미치는 영향' 등 다섯 부분으로 구성됐다. 『시녀 이야기The Handmaid' Tale』로 유명한 캐나다 작가 마거릿 애트우드, 『대혼란의 시대^{The Great Derangement}』를 쓴 인도 태생 소설가 아미타브 고시, 세계보건기구의 테워드로스 아드하놈 거브러여수스 사무총장, 방글라데시 출신 기후과학자 살리물 후크와 미국 하버드대 과학사 교수 나오미 오레스케스(Naomi Oreskes), 스웨덴 환경과학자 요한 록스트룀(Johan Rockström), 케냐 환경운동가 왕가리 마타이의 딸로 어머니의 뒤를 이어 환경운동에 투신해온 완지라 마타이 등 100여 명의 글이 실렸다.[217] 십 대 소녀는 이렇게 지구를 살리기 위한 목소리를 모으는 허브로 진화했다.

앞에서 중국의 젊은 활동가 어우훙이를 소개했지만, 아시아와 유럽과 아프리카 등 곳곳에서 툰베리처럼 목소리를 내며 행동하는 젊은이와 여성 투사 들이 늘어나고 있다. 뉴욕 유엔 본부 앞 등교 거부 시위로 유명해진 미국의 환경운동가 알렉산드리아 비야세노(Alexandria Villasenor, 2005~)도 그중 하나다.

나중에 유엔에서 일하는 것이 꿈이라는 비야세노는 2018년 뉴욕으로 이주하기 전까지 캘리포니아에서 자랐다.[218] 캘리포니아는 해마다 건기에 산불이 일어나는데 화재 규모가 이제는 손쓰기 힘든 수준으로 커졌다. 산불철이면 연기와 먼지가 주변 마을들을 덮치게 된 지 오래다. 비야세노는 자신이 천식을 앓게 된 것도 산불 때문이라고 생각한다.

건강 문제에서 시작된 관심은 환경으로 범위를 넓혀갔다. 그는 뉴욕으로 이사한 그해 12월 폴란드에서 열린 유엔 기후변화협약 당사국총회(COP24)에서 툰베리가 연설하는 모습을 보게 됐고, 스스로 행동에 나서기로 결심했다. 그는 '기후를 위한 학교 파업(School Strike 4 Climate)'을 조직해 유엔 본부 앞에서 시위했고, 툰베리를 비롯한 열다섯 명의 십 대 활동가들과 함께 독일·프랑스·브라질·아르헨티나·터키 정부를 유엔에 제소했다. 이 나라들이 온실가스 배출을 줄이겠다는 약속을 지키지 않은 탓에 유엔에서 각국이 합의한 어린이들의 건강권이 침해됐다는 이유에서였다. 비야세노는 '어스 업라이징Earth Uprising'이라는 환경단체도 만들었다. 홈페이지에 들어가면 절규에 가까운 소개글이 올라와 있다.

> "어스 업라이징은 기구(organization)가 아니라 전투의 절규(battlecry)다. 우리는 미래가 파괴되는 것을 보며 침묵하지 않으려는 세계의 젊은이들이다."[219]

어스 업라이징은 미국 대선 때 후보들에게 환경 공약을 묻고, 청소년 기후 포럼을 열며, 기후 대응 청원 캠페인을 벌이는 등의 활동을 하고 있다. 비야세노와 함께 기후 파업을 주도한 헤이븐 콜먼(Haven Coleman, 2006~)과 매기 퍼난즈(Maddy Fernands, 2003~), 일한 오마르 하원의원의 딸 이스라 히르시(Isra Hirsi, 2003~) 등도 미국의 차세대 환경운동가로 꼽히는 소녀들이다.

툰베리들의 호소에 화답해야 할 시간

'태국의 툰베리' 랄린 사티타나싼(Ralyn Satidtanasarn, 2007~)은 '릴리(Lily)'라는 애칭으로 더 많이 불리는데, 바닷가에 버려진 비닐봉지들을 보고 충격을 받아 환경운동에 나섰다. 릴리의 쓰레기 줄이기 운동은 태국의 대형 유통 업체가 비닐봉지를 공짜로 주는 정책을 철회하게 할 정도로 큰 파장을 일으켰다. 동아프리카 우간다의 환경운동가 바네사 나카테(Vanessa Nakate, 1996~)는 농업에 의존하는 우간다가 기후변화 때문에 얼마나 큰 피해를 입는지 알리기 위해 2019년 단식투쟁을 했다. 영국 런던에 사는 안잘리 라만-미들턴(Anjali Raman-Middleton, 2004~)은 대기오염을 줄이기 위한 환경 캠페인 '촉트 업(Choked Up)'을 이끌었다.

포르투갈의 소피아 올리베이라(Sofia Oliveira, 2005~)는 정부가 미래 세대의 육체적·정신적 건강을 보장하기 위해 온실가스 배출량을 줄여야 한다며 다섯 명의 친구들과 함께 유럽인권재판소에 유럽 33개국 정부를 제소했다. 미국에서는 비슷한 이유에서 15세에 기후활동가 일을 시작한 제이미 마골린(Jamie Margolin, 2001~)이 미국 정부를 상대로 법원에 소송을 냈다.

기후 전문가들은 산업화 이전과 비교해 이번 세기 안에 지구 평균기온이 1.5도 넘게 올라가면 파국적인 결과가 올 것이라고 말한다. 해수면이 올라가든, 허리케인이 거세지든, 겨울이 혹독해지고 여름이 무더워지든, 산불이 곳곳을 휩쓸든, 남극의 얼음덩어리가 무너져 내리든. 지구는 최소한 십수억 년에서 길게는

미국 국회의사당 앞에서 기후변화 대책 촉구 시위를 주도한 제인 폰다(2019)

수십억 년 동안 태양 주변을 돌고 있을 것이다.

지구의 기나긴 역사에서 인류가 만들어낸 기후변화는 잠깐 스치고 지나가는 에피소드에 불과할 것이다. 하지만 인류는 다르다. 지질학적인 시간에 비하면 찰나를 사는 인간이지만 그 찰나의 삶이 스스로 택한 잘못된 경로 때문에, 혹은 힘 있는 이들이 멋대로 결정한 경로 때문에 피폐해지고 괴로워져서는 안 된다. 그래서 토착민들은 싸움을 계속하고, 환경운동가들은 캠페인을 벌이고 있으며, 국제사회는 기후 대응 체제를 만들었고, 기업들도 녹색으로 향해야 한다는 압박 속에 생산과 관리 방식을 차츰 바꾸고 있다. 어떤 이들은 경제학적인 시각에서 기후 대응의 속도를 빠르게 할 인센티브와 탄소세를 말한다. 어떤 이들은 기술 혁신을 통해 에너지를 더 효율적으로 쓰자 하고, 어떤 이들은 지구 전체의 바다와 대기권을 무대로 온실가스를 빨아들이거나 반사해버리는 거대 프로젝트를 실험해보자는 아이디어를 내놓는다.

어떤 것이 가장 효과적일지는 알 수 없지만, 할 수 있는 것은 뭐든지 해보려는 의지가 가장 중요하다는 것만은 분명하다. 어떤 분야와 관점에서 접근하든, 그 출발점은 미래 세대의 절박함을 받아들여 지금의 행동으로 이어지게 하는 일이다. "나는 전기차를 몰며 재활용을 하고 비닐봉지를 쓰지 않는다. 하지만 충분하지 않다. 그건 출발점일 뿐 종착점이 아니다. 이 집단적 위기에는 집단행동이 필요하다. 나는 그 시급성을 일깨우는 데에 내 이름을 활용하기로 했다."[220] 제인 폰다가 CNN 인터뷰에서 툰베리의 호소에 화답하며 말한 것처럼.

주

1 Jeanne Villepreux Power: Marine Biologist and Inventor of the Aquarium, *Interesting Engineering*. (2018.9.25.)

2 A 19th Century Shipwreck Might Be Why This Famous Female Naturalist Faded to Obscurity, *Smithsonian Magazine*. (2015.6.2.)

3 「10년간 절반이 죽어갔다… 돌고래 수족관은 잔인한 수용소」,《경향신문》. (2020.7.17.)

4 Saint Hildegard: German Mystic, *Encyclopedia Britannica*.

5 이은영,「인간의 회심과 생태적 삶: 에디트 슈타인과 힐데가르트를 중심으로」.

6 Hidegard von BIngen Officially Declared a Saint By Pope Benedict XVI, *The Huffington Post*. (2012.5.12.)

7 A Pioneering Women of Science Re-Emerges After 300 Years, *The New York Times*. (2017.1.23.)

8 A Pioneering Women of Science Re-Emerges After 300 Years, *The New York Times*. (2017.1.23.)

9 Mary Anning inspired 'she sells sea shells'-but she was actually a lengerndary fossil hunter, *ABC News*. (2019.9.5.)

10 Kate Winslet's Lesbian Role in Ammonite Sparked Controversy, *Gay Times*.

11 Space for the people, infed.org. (2020.1.16.)

12 한국내셔널트러스트,「'사람들에게 아름다운 가정을 돌려주기' 도시빈민운동의 선구자 옥타비아 힐'」. (2000.12.6.)

13 이창곤,『복지국가를 만든 사람들』, 인간과복지, 2014.

14   앞의 책.

15   Great Britons: Octavia Hill, Anglotopia for Aglophiles. (2014.11.12.)

16   내셔널트러스트 웹사이트(https://www.nationaltrust.org.uk).

17   한국내셔널트러스트 웹사이트(https://www.nationaltrust.or.kr).

18   Jules Birch, The Victorian Values of Octavia Hill. (2012.8.12.)

19   Rachel Carson, clinton white house archives.

20   레이첼 카슨 지음, 김은령 옮김, 『침묵의 봄』, 에코리브르, 2011.

21   Rachel Carson, clinton white house archives.

22   Rachel Carson, clinton white house archives.

23   Monsanto Campaign against Rachel Carson, *GMWatch*. (2007.5.27.)

24   The Right Way to Remember Rachel Carson', *The New Yorker*. (2018.3.26.)

25   The Right Way to Remember Rachel Carson', *The New Yorker*. (2018.3.26.)

26   2012년 골드만환경상 수상자 소피아 가티카(https://www.goldmanprize.org/recipient/sofia-gatica/)

27   What the World Most Controversial Herbicide Is Doing To Rural Argentina, *Longreads*. (2017.10.)

28   「중 해양연구팀 "깊은 바다일수록 미세플라스틱 多」, 《뉴시스》. (2018.12.21.)

29   로버트 닉슨 감독, 〈미션 블루*Mission Blue*〉, 2014.

30   Meet Tierny Thys PhD, Oceansunfish.

31   Coastal Heroism: In Conversation with DR Asha de Vos, *Oceanographic*.

32   Why you should care about whale poo, TED Global, 2014.

33   2018년 골드만환경상 수상자 클레르 누비앙(https://www.goldmanprize.org/recipient/claire-nouvian/)

34   How a vampire squid inspired a Goldman prize winning marine life champion, *Guardian*. (2018.4.23.)

35 Rigoberta Menchu tum-Nobel Lecture, Nobelprize.org. (1992.12.10.)

36 「20만 명 숨진 과테말라 내전, 과거사 청산의 기록들」,《오마이뉴스》. (2018.3.23.)

37 리고베르타 멘추 지음, 박병규 옮김,『내 이름은 리고베르타 멘추. 이렇게 해서 내 의식이 생겨났습니다』, 글로벌동아시아센터.

38 Judith Hicks Sthiem, *Champions for Peace: Women winners of the Nobel Peace Prize*, Rowman & Littlefield Publishers, 2006.

39 2015년 골드만환경상 수상자 베르타 카세레스(https://www.goldmanprize.org/recipient/berta-caceres/).

40 Environmental Justice Winner:We have right to live, *National Catholic Reporter*. (2021.4.12.)

41 23 Years of Impunity for Perpetrators of Acteal Massacre, NACLA. (2020.12.22.)

42 Bonn: Indigenous peoples' knowledge and wisdom valuable to climateadaptation, Peruvian activists say, *UN News*. (2017.11.7.)

43 「케냐 그린벨트 운동 현장 공 포레스트」,《서울신문》. (2008.8.18.)

44 세계은행에서 공개한 케냐의 숲 면적 통계(https://data.worldbank.org/indicator/AG.LND.FRST.ZS?locations=KE).

45 The green belt movement, and the story of Wangari Maathai, *YES! Magazine*. (2005.3.26.)

46 「한 그루 나무 심기 실천이 기후변화 대처의 첫걸음」,《서울신문》. (2008.8.18.)

47 왕가리 마타이 지음, 최재경 옮김,『위대한 희망』, 김영사, 2011.

48 왕가리 마타이 지음, 이수영 옮김,『지구를 가꾼다는 것에 대하여』, 민음사, 2012.

49 「초록 장벽으로 사막화 현상 막는다」,《사이언스타임스》. (2020.9.23.)

50 '아프리카의 녹색 장벽' 웹사이트(https://www.greatgreenwall.org).

51 「나무 심기가 만병통치약은 아니다」,《한겨레》. (2014.4.6.)

52   DRC: Virunga National Park announces birth of 2 mountain gorillas, *Al Jazeera*. (2021.11.18.)

53   Rwanda launches campaign to reactivate tourism after covid 19 shocks, *TaAfrica*. (2021.11.27.)

54   다이앤 포시 지음, 최재천·남현영 옮김, 『안개 속의 고릴라』, 승산, 2007.

55   Dian Fossey Narrates Her Life With Gorillas in This Vintage Footage, *National Geographic*.

56   The fatal obsession of Dian Fossey, *Vanity Fair*. (1995.1.1.)

57   The fatal obsession of Dian Fossey, *Vanity Fair*. (1995.1.1.)

58   The fatal obsession of Dian Fossey, *Vanity Fair*. (1995.1.1.)

59   The fatal obsession of Dian Fossey, *Vanity Fair*. (1995.1.1.)

60   「인간이 미안해… 지구상 동식물 3만 2441종 멸종위기」, 《나우뉴스》. (2020.7.15.)

61   Great apes predicted to lose 90% of homelands in Africa, study finds, *Guardian*. (2021.6.7.)

62   「제인 구달, '자연은 놀라운 회복력 갖고 있어… 핵심은 환경교육'」, 《경향신문》. (2021.5.28.)

63   「브라질의 MB 보우소나루, "아마존 벌채와 산불도 문화"」, 《경향신문》. (2019.11.21.)

64   「아마존 파괴는 反인류 범죄, ICC에 피소당한 브라질 대통령」, 《경향신문》. (2021.10.13.)

65   Amazonia: New Paths for the Church and for an Integral Ecology-Sister Dorothy Stang, *Vatican News*. (2018.6.)

66   Amazonia: New Paths for the Church and for an Integral Ecology-Sister Dorothy Stang, *Vatican News*. (2018.6.)

67   Martyred American nun could be the patron saint of the pope's eco-encyclical, CRUX. (2015.6.11.)

68　Sr Dorothy Stang,Martyr of the Amazon, *National Catholic Reporter*. (2007.10.2.)

69　「사라진 아마존 '축구장 330만 개'… "브라질 대통령 고발"」,《MBC》. (2021.10.13.)

70　「아마존, 3주째 불타는데… 보우소나루 "환경단체 거짓말"」,《뉴시스》. (2019.8.22.)

71　Last line of defence, Global Witness. (2021.9.13.)

72　Global Analysis 2021, Front Line Defenders. (2022.2.23.)

73　South African activist killed as contentious coal mine seeks to expand, *Mongabay*. (2021.10.28.)

74　What Happened to the 'Future Leaders' of the 1990s?, *TIME*. (2014.12.5.)

75　하워드 진·노엄 촘스키 외 지음, 강주헌 옮김,『지금 왜 혁명을 말하는가』, 시대의창, 2013.

76　하워드 진·노엄 촘스키 외 지음, 강주헌 옮김,『지금 왜 혁명을 말하는가』, 시대의창, 2013.

77　하워드 진·노엄 촘스키 외 지음, 강주헌 옮김,『지금 왜 혁명을 말하는가』, 시대의창, 2013.

78　Winona LaDuke Feels That President Biden Has Betrayed Native Americans, winonaladuke.com. (2021.8.9.)

79　Dakota Access Pipeline loses Supreme Court appeal, leaving its future unclear, *Bloomberg*. (2022.2.22.)

80　Winona LaDuke Feels That President Biden Has Betrayed Native Americans, wininaladuke.com. (2021.8.9.)

81　Meet Allie Young, the 30 Year Old Activist Leading Trail Rides Through Navajo Nation to Get Out the vote, *CNBC*. (2020.10.28.)

82   Meet 13 Indigenous young indegenous rights activists, UN.

83   「인도, 네루 총리 때 착공한 대형 댐 56년 만에 완공」,《연합뉴스》. (2017.9.17.)

84   「포스코 프로젝트 반대에 뛰어든 인도 시민운동가」,《조선닷컴》. (2006.10.15.) (http://blogs.chosun.com/iohcsj/2006/10/15/)

85   K-Rail protests rage, BJP claimed men erect uprooted survey stones on CM house premises, *The Indian Express*. (2022.3.24.)

86   Vandana Shiva, *Staying Alive: Women, Ecology, and Development*, North Atlantic Books, 2016.

87   「삶의 패러다임을 바꾼 사람들 7-인도 반다나 시바」,《조선일보》. (2003.5.18.)

88   반다나 시바 지음, 이상훈 옮김,『물전쟁』, 생각의나무, 2003.

89   반다나 시바·카르티케이 시바 지음, 추선영 옮김,『누가 지구를 망치는가』, 책과함께, 2022.

90   아룬다티 로이 지음, 김지선 옮김,『자본주의: 유령 이야기』, 문학동네, 2018.

91   「아룬다티 로이 "나는 싸우는 작가… 함께 세계의 무게중심 바꾸자"」, 《여성신문》. (2020.11.11.)

92   Aleta Baun: Mother of the Mollo people, *The Jakarta Post*. (2016.12.22.)

93   Aleta Baun: Environmental heroine from Molo, *The Jakarta Post*. (2013. 04.18.)

94   The Unfinished Story of 'Indonesian Avatar' Aleta Baun, *Jakarta Globe*. (2012.3.24.)

95   2013년 골드만환경상 수상자 알레타 바운(https://www.goldmanprize.org/recipient/aleta-baun/)

96   2004년 골드만환경상 수상자 마지 리처드(https://www.goldmanprize.org/recipient/margie-richard/)

97   Ronnie Greene, *Night Fire: Big Oil, Poison Air, and Margie Richard's Fight to Save Her Town*, Amistad, 2009.

98   A Peruvian activist takes on the fishmeal industry, grist.org. (2003.4.18.)

99   Heroes of the Environment 2009, *TIME*. (2009.9.28.)

100   Reported shipping tonnage sold for demolition worldwide from 2014 to 2020, *Statista*. (2021.7.20.)

101   Bangladeshi workers risk lives in shipbreaking yards, *Guardian.* (2012.5.5.)

102   'Toxic ship being dismantled in Ctg', *The Daily Star*. (2008.10.23.)

103   2009년 골드만환경상재단 수상자 리즈와나 하산(https://www.goldmanprize.org/recipient/rizwana-hasan/)

104   Michael Galley, Shipbreaking: Hazards and Liabilities, Springer, 2014.

105   Trash Trade Wars: Southeast Asia's Problem With the World's Waste, Council on Foreign Relations. (2020.5.8.)

106   India eyes 60 per cent share of global ship recycling business; higher GDP contribution: Mandaviya, *Economic Times*. (2019.12.25.)

107   Record Number of Cruise Ships Scrapped at Alang in the Past 12 Months, The maritime executive. (2021.11.11.)

108   2019 WORLD AIR QUALITY REPORT, IQAir(https://www.iqair.com/world-most-polluted-cities/world-air-quality-report-2019-en.pdf).

109   Enact 'Clean Air Act', save lives, *The Daily Star*. (2022.2.6.)

110   Beza's thirst for 50 million litres groundwater a day rings alarm, *Business Standard*. (2022.2.5.)

111   Bangladeshi-American teen activist fighting for climate action, *Al Jazeera.* (2019.12.3.)

112   IMF World Economic Outlook database, IMF. (2023.4.)

113   CLIMATE DISPLACEMENT IN BANGLADESH, Environmental Justice Foundation(https://ejfoundation.org/reports/climate-displacement-in-bangladesh).

114 Women and girls bearing the brunt of the Pakistan Monsoon floods, OCHA.(https://reliefweb.int/report/pakistan/women-and-girls-bearing-brunt-pakistan-monsoon-floods)

115 V20 CALLS ON IMF AND DEVELOPED COUNTRIES TO DEVELOP PRACTICAL STEPS TO DELIVER CLIMATE FINANCE COMMITMENT, V20(2021.9.29.)

116 Environmental Defenders Are Under Threat in Bangladesh, EARTHJUSTICE. (2016.11.22.)

117 Action man Vladimir Putin turns submariner at Lake Baikal, *Guardian*. (2009.8.2.)

118 International Uranium Enrichment Centre, IAEA. (2014.8.12.)

119 2008년 골드만환경상 수상자 마리나 리흐바노바(https://www.goldmanprize.org/recipient/marina-rikhvanova/)

120 2000년 골드만환경상 수상자 베라 미셴코(https://www.goldmanprize.org/recipient/vera-mischenko/)

121 SAVING STURGEONS, WWF(https://wwfint.awsassets.panda.org/downloads/Saving_sturgeons_A_global_report_on_their_status_and_suggested_conservation_strategy.pdf).

122 Seals, caviar and oil: Caspian Sea faces pollution threat, phys.org. (2019.4.16.)

123 CASPIAN SEA, EIA. (2013.8.26.)

124 The Tehran Convention, UNEP.

125 WikiLeaks: BP Secretive Over Earlier Blowout; Chevron in Talks With Iran, *VOA*. (2010.12.15.)

126 Life of a Caspian Sea Activist, *EARTH ISLAND JOURNAL*.

127 Fires Char the Siberian Arctic, 미 항공우주국(NASA). (2024.7.10) (https://earthobservatory.nasa.gov/images/153087/fires-char-the-siberian-arctic/)

128 Wildfires are raging in Russia: How can we reduce the threat?, WEF. (2021.6.16.)

129 Permafrost carbon feedbacks threaten global climate goals, PNAS. (2021.3.9.)

130 Environmental Activism in Russia: Strategies and Prospects, Center for Strategic and International Studies. (2021.3.3.)

131 Pressure on activists and NGOs protesting against climate change and unsustainable energy in Russia, Russian Socio-Ecological Union. (2021.4.11.)

132 Baikal pressure group must register as 'Foreign Agent', court rules, *Siberian Times.* (2013.10.20.)

133 What will Germany's new government mean for the EU?, *Euronews.* (2021.12.13.)

134 Sehr schwankend, DER SPIEGEL. (1983.11.6.)

135 「설득과 네트워킹의 달인 페트라 켈리」,《여성신문》. (2006.4.28.)

136 리카르다 랑의 트위터 페이지(https://twitter.com/ricarda_lang)

137 Ricarda Lang: So tickt die neue Grunen-Chefin, *Westdeutsche Allgemeine Zeitung.* (2022.1.29.)

138 1996년 골드만환경상 수상자 마리나 실바(https://www.goldmanprize.org/recipient/marina-silva/).

139 미국 녹색당 웹사이트(https://www.gp.org/).

140 THE GREEN NEW DEAL, Data for Progress(https://www.dataforprogress.org/green-new-deal).

141 H.Res.109 - Recognizing the duty of the Federal Government to create a Green New Deal(https://www.congress.gov/bill/116th-congress/house-resolution/109/text).

142 'THE GREEN NEW DEAL from AOC's Platform(https://www.ocasiocortez.com/green-new-deal).

143 히라타 키미코의 트위터 페이지(https://twitter.com/kimihirata).

144 From Ordinary to Extraordinary: Kimiko Hirata, Anti-Coal Activist, Sierra Club. (2021.6.15.)

145 「『脱石炭火力』なくして気候変動の解決なし」 発電所建設反対のうねりをつくり、《環境分野のノーベル賞》に」,《朝日新聞》. (2021.10.6.)

146 한국에서는 2000년『위기의 지구』(이창주 옮김, 삶과꿈 출판)라는 제목으로 번역 출간됐다.

147 2021년 골드만환경상 수상자 히라타 키미코(https://www.goldmanprize.org/recipient/kimiko-hirata/)

148 Massive global shareholder backing for Mizuho climate shareholder proposal, Kiko Network. (2020.6.25.)

149 Each Country's Share of CO2 Emissions, Union of Concerned Scientists(https://www.ucsusa.org/resources/each-countrys-share-co2-emissions).

150 Leading coal importing countries worldwide in 2019, Statista(https://www.statista.com/statistics/1279667/leading-coal-importing-countries-worldwide/).

151 'No time to waste' warns Kimiko Hirata, prize-winning Japanese climate activist, *The Japan Times*. (2021.6.16.)

152 「日本は石炭火力全廃を　気候ネットワーク・平田仁子氏」,《時事ドットコム》. (2021.11.4.)

153 「福島第一原発と第二原発 新たな異常ないか確認中 東京電力」,《NHK》. (2022.3.17.)

154 Last Fukushima town to reopen welcomes back its first residents, *Guardian*. (2022.2.16.)

155 Health risk assessment from the nuclear accident after the 2011 Great East Japan earthquake and tsunami, based on a preliminary dose estimation, WHO. (2013.8.11.)

156 「"후쿠시마 미성년자 갑상샘암 평균의 50배"」, 《한겨레》. (2015.10.7.)

157 Fukushima Disaster's Impact on Health Will Be Challenged in Court, *The Diplomat*. (2022.2.17.)

158 Fukushima: Japan approves releasing wastewater into ocean, *BBC*. (2021.4.13.)

159 IAEA says Fukushima visit 'very productive', *World Nuclear News*. (2022.2.18.)

160 나오미 클라인 지음, 이순희 옮김, 『미래가 불타고 있다: 기후 재앙 대 그린 뉴딜』, 열린책들, 2021.

161 보리쿠아 생태농업기구 블로그(http://organizacionboricua.blogspot.com/).

162 A Just Recovery: Solidarity, People Power, and Food Sovereignty in Puerto Rico, Greenpeace. (2018.2.16.)

163 A National Call for Food Production: Sustainable Farming Seeks Revolution in Puerto Rico, *Miami Herald*. (2021.10.08.)

164 A National Call for Food Production: Sustainable Farming Seeks Revolution in Puerto Rico, *Miami Herald*. (2021.10.08.)

165 Hurricane in the Bahamas is a harbinger of our future, *Financial Times*. (2019.9.3.)

166 Madagascar prays for rain as U.N. warns of 'climate change famine', *Reuters*. (2021.10.12.)

167 IPC 글로벌 플랫폼(http://www.ipcinfo.org/).

168 In Madagascar, pockets of famine as risks grow for children, warns WFP, *UN News*. (2021.11.2.)

169 Madagascar: Severe drought could spur world's first climate change famine, *UN News*. (2021.10.21.)

170 세계탄소프로젝트 웹사이트(https://www.globalcarbonproject.org/).

171 Madagascar: Global leaders must act urgently to save lives and protect rights threatened by climate crisis, Amnesty International. (2021.10.27.)

172 'Heartbreaking' Madagascar is wake-up call to climate crisis, *AP*. (2021.11.3.)

173 그린엔쿨 웹사이트(https://green-n-kool.jimdofree.com/)

174 Deadly Ethiopia garbage dump collapse, *CBS*. (2017.3.13.)

175 '쓰레기 마을'에 대한 게시글(https://www.intsam.org/about-garbage-dump-communities/)

176 Former scavenger Carlo Paalam fights to turn his life around, *Rappler*. (2021.8.6.)

177 UN-Habitat partners with WWF to tackle global challenge of waste management in cities and plastic pollution, UN-Habitat. (2022.2.9.)

178 '비닐봉지 하나' 재활용 운동 사이트(http://oneplasticbag.com/).

179 How a small African recycling project tackles a mountainous rubbish problem, *Guardian*. (2014.5.1.)

180 Untold stories of women affected by covid19 in tourism, *Gambia News*. (2021.4.30.)

181 투르카나 호수의 친구들 웹사이트(http://www.friendsoflaketurkana.org/).

182 https://archive.internationalrivers.org/th/node/4309

183 2012년 골드만환경상 수상자 이칼 앙겔레이(https://www.goldmanprize.org/recipient/ikal-angelei/).

184 Giant dam to devastate 200,000 tribal people in Ethiopia, Survival International. (2010.3.23.)

185 Environmentalist Who Returned From USA to Salvage Forests, East African Standard. (2002.6.26.)

186 아프리카개발솔루션 웹사이트(https://adesoafrica.org/).

187 Four Youth Climate Activists Making a Difference in Africa, UN Women Africa. (2021.8.11.)

188 Network of African Women Environmentalists(NAWE), UNEP.

189 18 Things to know about Howey Ou, China's only teenage climate striker, *National Catholic Reporter*. (2020.8.25.)

190 Young voices in China's environmental wilderness – and why they struggle to be heard, *South China Morning Post*. (2019.11.10.)

191 「16岁中国环保少女被网友骂惨：求你别瞎学瑞典那妹子"罢课"」, *SINA*. (2019.11.4.)

192 China's first climate striker warned: give it up or you can't go back to school, *Guardian*. (2020.7.19.)

193 Ignored and Ridiculed, She Wages a Lonesome Climate Crusade, *The New York Times*. (2020.12.4.)

194 Xi Focus: Xi announces China aims to achieve carbon neutrality before 2060, *Xinhuanet*. (2020.9.23.)

195 Angela Moriggi, Chinese Women at the Forefront of Environmental Activism: Wang Yongchen, Liao Xiaoyi and Tian Guirong. (2017.)

196 GEREMIE BARME, The trouble with Dai Qing' INDEX ON CENTSORSHIP 8/1992 (https://journals.sagepub.com/doi/pdf/10.1080/03064229208535410).

197   China's Environmental NGOs, *Cmnews.* (2002.6.13.)

198   Air pollution is killing 1 million people and costing Chinese economy 267 billion yuan a year, research from CUHK shows, *South China Morning Post.* (2018.10.2.)

199   China's Fight Against Climate Change and Environmental Degradation, CFR. (2021.5.19.)

200   China's efforts to increase country's forest cover, *CCTV.* (2021.4.15.)

201   China: World's biggest polluter … and climate activist?, *The Interpreter.* (2020.11.12.)

202   Greta Thunberg criticises China after climate striker Ou Hongyi held over protest, *South China Morning Post.* (2020.9.29.)

203   Here's how China is going green, WEF. (2018.4.26.)

204   THE BELT AND ROAD INITIATIVE- WWF Recommendations and Spatial Analysis, WWF. (2017.5.) (http://awsassets.panda.org/downloads/the_belt_and_r oad_initiative___wwf_recommendations_and_spatial_analysis___may_2017.pdf).

205   Coal plant deemed too polluting for China heads to Cambodia, *Dialogue China.* (2019.8.29.)

206   18 Things to know about Howey Ou, China's only teenage climate striker, *National Catholic Reporter.* (2020.8.25.)

207   Women bear the brunt of the climate crisis, COP26 highlights, *UN News.* (2021.11.9.)

208   Indigenous Women Are Championing Climate Justice, Open Society Foundations. (2021.1.19.)

209   Women and girls must lead battle against 'widespread and interlinked crises', *UN News.* (2022.3.14.) (https://news.un.org/en/story/2022/03/1113872).

210 Report of the World Commission on Environment and Development: Our Common Future, UN. (1987.3.20.)

211 Powering up women's income in Cote d'Ivoire through climate-smart shea butter production, UN WOMEN. (2017.12.11.) (https://www.unwomen.org/en/news/stories/2017/12/feature-powering-up-womens-income-in-the-ivorycoast).

212 Climate change and the environment, UN WOMEN(https://www.unwomen.org/en/how-we-work/intergovernmental-support/climate-change-and-the-environment).

213 GENDER,CLIMATE&SECURITY: Sustaining inclusive peace on the frontlines of climate change, UN. (2020.6.9.)

214 Greta Thunberg tells world leaders 'you are failing us', as nations announce fresh climate action, *UN News*. (2019.9.23.)

215 A Fox News guest called Greta Thunberg 'mentally ill.' The network apologized for the 'disgraceful' comment, *The Washington Post*. (2019.9.24.)

216 그레타 툰베리의 트위터 페이지(https://twitter.com/GretaThunberg/status/1506244799376076802).

217 Greta Thunberg aims to drive change with 'The Climate Book', *AP*. (2022.4.1.)

218 The World Is Burning. These Girls Are Fighting To Save It, *Elle*. (2019.3.14.)

219 어스 업라이징 웹사이트(https://earthuprising.org/).

220 Jane Fonda on weekly arrests: It feels good, *CNN*. (2019.12.2.)